क्या आप अमीर बनना चाहते हैं?

नेपोलियन हिल की बैस्टसेलर पुस्तकें

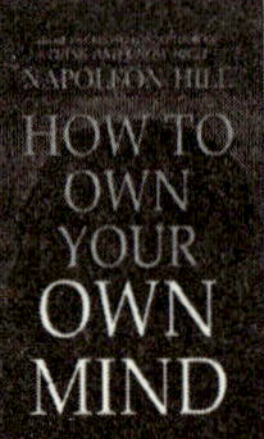

क्या आप अमीर बनना चाहते हैं?

नेपोलियन हिल

प्रकाशक
प्रभात प्रकाशन प्रा. लि.
4/19 आसफ अली रोड, नई दिल्ली–110002
फोन : 011–23289777 • हेल्पलाइन नं. : 7827007777
इ–मेल : prabhatbooks@gmail.com ❖ वेब ठिकाना : www.prabhatbooks.com

संस्करण
2026

अनुवाद
नितिन माथुर

पेपरबैक मूल्य
चार सौ रुपए

मुद्रक
श्री साई प्रिंटर्स, साहिबाबाद

———————— ★ ————————

KYA AAP AMEER BANNA CHAHTE HAIN?
by Napoleon Hill
(Hindi translation of YOUR RIGHT TO BE RICH)

Published by **PRABHAT PRAKASHAN PVT. LTD.**
4/19 Asaf Ali Road, New Delhi-110002

ISBN 978-93-90900-44-2

₹ 400.00 (PB)

प्रकाशक की कलम से

व्याख्यान शृंखला का परिचय

नेपोलियन हिल की तरह 'क्या आप अमीर बनना चाहते हैं?' मूल रूप से उनके वर्ष 1954 के वसंत में शिकागो के श्रोताओं के समक्ष दिए व्याख्यानों का संकलन है। द नेपोलियन फाउंडेशन के सौजन्य से आपके लिए प्रकाशित हुई इस व्याख्यान शृंखला ने सफल जीवन के अमेरिकी आदर्श नेपोलियन हिल की महान् रचनाओं में एक और रचना का इजाफा कर दिया।

'क्या आप अमीर बनना चाहते हैं?' से आपको अपने सभी लक्ष्य व स्वप्न पूरे करने में हरसंभव सहायता मिलेगी। साथ ही इस पुस्तक से आपको नए लक्ष्य व स्वप्न देखने की भी प्रेरणा मिलेगी, क्योंकि समृद्धि केवल सौभाग्य व यश के संकुचित पैमाने तक ही सीमित नहीं होती। आपको भी निजी, आध्यात्मिक व आर्थिक—हर पैमाने पर अमीर बनने का पूरा अधिकार है। डॉक्टर हिल ने देखा कि जीवन में केवल आर्थिक समृद्धि हासिल करनेवाले लोगों के पास चाहे कितने ही पैसे हों, फिर भी वे दुनिया के सबसे दु:खी व असंतुष्ट लोग होते हैं। सही मायने में अमीर होने के लिए जीवन के हर क्षेत्र में समृद्धि होना आवश्यक है।

डॉक्टर हिल अपने इस दर्शन को, व्यक्तिगत उपलब्धि का विज्ञान या सफलता के विज्ञान की उपमा देते हैं। संभव है कि आपको इस विज्ञान आधारित सफलता पर यकीन न आए। क्या अमीर बनने के ऐसे कृत्रिम, निर्धारित व अचूक कदम हो सकते हैं, जिन्हें प्रयोगशाला में सिद्ध किया जा सके? डॉक्टर हिल इस विज्ञान को तथ्यों का व्यवस्थापन व वर्गीकरण की कला कहते हैं। सभी विज्ञानों की भाँति सफलता का विज्ञान भी केवल तभी प्रभावी होगा, जब यह किसी निश्चित उद्देश्य पर आधारित हो। अपनी इच्छा को पूरे ध्यान व व्यवस्थित ढंग से प्रकट करने के डॉ. हिल के इन तथ्यात्मक व सिद्ध सिद्धांतों पर चलकर आप मनचाही समृद्धि प्राप्त कर सकते हैं।

नेपोलियन हिल के इन विशिष्ट व्याख्यानों का उनसे लंबे समय से जुड़े छात्रों के अलावा नए लोग भी पूरा लाभ उठा सकते हैं। उनके लाइव व्याख्यानों की रिकॉर्डिंग पर आधारित इस सामग्री से हमें डॉ. हिल के अपने इस विशिष्ट दर्शन को अनूठे, प्रभावशाली व नाटकीय अंदाज में पेश करने का नवीन अनुभव मिलेगा। इस व्याख्यान श्रृंखला से हमें नेपोलियन हिल के दशकों के अध्ययन व शोध से निर्मित सफलता के ग्यारह सिद्धांतों की जानकारी भी प्राप्त हो सकेगी।

उनके छात्रों जैसे अनुभव पाने के लिए आप भी इन तीन बातों का अवश्य खयाल रखें, जिन पर डॉ. हिल अकसर जोर दिया करते थे—

1. **नोट्स बनाएँ :** शुरुआत से ही अपने पास एक नोटबुक रखें, जिसमें आप विचार योग्य बातों को दर्ज कर सकें। इस प्राप्त जानकारी को लिखने से आपको डॉ. हिल के इस दर्शन को अपने चेतन व अवचेतन मस्तिष्क में पूरी गंभीरता से अंकित करने में मदद मिलेगी। जिससे बाद में आप इनका तुरंत व प्रभावपूर्ण ढंग से उपयोग कर सकेंगे। आप अपने विचारों को लिखने या रिकॉर्ड करने का विकल्प भी चुन सकते हैं।
2. **अपने विचार भी जोड़ें :** इस पुस्तक को पढ़ते समय लगातार नोट्स बनाएँ व इसमें अपने निजी विचारों के साथ ही पत्र-पत्रिकाओं, रेडियो व टी.वी. से प्राप्त समान विचारों को भी दर्ज करें।
3. **इन विचारों को अंगीकार करने हेतु इन्हें बारंबार पढ़ें :** इन विचारों को केवल एक ही बार पढ़कर न रह जाएँ। अपितु इन विचारों के संदेश व क्रियाओं को निरंतरता की शक्ति द्वारा प्रबल बनाते रहें। आप इनपर जितना अधिक काम करेंगे, आप इन्हें उतनी ही अच्छी तरह समझने लगेंगे।

सफलता के ग्यारह सिद्धांत

1. **निश्चित उद्देश्य :** किसी भी उपलब्धि को हासिल करने का पहला पड़ाव लक्ष्य निर्धारण करते हुए उसे हासिल करने हेतु विशिष्ट कार्य-योजना तैयार करना है।
2. **मास्टरमाइंड :** इस प्रक्रिया द्वारा आप अपने अनुभव, प्रशिक्षण, शिक्षा व विशिष्ट ज्ञान तथा अन्य लोगों से अपने जुड़ाव का पूरा लाभ ले सकेंगे।
3. **अनुप्रयुक्त आस्था :** अपनी आस्था को काररवाई का रूप दें, जिससे आप अपनी आत्मा की शक्ति द्वारा अपने लक्ष्यों, इच्छाओं, योजनाओं व उद्देश्यों को हासिल कर सकें।
4. **कुछ अधिक करना :** आपके अच्छा व अधिक काम करने से परिणाम

गुणात्मक रूप से बेहतर हो जाते हैं। जिसका लाभ अंततः आपको ही मिलता है।

5. **आंतरिक दीवार :** इस दीवार के कारण ही इस अभयारण्य में कोई भी बाहरी व्यक्ति प्रविष्ट नहीं हो सकता।
6. **व्यक्तिगत पहल :** जीवन के हर क्षेत्र में अपनी पकड़ बनाए रखने के लिए स्वयं पहल करना आवश्यक होता है।
7. **सकारात्मक मानसिक अभिवृत्ति :** सही अभिवृत्ति सफलता का वो मार्ग व साधन तैयार करती है, जिसके आधार पर इस दर्शन का उपयोग करना संभव हो जाता है।
8. **आत्मानुशासन :** तथ्य व भावनाओं के बीच सामंजस्य बैठाने के लिए दिल व दिमाग का संतुलन बनाना होता है, जिसे भावनाओं पर काबू पाकर ही अंजाम दिया जा सकता है।
9. **रचनात्मक दृष्टिकोण या कल्पना-शक्ति :** अपने मन की सशक्त कार्यशाला को अपने दिमाग में निहित उद्देश्य व अपनी आत्मा के आदर्शों को व्यक्त करने का मार्ग बनाने दें।
10. **उत्तम स्वास्थ्य :** एक वास्तविक स्वस्थ, आनंदपूर्ण व सफल जीवन के लिए आवश्यक ऊर्जा, उत्साह, मनोभाव व प्रवृत्ति के विकास हेतु शारीरिक रूप से स्वस्थ होना अनिवार्य है।
11. **ब्रह्मांडीय नियमितता शक्ति का नियम :** ब्रह्मांड का संचालन करनेवाले प्राकृतिक नियमों (जिनमें मानवीय रिश्ते भी शामिल हैं) को नियंत्रित करनेवाली ऊर्जा की शक्ति व गतिशीलता को समझते हुए उसका उपयोग करें।

सभी सिद्धांतों की समेकित काररवाई से बल-वर्धन

इन ग्यारह सिद्धांतों में से प्रत्येक अपने आप में महत्त्वपूर्ण है। यह ऐसा सह-क्रियाशीलता का सिद्धांत है, जिसमें सभी तत्त्वों का सामूहिक बल उनके अकेले के बल से कहीं अधिक रहता है। यही कारण है कि डॉ. हिल किसी एक सिद्धांत पर बात करते हुए संदर्भ रूप में अन्य सिद्धांतों का भी उल्लेख कर बैठते हैं। यह उद्देश्यपूर्ण दोहराव हमें निरंतर याद दिलाता है कि ये सभी सिद्धांत आपस में जुड़े हुए हैं, जिनमें से प्रत्येक सिद्धांत या तो किसी अन्य से प्रेरित है और या किसी की नींव बना हुआ है। यह एक केक जैसा है, जिसमें सभी सामग्रियों का उचित परिमाण में होना आवश्यक है। आप बिना आटे या बेकिंग पाउडर या केवल चिकनाई या फ्लेवरिंग द्वारा ही केक नहीं बना सकते; इसे बनाने

में आपको इसकी रैसिपी में शामिल सभी चीजों का उपयोग करना होगा।

आप देखेंगे कि डॉ. हिल 'रूपांतर' शब्द का अकसर उपयोग करते हैं। शब्दकोश में इसे किसी एक रूप, स्थिति, प्रकृति या पदार्थ के किसी अन्य में परिवर्तन के तौर पर परिभाषित किया गया है। किसी भी परिवर्तन या बदलाव में इस दर्शन का उपयोग करने के लिए आपको इस विचार को ठीक से समझना बहुत आवश्यक है।

'रूपांतर' का अर्थ है कि आपका अपने विचारों व भावनाओं पर पूरा नियंत्रण है। यदि वे नकारात्मक हों तो आप उन्हें सकारात्मक बना सकते हैं। यदि वे प्रतिबंधक हैं, तो आप उन्हें प्रसारक बना सकते हैं। यदि वो आपको रोकने लगें तो आप उनसे मुक्त हो सकते हैं, आप अपनी उन सभी आदतों व दैनिक क्रियाओं में रूपांतरण या परिवर्तन कर सकते हैं, जो अकसर आपकी हार का कारण बनती हैं।

आप यह भी देखेंगे कि डॉ. हिल कई बार संदर्भ रूप में अपनी उन नौ मूल महत्त्वाकांक्षाओं का उल्लेख करते हैं, जिन्हें वो (अन्य पुस्तकों में) सफलता के वर्णाक्षर की उपमा देते हैं। इन्हें समझना इसलिए जरूरी है, क्योंकि अन्य सभी स्वैच्छिक क्रियाएँ इन्हीं भावनाओं व इच्छाओं से प्रेरणा पाकर अंततः व्यक्तिगत उपलब्धियों के रूप में सामने आती हैं। यह दर्शन, मूल मानव चरित्र का निर्माण करनेवाली इन्हीं बुनियादी महत्त्वाकांक्षाओं पर टिका हुआ है। ये महत्त्वाकांक्षाएँ हम सभी का हिस्सा हैं, इसलिए स्वयं को व दूसरों को समझने से पहले इन्हें समझ लेना जरूरी है।

नौ मूल महत्त्वाकांक्षाएँ

1. प्रेम की भावना
2. सेक्स की भावना
3. आर्थिक लाभ की इच्छा
4. आत्मसंरक्षण की इच्छा
5. मन व शरीर की स्वतंत्रता की इच्छा
6. आत्म-अभिव्यक्ति व पहचान पाने की इच्छा
7. मृत्यु-बाद के जीवन की इच्छा
8. प्रतिशोध की इच्छा
9. भय की भावना

जैसा कि आप देख रहे हैं, यह सूची मानव प्रवृत्ति की सकारात्मक व नकारात्मक दोनों ही तरह की महत्त्वाकांक्षाओं को प्रतिबिंबित करता है। अपनी मनचाही दौलत हासिल करने के लिए हमें इन सब शक्तियों को समझना व उनका उपयोग करना सीखना होगा।

आपकी प्रतीक्षा कर रही यह प्रेरणाप्रद यात्रा इस दर्शन के सिद्धांत व मानवीय गतिशीलता की मूल शक्ति से ओतप्रोत है। आगामी पृष्ठों पर आपको इस सिद्धांत से परिचित करवानेवाले व्यक्ति ने न केवल इन सिद्धांतों को विकसित किया है, बल्कि उन्होंने इसके द्वारा इतिहास में सबसे अधिक लोगों को प्रेरित करने में भी सफल रहे हैं। इस पुस्तक में पहली बार प्रकाशित होनेवाली इस दमदार व्याख्यान शृंखला द्वारा अमेरिका में सबसे अधिक करोड़पति बनानेवाले नेपोलियन हिल अब सफलता के इन रहस्यों को आपके रूबरू करेंगे। इस जीवन परिवर्तित करनेवाले ज्ञान को हासिल करने के लिए बतौर छात्र पहली कतार में जगह पाने का प्रयास करें। अपने अमीर बनने के अधिकार को स्वीकार करते हुए जीवन का यह अभूतपूर्व अनुभव प्राप्त करने के लिए तैयार हो जाएँ।

अनुक्रम

1

निश्चित उद्‌देश्य

निश्चित उद्‌देश्य से जुड़े इस अध्याय में हम इसका अर्थ जानने के साथ ही यह भी समझेंगे कि यह किसी भी उपलब्धि को पाने का पहला पड़ाव क्यों है, क्योंकि वास्तव में किसी भी व्यक्तिगत उपलब्धि को प्राप्त करने का आरंभिक बिंदु यही है। कोई निश्चित योजना बनाकर सही काररवाई करके ही इस निश्चित उद्‌देश्य को हासिल किया जा सकता है।

आधारिका 1 : कार्य-योजना

आपके पास कोई उद्‌देश्य व कोई योजना होने पर आप इस योजना पर काररवाई आरंभ कर सकते हैं। जरूरी नहीं कि आपकी यह योजना बहुत दमदार हो, क्योंकि यदि कार्य शुरू करने पर आपको अपनी योजना पर्याप्त रूप से मजबूत या कार्यशील न लगे तो आप किसी भी समय इसमें बदलाव कर सकते हैं। आप अपनी इस योजना में संशोधन भी कर सकते हैं, लेकिन इसमें जरूरी है कि आप इसके प्रति पूरी तरह दृढ़ हों। आपको अपनी इस इच्छा व उसे हासिल करने पर सुनिश्चित रहना होगा। इसमें किंतु-परंतु की कोई संभावना नहीं होनी चाहिए। यह अध्याय पढ़ने के बाद आप समझ जाएँगे कि आपका इसपर दृढ़ रहना क्यों आवश्यक है।

इस सिद्धांत को केवल समझने-पढ़ने या मुझे इसपर बोलते सुनने से आपको कोई लाभ नहीं होगा। आपके लिए इसका उपयोग तभी है जब आप इस सिद्धांत के आधार पर अपने दैनिक जीवन, अपने व्यापार, अपने पेशे, अपनी आजीविका तथा अपने मानवीय रिश्तों में उपयोग करने का एक पैटर्न तैयार करें। तभी आपको वास्तव में इससे कोई लाभ हो सकेगा।

आधारिका 2 : महत्त्वाकांक्षा से ही सभी कार्य व उपलब्धियाँ निर्धारित होती हैं

दूसरी आधारिका यह है कि कोई भी व्यक्तिगत उपलब्धि किसी एक या एक से अधिक महत्त्वाकांक्षाओं के परिणामस्वरूप मिलती है। मैं आपको विश्वास दिलाना चाहता हूँ कि इस चीज के अभाव में आप किसी से भी कुछ पूछने या उसे कुछ करने के लिए कहने का अधिकार नहीं रखते''किसके अभाव में? वो चीज है उस व्यक्ति से जुड़ी किसी भी महत्त्वाकांक्षा का अभाव होना। संयोग से, किसी अच्छे विक्रेता का यही गुण है कि वो अपने संभावित ग्राहक के मन में विक्रय-वस्तु के प्रति सही महत्त्वाकांक्षा जगा सके। लोगों से अपने मन-मुताबिक काम करवाने के लिए आपको उनमें सही महत्त्वाकांक्षा को स्थापित करना सीखना होगा। ऐसे बहुत से लोग हैं, जो इन नौ महत्त्वाकांक्षाओं के बारे में कुछ न जानने पर भी स्वयं को 'सेल्समैन' कहते हैं। वो नहीं जानते कि जब तक वो अपने ग्राहक के दिमाग में खरीददारी के लिए कोई महत्त्वाकांक्षा स्थापित नहीं कर देते, तब तक उन्हें उनको कुछ भी बेचने का अधिकार नहीं है।

लोगों से अपने मन-मुताबिक काम करवाने के लिए आपको उनमें सही महत्त्वाकांक्षा को स्थापित करना सीखना होगा। ऐसे बहुत से लोग हैं, जो इन नौ महत्त्वाकांक्षाओं के बारे में कुछ न जानने पर भी स्वयं को 'सेल्समैन' कहते हैं। वो नहीं जानते कि जब तक वो अपने ग्राहक के दिमाग में खरीददारी के लिए कोई महत्त्वाकांक्षा स्थापित नहीं कर देते, तब तक उन्हें उनको कुछ भी बेचने का अधिकार नहीं है।

आधारिका 3 : अवचेतन की शक्ति

तीसरी आधारिका यह है कि ऐसा कोई प्रबल विचार,योजना या उद्‌देश्य जिसे बारंबार विचार करके दिमाग में संचित किया गया हो और जिसे वास्तविक बनाने के लिए ज्वलंत इच्छा द्वारा भावपूर्ण बनाया गया हो, वो आपके दिमाग के अवचेतन हिस्से में चली जाती है, जहाँ उसपर हरसंभव नैसर्गिक व तथ्यात्मक काररवाई की जाती है। इस अंतिम वाक्य में मनोविज्ञान का अद्‌भुत सबक छिपा है। यदि आप चाहते हैं कि स्वत: विचार करने के लिए आपका दिमाग किसी विचार को चुनकर उसे आपकी आदत बना दे तो आपको अपने दिमाग को बारंबार व लगातार अपनी यह इच्छा बताते रहनी होगी।

विख्यात फ्रेंच मनोवैज्ञानिक एमिल कूए ने लिखा, दिनोदिन, हर प्रकार, मुझमें होता और अधिक सुधार। इस उक्ति में वह नुस्खा छिपा है, जिससे उन्होंने अपने हजारों

रोगियों का उपचार किया, जिनमें से अधिकांश रोगी स्वस्थ हो गए। संभवतः आप इसका कारण नहीं समझ सके होंगे। आखिरकार इस उक्ति में इच्छा या भाव जैसा कुछ दिखाई नहीं देता (जब भी आप भावना रहित होकर कोई बात कहते हैं तो वो हवा में विलीन हो जाती है)।

किसी भी कथन को दोहराने में महत्त्वपूर्ण तथ्य यह है कि आपको उसपर भरोसा है या नहीं। जब आप स्वयं को लगातार कोई बात बताते रहते हैं तो अंततः आपका वो कथन वास्तविक हो जाता है। फिर चाहे आपने झूठ ही क्यों न कहा हो। यह बात हास्यास्पद होने के बावजूद सत्य है। ऐसे बहुत से लोग हैं, जो स्वयं से तब तक सफेद झूठ (कई बार यह इतना सफेद नहीं होता) बोलते रहते हैं, जब तक वो अपनी मनचाही चीज को प्राप्त नहीं कर लेते। अवचेतन मन सच व झूठ के बीच भेद नहीं कर पाता। साथ ही वो सकारात्मक व नकारात्मक से भी अनजान होता है। उसे एक पैसे व करोड़ों रुपए के बीच का अंतर नहीं पता। आप जिस भी बात को शब्दों या किसी भी माध्यम से निरंतर दोहराते या विचार करते रहेंगे, वो आपके उसी कथन को सत्य मान बैठेगा। अपना उद्देश्य निश्चित करना आपके हाथ में है (केवल आरंभिक अवस्था में)। उसे समझने, याद रखने व सुबह-शाम दोहराते रहने के लिए उसे लिखकर रखें। ऐसा तब तक करते रहें, जब तक आपका अवचेतन मन स्वतः ही इसे चुनकर इसपर काररवाई न करने लगे।

अवचेतन मन सच व झूठ के बीच भेद नहीं कर पाता। साथ ही वो सकारात्मक व नकारात्मक से भी अनजान होता है। उसे एक पैसे व करोड़ों रुपए के बीच का अंतर नहीं पता। आप जिस भी बात को शब्दों या किसी भी माध्यम से निरंतर दोहराते या विचार करते रहेंगे, वो आपके उसी कथन को सत्य मान बैठेगा। अपना उद्देश्य निश्चित करना आपके हाथ में है (केवल आरंभिक अवस्था में)।

इसमें कुछ समय लग सकता है। जिन नकारात्मक विचारों ने वर्षों से आपके दिमाग में जगह बना रखी थी, उन्हें रातोरात हटाना संभव नहीं होगा, लेकिन जब आप अपनी किसी योजना को भावनाओं से जोड़कर अवचेतन मन तक पहुँचा देते हैं, तथा उसे अपने विश्वास की उमंग का सहारा देते हुए निरंतर उत्साहपूर्वक दोहराते रहते हैं तो आपका अवचेतन मन उस पर तीव्रता, सटीकता तथा सकारात्मक ढंग से काररवाई करता है।

आधारिका 4 : विश्वास की शक्ति

चौथी आधारिका कहती है कि किसी भी प्रबल इच्छा, योजना या उद्देश्य को जब विश्वास कही जानेवाली दिमागी शक्ति का सहारा मिल जाता है तो दिमाग का

अवचेतन हिस्सा उसे अंगीकार कर तुरंत उसपर काररवाई आरंभ कर देता है। विश्वास वो एकमात्र दिमागी स्थिति है, जिसका अवचेतन मन पर तुरंत असर होता है। यहाँ विश्वास से मेरा आशय कामना, आशा या मध्यम विश्वास जैसी बातों से नहीं है। यहाँ मेरा आशय उस दिमागी स्थिति से है, जहाँ आप किसी भी कार्य को आरंभ करने के पूर्व ही कल्पना की दृष्टि से उसको वास्तविक होता देख लेते हैं। यह काफी सकारात्मक लगता है, है न?

मेरा मानना है कि इस दुनियाभर में विश्वास के सिद्धांत को जानने-समझने व इसका उपयोग करनेवाले लोग बहुत कम हैं। इसे समझने के बावजूद यदि आप इसपर काररवाई करते हुए इसे अपनी आदत में शुमार नहीं करते, तो इसका अर्थ है कि आपने अभी इसे ठीक से समझा नहीं है। विश्वास न होने पर प्रत्येक कार्य निरर्थक है। ऐसे ही बिना प्रयास के विश्वास भी जड़ समान है। वहीं पूर्ण सकारात्मक आस्था न हो तो विश्वास भी प्राणहीन है। यदि आप अपनी आस्था को कर्म का सहारा नहीं देंगे तो उस कोरी आस्था का कोई परिणाम नहीं निकलेगा।

मैं सच कहता हूँ कि मैं अपने पूरे जीवन में कभी किसी काम में नाकामयाब नहीं रहा। ऐसा तब तक नहीं हुआ, जब तक मैंने अपनी उस इच्छा के प्रति लापरवाही नहीं दिखाई या उससे पीछे नहीं हटा और या फिर उसकी ओर से मेरा दिमाग या मानसिक दृष्टिकोण परिवर्तित नहीं हो गया। मैंने जो कुछ करने का सोचा, उसे कर दिखाया। आप अपने दिमाग को इस तरह तैयार कर सकते हैं कि आप जो सोचें, वही कर सकें। यह तभी संभव है, जब आपकी वो इच्छा कमजोर न पड़ जाए (अधिकांश लोगों के साथ यही होता है)।

मेरा मानना है कि इस दुनियाभर में विश्वास के सिद्धांत को जानने-समझने व इसका उपयोग करनेवाले लोग बहुत कम हैं। इसे समझने के बावजूद यदि आप इसपर काररवाई करते हुए इसे अपनी आदत में शुमार नहीं करते, तो इसका अर्थ है कि आपने अभी इसे ठीक से समझा नहीं है। विश्वास न होने पर प्रत्येक कार्य निरर्थक है। ऐसे ही बिना प्रयास के विश्वास भी जड़ समान है। वहीं पूर्ण सकारात्मक आस्था न हो तो विश्वास भी प्राणहीन है। यदि आप अपनी आस्था को कर्म का सहारा नहीं देंगे तो उस कोरी आस्था का कोई परिणाम नहीं निकलेगा।

यदि आप अपने मन को किसी बात पर लगातार विश्वास दिलाते रहेंगे तो एक दिन आपका अवचेतन मन उसे स्वीकार कर लेगा। तब भी आपको हमेशा अपने मन को खुद पर विश्वास रखने का यकीन कराते रहना होगा। क्या आपने कभी सोचा है कि कितना

अच्छा हो, यदि आप स्वयं पर इतना विश्वास रखें कि आप जीवन में जो भी करना चाहें, उसे बिना झिझक कर सकें ? क्या आपने कभी सोचा है कि इससे आपको कितना लाभ हो सकता है ? क्या आप जानते हैं कि जिन लोगों को खुद पर जरूरत भर का आत्मविश्वास भी नहीं होता, वो अपनी कीमत बहुत कम लगाते हैं ? क्या आपको पता है, ऐसा कितने लोग करते हैं ? ऐसा करनेवालों की संख्या 98 से 100 फीसदी के बीच है। सकारात्मक सोचवाले लोग इतने कम हैं कि इनकी संख्या का अनुमान लगाना सरल नहीं है। मैं आज तक जिन कुछ हजार लोगों से मिला हूँ (जैसा कि आप सभी जानते हैं कि मेरी कक्षाओं व श्रोताओं की संख्या इससे बहुत अधिक है), मेरे खयाल से उनमें से 98 फीसदी लोग ऐसे हैं, जो अपने जीवन को मन-मुताबिक बनाने के लिए पर्याप्त आत्मविश्वास कभी नहीं जुटा पाए। जीवन से उन्हें जो भी कुछ मिला, उन्होंने उसे स्वीकार कर लिया।

> ***मैं आज तक जिन कुछ हजार लोगों से मिला हूँ (जैसा कि आप सभी जानते हैं कि मेरी कक्षाओं व श्रोताओं की संख्या इससे बहुत अधिक है), मेरे खयाल से उनमें से 98 फीसदी लोग ऐसे हैं, जो अपने जीवन को मन-मुताबिक बनाने के लिए पर्याप्त आत्मविश्वास कभी नहीं जुटा पाए। जीवन से उन्हें जो भी कुछ मिला, उन्होंने उसे स्वीकार कर लिया।***

क्या प्रकृति की यह कार्यशैली बहुत अनोखी नहीं ? वो आपको वह सभी सामग्री प्रदान करती है, जिससे आप इस दुनिया में जो भी कुछ प्राप्त करना चाहें या जिसकी भी आकांक्षा रखते हों, उसे हासिल कर सकें। उसने आपको अपनी जरूरतें पूरी करने के लिए सभी औजार दिए हैं, साथ ही उसने आपको इन औजारों का खुलकर उपयोग करने की अनुमति देने का उपकार भी किया है। आपको केवल यही करना है कि उन्हें स्वीकार करें व उन्हें अपने उपयोग में लाएँ। प्रकृति को शून्यता व जड़ता से चिढ़ है। वो सब चीजों के निरंतर कार्यरत रहने की पक्षधर है। वो मनुष्य के दिमाग से अथक क्रियाशीलता की आशा रखती है। दिमाग शरीर के किसी भी अन्य हिस्से जैसा ही है। यदि आप इसपर निर्भरता या इसका उपयोग रोक देंगे, तो इसका क्षय होता जाएगा। अंततः यह इतना कमजोर हो जाएगा कि हर कोई आपको पीछे धकेल सकेगा। कोई भी। कई बार, आप में इतनी इच्छाशक्ति भी नहीं बचती कि आप स्वयं को पीछे धकेलनेवालों का प्रतिरोध या विरोध कर सकें।

आधारिका 5 : विचार की शक्ति

पाँचवाँ पड़ाव है, विचार की शक्ति। यह ऐसी एकमात्र शक्ति है, जिस पर मनुष्य को निर्विवाद नियंत्रण हासिल है। यह इतनी प्रभावशाली है कि इससे मानव-मन व

अनंत बुद्धिमत्ता के बीच गहन सहसंबंध के संकेत मिलते हैं। दुनिया में अभी तक केवल पाँच ज्ञात तत्त्व हैं। इन्हीं पाँच तत्त्वों के आधार पर प्रत्येक वस्तु का अस्तित्व टिका हुआ है। इन तत्त्वों में सबसे सूक्ष्म पदार्थ इलेक्ट्रॉन व प्रोटॉन से लेकर विस्तृत आकाश में तैरते सबसे बड़े सूर्य के अलावा मैं व आप भी शामिल हैं। ये पाँच तत्त्व हैं—समय, स्थान, ऊर्जा व पदार्थ; और यदि यह पाँचवाँ तत्त्व न हो तो बाकी चारों का भी कोई अर्थ नहीं है। वो भी बेकार हो जाएँगे। हर ओर गड़बड़ी फैल जाएगी। इस पाँचवें तत्त्व की अनुपस्थिति में न तो मेरा अस्तित्व हो सकता है और न ही आपका। क्या आप जानते हैं कि यह तत्त्व क्या है? इस तत्त्व का नाम है, सार्वभौमिक बुद्धिमत्ता।

दुनिया में अभी तक केवल पाँच ज्ञात तत्त्व हैं। इन्हीं पाँच तत्त्वों के आधार पर प्रत्येक वस्तु का अस्तित्व टिका हुआ है। इन तत्त्वों में सबसे सूक्ष्म पदार्थ इलेक्ट्रॉन व प्रोटॉन से लेकर विस्तृत आकाश में तैरते सबसे बड़े सूर्य के अलावा मैं व आप भी शामिल हैं। ये पाँच तत्त्व हैं—समय, स्थान, ऊर्जा व पदार्थ; और यदि यह पाँचवाँ तत्त्व न हो तो बाकी चारों का भी कोई अर्थ नहीं है। वो भी बेकार हो जाएँगे।

इसकी झलक घास की हर पत्ती में प्रतिबिंबित होती है। भूमि से प्राप्त होनेवाली प्रत्येक वस्तु तथा हर इलेक्ट्रॉन व प्रोटॉन पदार्थ का निमित्त यही है। समय व स्थान के हर पक्ष में यह स्वयं को प्रकट करती है। यह बुद्धिमत्ता सदैव कार्यरत रहती है। सफलता के शिखर को वही लोग छू पाते हैं, जिन्होंने अपने दिमाग द्वारा इस बुद्धिमत्ता के अधिकतम उपयोग का मार्ग खोज लिया हो। यह बुद्धिमत्ता ब्रह्मांड के सभी स्थान, समय, पदार्थ, ऊर्जा व वस्तु में व्याप्त है। हर व्यक्ति अपने उपयोग हेतु इस बुद्धिमत्ता में से अपनी आवश्यकतानुसार यथोचित चयन कर सकता है। इस यथोचित का निर्धारण तभी संभव है, जब व्यक्ति इसका उपयोग करे। इसलिए इसे केवल समझ लेना या इस पर सहज विश्वास होना ही पर्याप्त नहीं है। जब कोर्स का किसी भी तरह के विशिष्ट उपयोग से आपको वो पैटर्न या ब्लूप्रिंट मिलेगा, जिसके द्वारा आप अपने दिमाग को नियंत्रित रखकर कार्य कर सकते हैं। आपको केवल उस ब्लूप्रिंट का अनुसरण करना होगा। आप इसमें से केवल अपना मनपसंद हिस्सा छाँटकर बाकी को छोड़ नहीं सकते। यह जैसा है आपको इसे वैसे ही स्वीकार करना होगा।

आधारिका 6 : अवचेतन से अनंत बुद्धिमत्ता का संबंध

छठी आधारिका बताती है कि व्यक्ति केवल अपने दिमाग के अवचेतन हिस्से द्वारा ही इस अनंत बुद्धिमत्ता का द्वार खोल सकता है।

मैं चाहता हूँ कि आप इस भाषा को पूरी सावधानी से सीखें। मैं कहता हूँ यह आपके समक्ष प्रकट होगी। मैं नहीं जानता कि ऐसा होगा ही, मुझे आपके ऐसा कर पाने पर भी पूरा संदेह है और इसपर किसी का भी सुनिश्चित होना मेरे लिए संदेहास्पद है। इस संबंध में भिन्न लोगों के भिन्न विचार हैं, लेकिन अपनी बुद्धि के सर्वोत्तम उपयोग से मिले हजारों अनुभवों के गहन निरीक्षण में मैंने इन्हें सत्य पाया है। व्यक्ति को मन के अवचेतन हिस्से में ही इस अनंत बुद्धिमत्ता तक पहुँचने का द्वार मिल सकता है और इस अध्याय में इसे प्रभावित करने का वही तरीका बताया गया है। निश्चित उद्देश्य पर आधारित आस्था इसका पहला कदम है। इस एक वाक्य में आपको इस अध्याय की कुंजी मिल जाएगी : आस्था सदा उद्देश्य की निश्चितता पर निर्भर करती है।

व्यक्ति को मन के अवचेतन हिस्से में ही इस अनंत बुद्धिमत्ता तक पहुँचने का द्वार मिल सकता है और इस अध्याय में इसे प्रभावित करने का वही तरीका बताया गया है। निश्चित उद्देश्य पर आधारित आस्था इसका पहला कदम है। इस एक वाक्य में आपको इस अध्याय की कुंजी मिल जाएगी : आस्था सदा उद्देश्य की निश्चितता पर निर्भर करती है।

क्या आपने कभी सोचा है कि आपको जितना आत्मविश्वास चाहिए होता है, वो आप में क्यों नहीं होता? क्या आपने एक पल रुककर इस बात पर विचार किया है? क्या आपने कभी भी ठहरकर इस बात पर विचार किया कि जब भी आपको कोई अवसर मिलता है या किसी अवसर की संभावना बनती है, तो आप उसे भुनाने व उसका उपयोग करने की अपनी क्षमता पर संदेह क्यों करने लगते हैं? क्या आपके साथ अधिकतर यही नहीं हुआ है? क्या ऐसा आपके साथ रोज ही नहीं होता?

यदि आपको कभी अत्यंत सफल लोगों के निकट रहने का मौका मिलेगा तो आप देखेंगे कि वो लोग कभी इसकी परवाह नहीं करते। कुछ भी ठान लेने पर वो उसमें असफल रहने की बात कभी नहीं सोचते। मुझे आशा है कि नेपोलियन हिल एसोसिएशन से जुड़ने के बाद आप भी मेरे प्रतिष्ठित व्यापार सहयोगी श्री डब्ल्यू. क्लेमेंट स्टोन से जरूर मिले होंगे। मैं श्री स्टोन को ऐसे व्यक्ति के तौर पर जानता हूँ, जो अपने दिमाग की शक्ति को पहचानने के अलावा इस पर पूरा भरोसा भी करते हैं। मैं नहीं मानता कि श्री स्टोन किसी भी बात से चिंतित होते हैं। मुझे लगता है—किसी भी बात की चिंता करना उनके लिए अपनी बुद्धिमत्ता का अपमान करने जैसा है। क्यों? क्योंकि उन्हें अपने दिमाग के उपयोग की अपनी क्षमता पर पूरा भरोसा है और वे अपने दिमाग का उपयोग कर वैसी ही परिस्थितियों का निर्माण कर सकते हैं, जैसा वो चाहते

हैं। दिमागी सफलता पानेवाले सभी लोगों के दिमाग की स्थिति व प्रक्रिया ऐसी ही होती है। इस सिद्धांत को सीखने के बाद आपका दिमाग भी ऐसा ही हो जाएगा। आप अपने दिमाग को वही दिखाएँगे जो आप उसे दिखाना चाहते हो। इससे आपके दिमाग में आप जो भी करना चाहते हो, उसे करने की क्षमता संबंधी प्रश्न कभी खड़ा नहीं होगा, यह प्रश्न उठ ही नहीं सकेगा।

आधारिका 7 : दिमाग ही विचारों का ट्रांसमीटर है

सातवीं आधारिका यह है कि दिमाग विचारों के स्पंदन भेजने व प्राप्त करने, दोनों का ही माध्यम है। इस बात से आगे बढ़ने में दिशाहीनता की जगह निश्चित उद्देश्य होने का महत्त्व स्पष्ट हो जाता है। दिमाग में उद्देश्य की मौजूदगी उसी के समान भौतिक व स्थूल परिस्थितियों को आकर्षित करती है। इसके बाद यह दुनिया के सबसे पहले रेडियो ब्रॉडकास्टिंग सेट अर्थात् मनुष्य के दिमाग में स्थित चेतना में प्रविष्ट हो जाती है। यह चेतना केवल मनुष्य ही नहीं, बल्कि बहुत से पशुओं के दिमाग में भी मौजूद होती है। मेरे पास कुछ पोमेरेनियन कुत्ते थे, जो मेरे दिमाग में पनपनेवाले किसी भी विचार को भाँप जाते थे, कई बार तो मुझसे भी पहले। वो इतने चतुर थे कि उसी के अनुरूप व्यवहार करने लगते। हम जब भी कार में घूमने जाते हैं तो उन्हें पहले ही पता लग जाता है कि हम उन्हें अपने साथ ले जानेवाले हैं या नहीं। मुझे एक शब्द भी नहीं कहना पड़ता, एक शब्द भी नहीं, क्योंकि वो हमारे साथ निरंतर सामंजस्य में रहते थे।

मेरे पास कुछ पोमेरेनियन कुत्ते थे, जो मेरे दिमाग में पनपनेवाले किसी भी विचार को भाँप जाते थे, कई बार तो मुझसे भी पहले। वो इतने चतुर थे कि उसी के अनुरूप व्यवहार करने लगते। हम जब भी कार में घूमने जाते हैं तो उन्हें पहले ही पता लग जाता है कि हम उन्हें अपने साथ ले जानेवाले हैं या नहीं। मुझे एक शब्द भी नहीं कहना पड़ता, एक शब्द भी नहीं, क्योंकि वो हमारे साथ निरंतर सामंजस्य में रहते थे।

आपका दिमाग लगातार स्पंदन प्रेषित करता रहता है। यदि आप सेल्समैन हैं और किसी संभावित ग्राहक से मिलने जा रहे हैं तो आपको उससे मिलने के पूर्व ही इस सौदे के बन जाने की कल्पना करनी होगी। आप जब भी अन्य लोगों के सहयोग से कोई काम करने जा रहे हों, तो अपने दिमाग को विश्वास दिला दें कि सभी लोग आपका सहयोग करेंगे। ऐसा क्यों? क्योंकि ऐसा करने पर आप द्वारा उनके समक्ष पेश की गई योजना उन्हें इतनी स्पष्ट, भरोसेमंद व लाभदायक लगेगी कि वो इससे इनकार नहीं

कर सकेंगे। दूसरे शब्दों में कहें तो आपको उनके सहयोग का अधिकार मिल जाएगा। इसी तरह जब आप अन्य लोगों को अपने ब्रॉडकास्टिंग स्टेशन द्वारा भयप्रद की जगह सकारात्मक विचार प्रेषित करने लगेंगे, तो इससे उनकी सोच में भी बदलाव आएगा।

इस ब्रॉडकास्टिंग स्टेशन का एक शानदार उदाहरण पेश करते हैं। मान लीजिए कि आपको दस हजार रुपए की जरूरत है। आप यह सोचकर बैंक में बात करने जाते हैं कि अगले दो दिनों में यह पैसे न भर पाने पर वो आपकी कार, फर्नीचर या कोई भी अन्य वस्तु उठा ले जाएँगे। इसलिए आपको इन दस हजार रुपयों की जरूरत है। आपके अंदर जाते ही बैंक मैनेजर आपसे कहता है कि आपको इन्हें भरना ही होगा, लेकिन हास्यास्पद बात यह है कि वो चाहता ही नहीं कि आप इसे भर सकें। वास्तव में यह हास्यास्पद नहीं, बल्कि दुःखद है। यह कुछ ऐसा है, जैसे आप जेब में माचिस लिये घूम रहे थे और जब उन तीलियों ने आपका घर फूँक दिया तो आप हैरान हो रहे हैं। यह आपके ही द्वारा प्रेषित किए विचार हैं, जो आपका पीछा करते हुए वहाँ पहुँच गए। इसी कारण जब आप वहाँ पहुँचे तो उपस्थित व्यक्ति आपसे सहयोग की जगह आप पर संदेह करने लगा। यह स्थिति आपके दिमाग ने प्रेषित की है।

इस सिद्धांत पर शोध करते समय मैं अपनी जीविका कमाने के लिए विक्रय-कला सिखाया करता था। मैंने तीस हजार से भी अधिक सेल्समैंस को यह कला सिखाई, जिनमें से बहुत से लोग आज भी जीवन बीमा के करोड़ों रुपए के कारोबार से जुड़े हुए हैं, व उन्होंने इसकी आजीवन सदस्यता ले ली है। यदि दुनिया में जिस चीज को बेचने के लिए सबसे अधिक प्रयास करना पड़ता है वो जीवन बीमा है। कोई भी जीवन बीमा नहीं खरीदना चाहता। इसलिए इसे बेचना पड़ता है।

इस सिद्धांत पर शोध करते समय मैं अपनी जीविका कमाने के लिए विक्रय-कला सिखाया करता था। मैंने तीस हजार से भी अधिक सेल्समैंस को यह कला सिखाई, जिनमें से बहुत से लोग आज भी जीवन बीमा के करोड़ों रुपए के कारोबार से जुड़े हुए हैं, व उन्होंने इसकी आजीवन सदस्यता ले ली है। यदि दुनिया में जिस चीज को बेचने के लिए सबसे अधिक प्रयास करना पड़ता है वो जीवन बीमा है। कोई भी जीवन बीमा नहीं खरीदना चाहता। इसलिए इसे बेचना पड़ता है। मैं लोगों को सिखाता था कि इसे दूसरों को बेचने से पहले वो इसे स्वयं को बेचने का प्रयास करें। यदि वो इसमें असफल रहे तो निश्चित ही दूसरों को भी नहीं बेच पाएँगे। कोई भी उनसे तभी कुछ खरीदेगा, जब वो इसे पहले खुद को बेच सकेंगे।

प्रत्येक दिमाग ब्रॉडकास्ट स्टेशन होने के अलावा रिसीविंग सेट भी होता है।

आप अपने दिमाग को इस तरह संयोजित कर सकते हैं कि वो अन्य लोगों द्वारा प्रेषित किए गए सकारात्मक स्पंदनों को आकर्षित कर सके। मैं इस बिंदु को आपको बहुत अच्छी तरह समझाना चाहता हूँ। हर ओर निरंतर अनगिनत स्पंदन प्रवाहित हो रहे हैं। आप अपने दिमाग को इस तरह प्रशिक्षित कर सकते हैं कि वो उनमें से उन्हीं स्पंदनों को चुनकर आकर्षित करे, जिन्हें आप अपने जीवन में शामिल करना चाहते हों। जो आपके द्वारा निश्चित किए गए प्रमुख उद्देश्य हों। इन्हें लगातार दोहराने, इसपर विचार करने व इनके अनुसार कार्य करते रहने से अंततः दिमाग आपके निश्चित उद्देश्य से जुड़े स्पंदनों को पहचानने लगेगा। यह बहुत अच्छा विचार है। आप अपने दिमाग को इस तरह शिक्षित कर सकते हैं कि वो आपकी मनचाही इच्छाओं के विपरीत किसी भी अन्य स्पंदन को बिल्कुल नकार देगा। अपने दिमाग पर ऐसा नियंत्रण हासिल करने के बाद आप प्रगति के पथ पर निरंतर आगे बढ़ते जाएँगे।

यदि आप सामान्य व्यक्ति हैं, तो निश्चित ही आपकी कुछ योजनाएँ असफल रहेंगी। जब आप समझ जाएँ कि आपकी योजना कारगर नहीं है, तो उसे छोड़कर तुरंत एक नई योजना तैयार कर लें। ऐसा तब तक करते रहें, जब तक आपको कोई सही योजना नहीं मिल जाती। ऐसा करते समय ध्यान रखें कि संभव है, अनंत बुद्धिमत्ता ने अपनी प्रज्ञा द्वारा आपके लिए आपकी योजना से भी कहीं अधिक बेहतरीन कोई योजना बना रखी हो।

निश्चित उद्देश्य के लाभ

अपने उद्देश्य के प्रति निश्चित होने के क्या लाभ होते हैं? पहला उद्देश्य निश्चित होने से आत्मनिर्भरता, व्यक्तिगत पहल, कल्पना, उत्साह, आत्मानुशासन व प्रयासों में एकाग्रता स्वतः ही विकसित होने लगती है। सफलता प्राप्ति के लिए इन सबका होना बहुत आवश्यक व महत्त्वपूर्ण है। निश्चित उद्देश्य होने पर ही आप इन्हें विकसित कर सकते हैं। इसके लिए आपको जानकारी होना, इसे हासिल करने की योजना बनाना व इस योजना को हर समय अपने दिमाग में बैठाए रखना आवश्यक होता है।

अनंत बुद्धिमत्ता का उपयोग करें

यदि आप सामान्य व्यक्ति हैं, तो निश्चित ही आपकी कुछ योजनाएँ असफल रहेंगी। जब आप समझ जाएँ कि आपकी योजना कारगर नहीं है, तो उसे छोड़कर तुरंत

एक नई योजना तैयार कर लें। ऐसा तब तक करते रहें, जब तक आपको कोई सही योजना नहीं मिल जाती। ऐसा करते समय ध्यान रखें कि संभव है, अनंत बुद्धिमत्ता ने अपनी प्रज्ञा द्वारा आपके लिए आपकी योजना से भी कहीं अधिक बेहतरीन कोई योजना बना रखी हो। अपना दिमाग खुला रखें, जिससे अपने किसी मुख्य उद्देश्य (या गौण उद्देश्य) से जुड़ी योजना के असफल रहने पर आप उस योजना को बंद कर अनंत बुद्धिमत्ता से निर्देश की माँग कर सकें। यह निर्देश मिलना उद्देश्य को हासिल करने का सबसे बड़ा आश्वासन है। विश्वास रखने पर यह निर्देश अवश्य मिलेंगे। आप अपने इस विश्वास को जोर से चिल्लाकर भी प्रकट कर सकते हैं। हालाँकि मुझे पूरा विश्वास है कि सृष्टि रचयिता आपके इस विचार से अवश्य परिचित होंगे, लेकिन इस भाँति जोशपूर्ण ढंग से स्वयं को व्यक्त कर आप अपने विश्वास को बढ़ाने के साथ ही अपने अवचेतन मन को भी जाग्रत् कर देते हैं।

मेरी लिखी पुस्तक 'थिंक एंड ग्रो रिच' का शीर्षक पहले 'द थर्टीन स्टेप्स टू रिचेज' था। शुरुआत से ही मुझे व प्रकाशक दोनों को पता था कि प्रचार के लिहाज से यह शीर्षक बहुत कमजोर है। हमें इसके लिए किसी मिलियन डॉलर शीर्षक की तलाश थी। एक ओर पुस्तक की तैयारी जोर-शोर से जारी थी, दूसरी ओर प्रकाशक मुझपर शीर्षक बताने के लिए जोर देने लगे। मैंने पाँच या छह सौ शीर्षक लिख डाले, लेकिन उनमें से कोई भी जम नहीं रहा था। एक भी नहीं। एक दिन प्रकाशक के उस फोन ने मेरी चिंता बढ़ा दी, जब उसने कहा कि "मुझे कल सुबह तक शीर्षक चाहिए होगा और यदि तुम ऐसा नहीं कर सके, तो मेरे पास एक उत्कृष्ट शीर्षक है।" "वो क्या?" मैंने पूछा। उन्होंने कहा, "हमने इसके लिए 'यूज योर नूडल एंड गेट द बूडल' शीर्षक सोचा है।" मैंने कहा, "हे ईश्वर! तुम मुझे बरबाद कर दोगे! यह एक गरिमापूर्ण पुस्तक है, ऐसे क्षुद्र से शीर्षक से पुस्तक के साथ-साथ मेरी छवि भी खराब हो जाएगी!" "तो ठीक है, अगर तुम कल सुबह तक कोई अच्छा शीर्षक नहीं सोच सके तो यही शीर्षक रखना होगा। मैं चाहता हूँ कि आप इस विचारोत्तेजक घटना को बहुत ध्यानपूर्वक सुनें।" उस रात मैंने बिस्तर पर बैठकर अपने अवचेतन मन से बात की और कहा, 'अब हम दोनों को मिल-जुलकर काम करना होगा। तुमने

मेरी लिखी पुस्तक 'थिंक एंड ग्रो रिच' का शीर्षक पहले 'द थर्टीन स्टेप्स टू रिचेज' था। शुरुआत से ही मुझे व प्रकाशक दोनों को पता था कि प्रचार के लिहाज से यह शीर्षक बहुत कमजोर है। हमें इसके लिए किसी मिलियन डॉलर शीर्षक की तलाश थी। एक ओर पुस्तक की तैयारी जोर-शोर से जारी थी, दूसरी ओर प्रकाशक मुझपर शीर्षक बताने के लिए जोर देने लगे।

आज तक मेरे लिए व मेरे साथ (मेरी अज्ञानता के चलते) बहुत कुछ किया है, लेकिन आज मुझे एक मिलियन डॉलर शीर्षक की तलाश है और मुझे यह आज रात ही चाहिए। समझे?' मैं यह बात इतनी जोर से बोल रहा था कि मेरे से ऊपर की मंजिल पर रहनेवाला परेशान होकर जमीन पर पाँव पटकने लगा। मैं उसे दोष नहीं देता, वो जरूर यही समझा होगा कि मैं अपनी पत्नी से झगड़ रहा हूँ। मैं अपने अवचेतन मन में इस माँग के प्रति कोई संशय नहीं रखना चाहता था। मैंने अवचेतन मन को शीर्षक के बारे में कुछ नहीं कहा। मैंने बस उसके मिलियन डॉलर शीर्षक होने की ही बात कही।

मैंने अवचेतन मन को शीर्षक के बारे में कुछ नहीं कहा। मैंने बस उसके मिलियन डॉलर शीर्षक होने की ही बात कही। यह काम अपने अवचेतन मन को सौंपने के बाद मैं आराम से चादर तानकर सो गया। मैं उस क्रियात्मक क्षण में पहुँच गया था, जहाँ मैं जानता था कि अब मेरी मनचाही बात पूरी हो जाएगी।

यह काम अपने अवचेतन मन को सौंपने के बाद मैं आराम से चादर तानकर सो गया। मैं उस क्रियात्मक क्षण में पहुँच गया था, जहाँ मैं जानता था कि अब मेरी मनचाही बात पूरी हो जाएगी। यदि मैं इस बिंदु पर नहीं पहुँचा होता, तो मैं अभी भी बिस्तर पर बैठकर अपने अवचेतन से इस विषय पर बात कर रहा होता। एक ऐसा क्रियात्मक क्षण आता है, जहाँ आपको महसूस होता है कि अब आपके कार्य की लगाम विश्वास की शक्ति के हाथों में है और वो कहती है, ''ठीक है, अब तुम आराम करो, मैं देख लूँगी।''

मैं सो गया। रात को दो बजे मुझे लगा कि किसी ने मुझे जोर से झकझोर दिया हो। जैसे ही मेरी नींद खुली, मेरे दिमाग में 'थिंक एंड ग्रो रिच' नाम कौंध गया। मैं कूदकर बिस्तर से बाहर निकला, लपककर अपने टाइपराइटर तक पहुँचा और उसे लिख डाला। इसके बाद मैंने प्रकाशक को फोन मिला दिया। उसने पूछा, ''क्या हुआ, कहीं आग लग गई है क्या?'' मैंने कहा, ''आपको यकीनन यह मिलियन डॉलर शीर्षक पसंद आएगा—'थिंक एंड ग्रो रिच'!'' उनके मुँह से सहसा निकल गया, ''लड़के, आखिर तुम्हें मिल ही गया!'' और मैंने जवाब दिया, ''हमें मिल गया।'' यह पुस्तक अब तक तेईस मिलियन डॉलर का औसत पार कर चुकी है और लगता है कि यह मेरे सामने ही सौ मिलियन डॉलर का औसत पार कर जाएगी। इसकी कोई सीमा नहीं है। अब यह शीर्षक मिलियन डॉलर से बढ़कर मल्टी-मिलियन डॉलर तक पहुँच गया है। अवचेतन को यह जिम्मेदारी सौंपने के बाद ऐसा होना स्वाभाविक ही था।

मैंने सबसे पहले इसी सिद्धांत का उपयोग क्यों नहीं किया? जब मैं अपने अवचेतन मन द्वारा पहले ही सीधा महा-स्रोत की शरण में जा सकता था, तो मैं

टाइपराइटर पर पाँच या छह सौ शीर्षक लिखने में क्यों लगा रहा? मैं बताता हूँ। यह बिल्कुल वैसा ही है, जैसा आप प्रायः क्या करना है, यह जानने के बावजूद वह नहीं करते। सब मनुष्यों के साथ ऐसा ही है। इन नियमों को जानने के बावजूद आप अंतिम क्षण आने तक यहाँ-वहाँ भटकते रहते हैं। प्रार्थना के साथ भी यही बात है। इसीलिए गले तक समस्याओं में फँस जाने के बाद की गई प्रार्थनाओं का कोई परिणाम नहीं निकलता। प्रार्थनाओं से परिणाम हासिल करने के लिए आपको अपने दिमाग को ऐसा बनाना होगा कि आपके जीवन ही प्रार्थना का रूप ले ले। आपके जीवन का प्रत्येक मिनट सुबह से शाम तक निरंतर जारी रहनेवाली प्रार्थना है। किसी महिमा में आस्था रखने से ही आपकी प्रार्थना को आधार मिलता है। इसी के जरिए आप अपनी दुनियावी आवश्यकताओं की पूर्ति हेतु अनंत बुद्धिमत्ता के साथ सामंजस्य बिठाते हैं।

मनुष्य का दिमाग भी ऐसा ही है। आपको अपने दिमाग की स्थिति ऐसी करनी होगी कि जब कभी भी आपात स्थिति आए, आप उसका सामना करने को तैयार हों। इसके अलावा निश्चित उद्देश्य होने से आप अपने समय का सदुपयोग कर अपनी दिनचर्या इस ढंग से निर्मित कर सकते हैं कि आप अपने मुख्य लक्ष्य के और अधिक निकट पहुँच जाएँ। यदि आप अपनी दिनचर्या के प्रत्येक घंटे को सार्थक व निरर्थक (इनमें आप अपनी रुचि के किसी भी काम में व्यस्त हो सकते हैं) में बाँट कर देखेंगे तो आपको अपने जीवन का सबसे बड़ा झटका लगेगा। आप पाएँगे कि हम कहीं से भी इसके योग्य नहीं हैं। आपके पास दिनभर में घंटों के तीन सेट होते हैं, जिनमें लगभग आठ घंटे सोने के लिए, लगभग आठ घंटे कमाने व अन्य कार्यों के लिए तथा बाकी बचे आठ घंटों को आप अपनी इच्छानुसार बिता सकते हैं।

मनुष्य का दिमाग भी ऐसा ही है। आपको अपने दिमाग की स्थिति ऐसी करनी होगी कि जब कभी भी आपात स्थिति आए, आप उसका सामना करने को तैयार हों। इसके अलावा निश्चित उद्देश्य होने से आप अपने समय का सदुपयोग कर अपनी दिनचर्या इस ढंग से निर्मित कर सकते हैं कि आप अपने मुख्य लक्ष्य के और अधिक निकट पहुँच जाएँ। यदि आप अपनी दिनचर्या के प्रत्येक घंटे को सार्थक व निरर्थक (इनमें आप अपनी रुचि के किसी भी काम में व्यस्त हो सकते हैं) में बाँट कर देखेंगे तो आपको अपने जीवन का सबसे बड़ा झटका लगेगा। आप पाएँगे कि हम कहीं से भी इसके योग्य नहीं हैं।

अवसर खोजने पर ही मिलता है

उद्देश्य निश्चित होने से हम अपने उस मुख्य उद्देश्य से जुड़े अवसरों को पहचानने में और अधिक चौकस हो जाते हैं। इससे हमें वो अवसर आने पर उसे स्वीकार करने हेतु आवश्यक साहस जुटाने की प्रेरणा मिलती है। इस तरह हमें दैनिक जीवन में लगभग प्रतिदिन ऐसे मौके मिलने लगते हैं, जिन्हें अपनाकर उनके अनुसार काम करने से ही हम लाभान्वित हो सकते हैं। दुर्भाग्यवश, हम सब में उदासीनता का भाव है, जो हमारी एक बड़ी कमजोरी है, इसे इच्छाशक्ति, जागरूकता या प्राप्त हुए अवसरों को अंगीकार करने के संकल्प में कमी भी कहा जा सकता है। यदि आप इस दर्शन को अपने दिमाग में भली प्रकार से बैठा लेंगे तो आप न केवल अवसरों को अंगीकार करना सीख जाएँगे, बल्कि आपकी कार्य-गुणवत्ता में भी सुधार होगा। किसी अवसर को अंगीकार करने से बेहतर क्या हो सकता है? वो है, स्वयं को उस अवसर के लिए तैयार रखना।

> ***हमला करने से एक दिन पूर्व नेपोलियन के सेनापति ने उससे कहा कि सुबह के हालात (वातावरण) हमले के लिए अनुकूल नहीं हैं। नेपोलियन ने उत्तर दिया कि हालात ठीक नहीं हैं? मैं हालातों को स्वयं बनाता हूँ! हमला करो! मैंने अपने कार्यक्षेत्र में आज तक ऐसा कोई सफल व्यक्ति नहीं देखा, जिसने किसी की असफलता की बात सुनकर भी हमले का निर्णय न लिया हो। हमला जरूर करें।***

हमला करने से एक दिन पूर्व नेपोलियन के सेनापति ने उससे कहा कि सुबह के हालात (वातावरण) हमले के लिए अनुकूल नहीं हैं। नेपोलियन ने उत्तर दिया कि हालात ठीक नहीं हैं? मैं हालातों को स्वयं बनाता हूँ! हमला करो! मैंने अपने कार्यक्षेत्र में आज तक ऐसा कोई सफल व्यक्ति नहीं देखा, जिसने किसी की असफलता की बात सुनकर भी हमले का निर्णय न लिया हो। हमला जरूर करें। जब तक आप सड़क के मोड़ तक नहीं पहुँच जाएँगे, आपको उससे आगे की सड़क नहीं दिखाई देगी। हमला करो। न उदासीनता दरशाओ और न ही ठगे-से देखते रहो। हमला करो।

उद्देश्य आत्मविश्वास का प्रेरक है

निश्चित उद्देश्य से ही व्यक्ति की सत्यनिष्ठा व चरित्र को आत्मविश्वास की प्रेरणा मिलती है। इसी के चलते अन्य लोग आपकी ओर सकारात्मक ढंग से आकर्षित होते हैं। क्या आपने कभी इसपर विचार किया है? मुझे लगता है कि दुनिया को ऐसे लोगों को देखकर हार्दिक प्रसन्नता होती है, जो दबी-कुचली दुनिया के सामने अपना

सीना फैलाकर यह कह सकें कि वे जो कुछ भी कर रहे हैं, उन्हें उसपर गर्व है। अपने उद्देश्य को हासिल करने के लिए दृढ़निश्चयी होने पर लोग स्वयं आपके लिए रास्ता छोड़ देंगे। आपको इस बाबत उनसे न कुछ कहना होगा और न ही शोर मचाना पड़ेगा। आपको ऐसा कुछ नहीं करना होगा। आपको केवल यही सोचना होगा कि आप पूरे गर्व सहित आगे बढ़ रहे हैं। विश्वास रखिए, अन्य सभी लोग बीच में से हटकर स्वयं आपके लिए रास्ता खाली कर देंगे। दुनिया ऐसी ही है।

जो व्यक्ति अपनी मंजिल को पहचानता है तथा पूरी मजबूती से उसकी ओर कदम बढ़ाना जारी रखता है, तो उसे सहायता देनेवाले सहयोगी भी मिल ही जाते हैं। निश्चित उद्देश्य का सबसे बड़ा फायदा यह है कि इन प्रयासों से दिमाग का वो हिस्सा खुल जाता है, जिसे हम 'आस्था' कहते हैं। इससे दिमाग सकारात्मक होने के साथ ही भय, संदेह, निराशा, अनिर्णय व उदासीनता की सीमाओं से मुक्त हो जाता है। जब आप अपनी इच्छा व उसे हासिल करने के तरीके पर सुनिश्चित होते हैं, तो उसी पल आपको परेशान करनेवाली संपूर्ण नकारात्मकता अपना बोरिया-बिस्तर लेकर निकल भागती है। सकारात्मक दिमाग में उसके लिए कोई जगह नहीं है।

जो व्यक्ति अपनी मंजिल को पहचानता है तथा पूरी मजबूती से उसकी ओर कदम बढ़ाना जारी रखता है, तो उसे सहायता देनेवाले सहयोगी भी मिल ही जाते हैं। निश्चित उद्देश्य का सबसे बड़ा फायदा यह है कि इन प्रयासों से दिमाग का वो हिस्सा खुल जाता है, जिसे हम 'आस्था' कहते हैं। इससे दिमाग सकारात्मक होने के साथ ही भय, संदेह, निराशा, अनिर्णय व उदासीनता की सीमाओं से मुक्त हो जाता है।

क्या दिमाग में सकारात्मक व नकारात्मक भावनाओं के एक साथ मौजूद रहने की कल्पना भी की जा सकती है? नहीं, क्योंकि ऐसा होना संभव नहीं है। क्या आप जानते हैं कि प्रार्थना की शक्ति को नष्ट करने के लिए जरा सी भी नकारात्मक मानसिकता काफी है? क्या आप जानते हैं कि जरा सी भी नकारात्मक मानसिकता वाले विचार आपकी योजना को समाप्त करने के लिए काफी हैं, फिर चाहे वो कैसी भी हो? इसलिए आपको अपने निश्चित उद्देश्य की ओर पूरे साहस, आस्था व दृढ़ता सहित कार्य करना चाहिए।

सफलता के प्रति जागरूकता

लक्ष्य के प्रति निश्चित होना व्यक्ति को सफलता के प्रति जागरूक बनाता है।

आप सफलता के प्रति जागरूकता का क्या अर्थ समझते हैं? यदि मैं किसी को स्वास्थ्य के प्रति जागरूक बताऊँ तो आप संभवत: समझ जाएँगे कि मेरा कहने का अर्थ उसके विचारों में स्वास्थ्य की भावना के सबसे प्रबल होने से है। इसी तरह, सफलता के प्रति जागरूकता का अर्थ है आपके विचारों में सफलता की भावना सबसे अधिक प्रबल होना। इससे आपके जीवन में 'नहीं कर सकता' की जगह 'कर सकता हूँ' का भाव अधिक रहेगा। इस 'नहीं कर सकता' की सोच के चलते अट्ठानबे प्रतिशत से भी अधिक लोग (जिनका मैंने कुछ देर पहले जिक्र किया था) अपने जीवन में कहीं नहीं पहुँच पाते। हर परिस्थिति में उनका ध्यान हमेशा 'नहीं कर सकता' वाले नकारात्मक हिस्से पर ही जमा रहता है।

मैं उस क्षण को जीवन भर नहीं भूल सकता, जब श्री कारनेगी ने मुझे अपने सिद्धांत को व्यवस्थित करने का मौका देकर चकित कर दिया था। मैंने उन्हें अपने इस कार्य में असमर्थ होने के सैकड़ों कारण गिनाए। इनमें से छह कारण तो मुझे आज भी याद हैं : मैं पर्याप्त रूप से शिक्षित नहीं हूँ, मैं धनवान नहीं हूँ, मैं प्रभावशाली नहीं हूँ और मुझे 'दर्शन' शब्द का अर्थ भी नहीं पता।

मैं उस क्षण को जीवन भर नहीं भूल सकता, जब श्री कारनेगी ने मुझे अपने सिद्धांत को व्यवस्थित करने का मौका देकर चकित कर दिया था। मैंने उन्हें अपने इस कार्य में असमर्थ होने के सैकड़ों कारण गिनाए। इनमें से छह कारण तो मुझे आज भी याद हैं : मैं पर्याप्त रूप से शिक्षित नहीं हूँ, मैं धनवान नहीं हूँ, मैं प्रभावशाली नहीं हूँ और मुझे 'दर्शन' शब्द का अर्थ भी नहीं पता। जब मैं श्री कारनेगी को उनके द्वारा की गई मेरी प्रशंसा के लिए धन्यवाद दे रहा था, तब भी दो कारण मेरे दिमाग में उभर रहे थे। मैंने सोचा कि जैसा मैंने सुना है श्री कारनेगी मानव प्रवृत्ति को पहचानने में वैसे निपुण नहीं लगते। वरना वो इस काम के लिए मुझे नहीं चुनते, लेकिन इस दौरान मेरे कान में एक फुसफुसाहट मुझसे कह रही थी, आगे बढ़ो। उन्हें कहो कि तुम यह कर सकते हो। बोल दो। मैंने कहा—ठीक है, कारनेगी साहब, मैं इसे करूँगा। आप मुझपर पूरा विश्वास रख सकते हैं। सर, मुझे इसे कितने समय में पूरा करना होगा? वे मेरे नजदीक आए, मेरा हाथ थामा और बोले—मुझे तुम्हारी यह बात ही नहीं, बल्कि इसे कहने का तुम्हारा ढंग भी बहुत पसंद आया। मैं इसी की प्रतीक्षा कर रहा था। उन्होंने कहा कि मेरा दिमाग जिस उत्साह से परिपूर्ण है, उसके चलते इसे आरंभ करने की कोई सामग्री न होने पर भी मैं अपने दृढ़संकल्प के चलते इस दर्शन को विकसित करने योग्य आवश्यक सामग्री तक अपनी पहुँच बना

ही लूँगा। यदि मैंने उनसे धीमी आवाज में केवल यही कहा होता कि ठीक है कारनेगी साहब, मैं पूरी कोशिश करूँगा तो मुझे पूरा विश्वास है (हालाँकि मैंने उनसे इस बाबत कोई बात नहीं की) कि वो तुरंत ही यह अवसर मुझसे वापस ले लेते। इससे यह संदेश जाता कि मैं इस काम को करने के प्रति दृढ़संकल्प नहीं हूँ।

जी हाँ, कारनेगी साहब। भरोसा रखिए, मैं इसे पूर्णता तक अवश्य पहुँचाऊँगा! आज श्री कारनेगी हमारे बीच नहीं हैं, लेकिन आप सब इस बात के गवाह हैं कि श्री कारनेगी का चुनाव गलत नहीं था। आप देख सकते हैं कि उन्होंने क्या कर दिखाया है। वो मनुष्य के दिमाग के बारे में कुछ ऐसा जानते थे, जो वर्षों की खोज के बाद उन्हें मेरे दिमाग में नजर आया। अंततः उन्हें वो मिल ही गया। मैं तब इसे नहीं समझ सका था, लेकिन आज मैं उसके महत्त्व से परिचित हूँ और चाहता हूँ कि आप भी इसका महत्त्व समझें। वो खासियत आपके दिमाग में भी मौजूद है। इससे आप में वो क्षमता है, जिससे आप अपनी इच्छा को पहचानकर उसे हासिल करने के लिए दृढ़संकल्प हो सकते हैं। भले ही आप इसे शुरू करने के बारे में कुछ न जानते हों।

व्यक्ति किन बातों से महान् बनता है ? क्या आप महानता का अर्थ समझते हैं ? महानता वो कौशल है, जिसके द्वारा आप अपने दिमाग की शक्ति को पहचान कर उसे अंगीकार करते हुए उपयोग में लाते हैं। इससे महानता का जन्म होता है। अपने नियमों की पुस्तक में मैंने लिखा है कि अपने दिमाग की शक्ति को पहचानने, अंगीकार करने व उपयोग करने की सरल विधि सीखकर कोई भी स्त्री या पुरुष वास्तव में महान् बन सकता है।

महानता वो कौशल है, जिसके द्वारा आप अपने दिमाग की शक्ति को पहचान कर उसे अंगीकार करते हुए उपयोग में लाते हैं। इससे महानता का जन्म होता है। अपने नियमों की पुस्तक में मैंने लिखा है कि अपने दिमाग की शक्ति को पहचानने, अंगीकार करने व उपयोग करने की सरल विधि सीखकर कोई भी स्त्री या पुरुष वास्तव में महान् बन सकता है।

अपना उद्‌देश्य निश्चित करने के चरण

निश्चित मुख्य उद्‌देश्य को लागू करने में इन निर्देशों का पालन करना चाहिए। इन निर्देशों को एक पत्र के रूप में लिखा जाता है। इसलिए इसके किसी भी हिस्से को नजरअंदाज न करें।

1. अपने सभी मुख्य उद्देश्यों को साफ-साफ लिखें

इस पर हस्ताक्षर करें, याद रखें व इसे प्रतिदिन कम-से-कम एक बार प्रार्थना या अभिकथन में से किसी एक के रूप में दोहराएँ। इससे आपको यह फायदा होगा कि आपकी ईश्वर में आस्था पक्के तौर पर पुन: लौट आएगी। मैंने अपने अनुभव से जाना है कि प्रत्येक छात्र में एक सबसे बड़ी कमजोरी यही होती है। वह इसे पढ़कर कह उठते हैं कि इसमें क्या है! यह तो बहुत आसान है। जब मैं इसे मान ही चुका हूँ तो फिर इसे लिखने की तकलीफ क्यों उठाऊँ? यदि आप भी ऐसा ही मानते हैं तो संभवत: आप इस अध्याय को अभी समझ नहीं पाए हैं। आपको इसे लिखना ही होगा। आपको अपने विचारों को कागज पर लिखकर उतारने के इस श्रमसाध्य कार्य को करना होगा। आपको इसे याद तो रखना ही है, साथ ही आपको अपने अवचेतन मन से इस संबंध में चर्चा भी शुरू करनी होगी।

अवचेतन मन को अपनी इच्छा से भली-भाँति परिचित करा दें। इस संबंध में मेरी बताई मिलियन डॉलर शीर्षक पाने की कहानी को याद रखिए। बल्कि इस दौरान आपको अपने अवचेतन मन को यह जताने में भी कोई हानि नहीं कि अब से इस कार्य का भार उसी पर है। अब जो कुछ भी करना है, वह उसी को करना है, लेकिन यदि आप अपनी इच्छा नहीं जानते या उसपर निश्चित नहीं हैं तो इसमें आप अवचेतन मन या कहीं और से किसी सहायता की उम्मीद न लगाएँ।

अवचेतन मन को अपनी इच्छा से भली-भाँति परिचित करा दें। इस संबंध में मेरी बताई मिलियन डॉलर शीर्षक पाने की कहानी को याद रखिए। बल्कि इस दौरान आपको अपने अवचेतन मन को यह जताने में भी कोई हानि नहीं कि अब से इस कार्य का भार उसी पर है। अब जो कुछ भी करना है, वह उसी को करना है, लेकिन यदि आप अपनी इच्छा नहीं जानते या उसपर निश्चित नहीं हैं तो इसमें आप अवचेतन मन या कहीं और से किसी सहायता की उम्मीद न लगाएँ। मनुष्य प्रजाति के सौ में से अट्ठानबे लोग नहीं जानते कि वो अपने जीवन से क्या चाहते हैं, इसलिए उन्हें कुछ मिल भी नहीं पाता। जीवन उन्हें जो देता है, वह उसे ही स्वीकार कर लेते हैं।

मुख्य उद्देश्यों के अलावा आपके जीवन में कुछ उद्देश्य भी होते हैं। इनकी संख्या चाहे जितनी हो, बस शर्त इतनी है कि यह सभी आपके मुख्य उद्देश्य के सहायक या उसके और निकट ले जानेवाले हों। आपका पूरा जीवन आपके मुख्य उद्देश्य की ओर अग्रसर रहने को समर्पित होना चाहिए। अपनी इच्छा को खोजें। इच्छा पूछे जाने पर आपका भी मेरी तरह लजाना स्वाभाविक है। फिर भी स्वयं आगे बढ़कर

अपने उपहार की माँग करें। आप स्वयं को जिन चीजों का पात्र समझते हों, उन्हें माँगें, लेकिन अपनी इन आकांक्षाओं की पूर्ति के बदले आपको जो चुकाना होगा, उससे जुड़े मेरे इन आगामी निर्देशों को अवश्य पढ़ें।

2. अपनी मनचाही वस्तु को प्राप्त करने से जुड़ी योजना (या योजनाओं) की एक निश्चित रूपरेखा लिखकर तैयार करें

अपनी लक्षित वस्तु को पाने के लिए कोई अधिकतम समय-सीमा सुनिश्चित कर दें। इस मनचाही वस्तु को पाने के लिए आप जो कुछ भी दाँव पर लगाने को तैयार हों, उसके संबंध में विस्तारपूर्वक लिखें। अपनी योजना को इतना लचीला रखें कि आप जब चाहें उसमें परिवर्तन कर सकें। हमेशा याद रखें कि यदि आप अपने लक्ष्य के प्रति दृढ़संकल्प रहेंगे तो अनंत बुद्धिमत्ता उसे हासिल करने की आपकी योजना से भी कहीं अधिक अच्छी योजना प्रदान कर सकती है।

अपनी लक्षित वस्तु को पाने के लिए कोई अधिकतम समय-सीमा सुनिश्चित कर दें। इस मनचाही वस्तु को पाने के लिए आप जो कुछ भी दाँव पर लगाने को तैयार हों, उसके संबंध में विस्तारपूर्वक लिखें। अपनी योजना को इतना लचीला रखें कि आप जब चाहें उसमें परिवर्तन कर सकें। हमेशा याद रखें कि यदि आप अपने लक्ष्य के प्रति दृढ़संकल्प रहेंगे तो अनंत बुद्धिमत्ता उसे हासिल करने की आपकी योजना से भी कहीं अधिक अच्छी योजना प्रदान कर सकती है।

क्या आप में से किसी को कोई समझ न आनेवाली या वर्णनातीतवाला आभास हुआ है? क्या आप जानते हैं कि यह आभास क्या था? यह आपके अवचेतन मन द्वारा आपको विचार प्रेषित करने का प्रयास था, लेकिन आप इसके प्रति इतने उदासीन हैं कि आपका अवचेतन मन आपसे दो पल भी बात नहीं कर पाता। मैंने बहुत से लोगों को कहते सुना है, आज मुझे एक बहुत मूर्खतापूर्ण विचार आया। यदि आपने इसपर ध्यान देकर पर्याप्त प्रयास किया होता तो यही मूर्खतापूर्ण विचार लाखों-करोड़ों कमानेवालों का विचार बन सकता था। अपने भीतर उठनेवाले इन आभासों पर ध्यान दें, क्योंकि आपके बाहर कोई है, जो इनके जरिए आपसे संपर्क करना चाहता है। निस्संदेह, अपने मन में उठनेवाले इन आभासों का मैं बहुत सम्मान करता हूँ, इसलिए यह लगातार आते रहते हैं। इन आभासों का विषय मेरे दिमाग में चल रहे विचार ही होते हैं। जिनमें से कुछ वर्तमान में जारी होते हैं तो कुछ को मैं भविष्य में करने की इच्छा रखता हूँ।

अपनी योजना या योजनाओं के लिए एक निश्चित रूपरेखा व उसे पूरा करने की कोई संभावित अधिकतम समयावधि को स्पष्ट रूप से लिख लें। इस समयावधि का बहुत महत्त्व है। अपने उद्देश्य इस तरह न लिखें कि मैं दुनिया का सबसे बेहतरीन सेल्समैन बनना चाहता हूँ। या मैं अपने संस्थान का सर्वश्रेष्ठ कर्मचारी बनना चाहता हूँ। या मैं बहुत सारा पैसा कमाना चाहता हूँ। इन वाक्यों में निश्चय नहीं झलकता। अपने जीवन का उद्देश्य स्पष्ट रूप से लिखें व उसे हासिल करने की कोई समय-सीमा भी तय करें। मैं (समयावधि के लिए रिक्त स्थान) वर्षों के भीतर यह-यह प्राप्त करना चाहता हूँ। यहाँ यह-यह के स्थान पर अपना लक्ष्य लिखें। अगले परिच्छेद में लिखें, मैं अपनी माँगी गई वस्तु के बदले यह-यह देना चाहता हूँ। अब इस यह-यह का विवरण भी दर्ज कर दें।

अपनी योजना या योजनाओं के लिए एक निश्चित रूपरेखा व उसे पूरा करने की कोई संभावित अधिकतम समयावधि को स्पष्ट रूप से लिख लें। इस समयावधि का बहुत महत्त्व है। अपने उद्देश्य इस तरह न लिखें कि मैं दुनिया का सबसे बेहतरीन सेल्समैन बनना चाहता हूँ। या मैं अपने संस्थान का सर्वश्रेष्ठ कर्मचारी बनना चाहता हूँ। या मैं बहुत सारा पैसा कमाना चाहता हूँ। इन वाक्यों में निश्चय नहीं झलकता।

जैसे सब कार्य अपने निश्चित समय पर ही होते हैं, इसी तरह प्रकृति के भी हर कार्य का समय तय है। यदि आप किसान हैं तो आपको खेती करने के लिए सबसे पहले जमीन तैयार करनी होगी। इसके बाद वर्ष में सही समय आने पर आपको गेहूँ बोना होगा। तभी आप बाद में गेहूँ की फसल काट सकेंगे।

क्या इस कार्य में आपने समय-सीमा पर ध्यान दिया? गेहूँ बोने से पहले आपको प्रकृति को उसका कार्य करने देना होगा। यदि आपने उससे पहले अपना कार्य ठीक ढंग से किया है, तो अनंत बुद्धिमत्ता (ईश्वर, या आप उसे जिस भी नाम से बुलाते हों) भी अपनी भूमिका भली-भाँति निभाएगी। जब तक आप अपने मुख्य उद्देश्य के प्रति निश्चित रहते हुए उसकी उचित समयावधि तय नहीं कर देंगे, तब तक यह बुद्धिमत्ता न तो आपको कोई निर्देश देगी और न ही आपकी ओर आकर्षित होगी। यदि आप औसत दर्जे की योग्यता होने के बावजूद आगामी तीस दिनों में करोड़ों रुपए कमाने का दम भरें तो इसपर केवल हँसा ही जा सकता है। आपको अपना मुख्य उद्देश्य उतना ही बड़ा रखना होगा, जितनी आपकी क्षमता व पात्रता है।

3. अपने मुख्य उद्देश्य को पूरी तरह से अपने तक ही रखें

'मास्टरमाइंड' अध्याय में आपको इस विषय से संबंधित और अधिक निर्देश मिलेंगे। इन दौरान, यह आवश्यक है कि आप अपने मुख्य उद्देश्य बाकी सभी से छिपाकर रखें। ऐसे आलसी व जिज्ञासु लोगों की कमी नहीं है, जो वैसे तो किसी कोने में दुबके रहेंगे, लेकिन आपको जीवन में गर्व से सिर उठाए उनसे आगे बढ़ता देख आपकी राह में काँटे बिछाने से जरा भी नहीं चूकते। उनका एकमात्र उद्देश्य आपको नीचे गिराना है। वह आपकी मशीनरी में रिंच व गेयरबॉक्स में मिट्टी डालने जैसा कार्य करते हैं। वो आपको रोकने की कोशिश करेंगे, क्योंकि उनका ठिकाना मनुष्यों से घृणा करना ही है। इसलिए आपको अपने मुख्य उद्देश्यों को तभी प्रकट करना चाहिए, जब आप उनमें सफल हो गए हों। उससे पहले कभी नहीं। सफल होने पर उनके संबंध में खुलकर चर्चा करें। बल्कि वो सफलता अपनी कहानी खुद बयान करेगी। शब्दों से नहीं, बल्कि अपने कार्यों द्वारा अपनी प्रशंसा करवाना सबसे अच्छा तरीका है। सफल होने पर कार्य आपके मुँह से नहीं, बल्कि स्वयं अपनी कहानी सुनाएगा।

किसी भी योजना को केवल इसीलिए अचूक न मानें, क्योंकि उसे आपने बनाया है। आपका ऐसा करना गलत होगा। अपनी योजना को हमेशा लचीला रखें, इसे अच्छी तरह आजमाकर देखें और अगर यह ठीक से काम न करे, तो इसे फौरन बदल डालें।

4. अपनी योजना को लचीला रखें

किसी भी योजना को केवल इसीलिए अचूक न मानें, क्योंकि उसे आपने बनाया है। आपका ऐसा करना गलत होगा। अपनी योजना को हमेशा लचीला रखें, इसे अच्छी तरह आजमाकर देखें और अगर यह ठीक से काम न करे, तो इसे फौरन बदल डालें।

5. अपने चेतन मन को व्यस्त रखें

जब भी अवसर मिले, अपने चेतन मन में अपने मुख्य उद्देश्य को दोहराते रहें। इस बात को खाते समय, सोते समय व यात्रा के समय भी अपने दिमाग में रखें। ध्यान रखिए, ऐसा करने पर आपके सोते समय अवचेतन मन इसे वास्तविक बनाने की दिशा में कार्य करने लगेगा। चेतन मन बहुत ईर्ष्यालु होता है। वो हमेशा इसकी निगरानी करता रहता है और किसी को भी इसके (अवचेतन मन के) पास भी नहीं फटकने देता। इसके निकट केवल वही जा सकता है, जिसके प्रति आप उत्साह या भय की भावना रखतें हों।

6. उत्साह बढ़ाएँ

स्पष्ट कहें तो अपने अवचेतन मन में किसी योजना को बैठाने के लिए आप में उसके प्रति भारी आस्था व उत्साह होना चाहिए। आपको अपने चेतन मन को आस्था व उत्साह से इतना परिपूर्ण करना होगा कि वो अवचेतन तक पहुँचने का आपका रास्ता साफ कर दे।

7. दोहराते रहें

दोहराना बहुत अद्‌भुत कार्य है। जब आप किसी चीज को बारंबार दोहराते हैं, तो चेतन मन आपकी उस बात को सुन-सुनकर थक जाता है। अंत में वो कहता है, ठीक है, अगर तुम्हें यही बोलते रहना है, तो मैं तुम्हें सदा के लिए रोके नहीं रह सकता। अंदर जाओ और अवचेतन को यह सब सुनाओ। देखो वो इसका क्या करता है। यह इस तरह काम करता है। यह चेतन-मन बहुत जिद्‌दी है। क्या आप जानते हैं कि यह सब वही चीजें सीखता है, जो अनुपयोगी हों? क्या आप जानते हैं कि इसका गोदाम ऐसी चीजों से भरा पड़ा है, जो न तो सही हैं, व न ही किसी काम की ही हैं? इसके कबाड़खाने में सारा वही सामान है, जिसकी आपको आवश्यकता नहीं। पुराने तार, घोड़े की नाल, ऐसी कीलें जिन्हें केवल कोई कंजूस ही इकट्‌ठा कर सकता है। उसके पास बहुत सा बेकार सामान है और वह अवचेतन मन में भी ऐसी ही चीजें ठूँसता रहता है।

रोज रात सोने से पहले, आपको अवचेतन मन को उस रात के लिए अपनी इच्छाओं से जुड़े आदेश देने होंगे। आपका एक आदेश शरीर को निरोग करना भी हो सकता है, क्योंकि निस्संदेह शरीर को रोज ही सुधार की आवश्यकता होती है। आपके सोने के बाद आपका अवचेतन मन, अनंत बुद्धिमत्ता के साथ मिलकर आपके अनुरोध के मुताबिक शरीर के प्रत्येक अंग व कोशिका को स्वस्थ करने में जुट जाएगा।

8. अपने अवचेतन को व्यस्त रखें

रोज रात सोने से पहले, आपको अवचेतन मन को उस रात के लिए अपनी इच्छाओं से जुड़े आदेश देने होंगे। आपका एक आदेश शरीर को निरोग करना भी हो सकता है, क्योंकि निस्संदेह शरीर को रोज ही सुधार की आवश्यकता होती है। आपके सोने के बाद आपका अवचेतन मन, अनंत बुद्धिमत्ता के साथ मिलकर आपके अनुरोध के मुताबिक शरीर के प्रत्येक अंग व कोशिका को स्वस्थ करने में जुट जाएगा। सुबह

तक शरीर स्वस्थ होने के साथ ही आपका दिमाग भी सही ढंग से काम करने लगेगा। अपने अवचेतन मन को आदेश दिए बिना कभी न सोएँ। उसे रोज अपनी इच्छा से परिचित करवाने की आदत डालें। ऐसा लंबे समय तक करते रहने से उसका आप पर भरोसा जम जाएगा और आपकी प्रत्येक इच्छा पूरी कर देगा। इसलिए उसके समक्ष अपनी इच्छा प्रकट करते समय हमेशा होशियार रहें, क्योंकि आप उससे जो भी माँग करेंगे वो आपको मिल जाएगा।

मुझे पक्का यकीन है कि यदि आपको इसी क्षण यह पता लग जाए कि आप इतने वर्षों से क्या माँग रहे हैं तो आप चकित रह जाएँगे। आप इन्हीं अवांछित चीजों की माँग कर रहे थे। आपके पास मौजूद प्रत्येक अवांछित वस्तु का कारण उसकी उपेक्षा पर निरंतर जमा रहनेवाला ध्यान है। संभव है कि आपने अपने अवचेतन मन को अपनी मनपसंद वस्तुओं की जानकारी देने की जगह इस अनचाहे कचरे से रूबरू करवा दिया हो। वही आपको मिल भी गया। यह इसी तरह काम करता है।

मेरा मानना है कि आपको यहाँ किसी उद्देश्य से भेजा गया था। मेरा यह भी मानना है कि यहाँ भेजते समय आपको वह क्षमतापूर्ण दिमाग दिया गया है, जिससे आप अपना भविष्य तराश व सँवार सकते हैं। यदि आपने ऐसा नहीं किया, यदि आप उस दिमाग का उपयोग नहीं कर सके तो मेरा मानना है कि आपको यहाँ भेजनेवाले की दृष्टि में आपके जीवन का बड़ा हिस्सा बेकार हो गया।

9. अपने जीवन को उद्देश्य दें

यहाँ हम आपके मुख्य उद्देश्य की निश्चितता से जुड़ी कुछ महत्त्वपूर्ण बातों का वर्णन करेंगे। सबसे पहले, यह आपके जीवन के सबसे बड़े उद्देश्य का द्योतक होना चाहिए। यह आपकी सभी इच्छाओं से अधिक ऊँचा ऐसा एकमात्र उद्देश्य हो। जिसे आप अपने बाद अपनी यादगार के तौर पर छोड़ जाना चाहते हों। आपका मुख्य उद्देश्य ऐसा ही होना चाहिए। यहाँ मैं आपके गौण उद्देश्यों की बात नहीं कर रहा। यहाँ मेरा आशय आपके मुख्य, संपूर्ण उद्देश्य से है—जो हमेशा से आपके जीवन का ध्येय रहा है। मित्रो, मेरा विश्वास कीजिए, यदि आपके जीवन में कोई उद्देश्य नहीं है, यदि आप जीवन में कुछ पाना नहीं चाहते, यदि आप धरातल पर आने के इस मौके का लाभ नहीं उठा सके, तो रोजमर्रा की जरूरतों को पूरा करने में गुजारा गया आपका प्रत्येक क्षण व्यर्थ गया। मेरा मानना है कि आपको यहाँ किसी उद्देश्य से भेजा गया था। मेरा यह भी मानना है कि यहाँ भेजते समय आपको वह क्षमतापूर्ण दिमाग दिया गया है, जिससे आप अपना भविष्य तराश व सँवार सकते हैं। यदि आपने ऐसा नहीं किया, यदि आप उस दिमाग का उपयोग नहीं कर सके तो मेरा मानना है कि आपको यहाँ भेजनेवाले की

दृष्टि में आपके जीवन का बड़ा हिस्सा बेकार हो गया।

आपको यहाँ उस क्षमतापूर्ण दिमाग के अपने भविष्य को गढ़ने व उसे हासिल करने के क्षमतावाले दिमाग के साथ भेजा गया था। यदि आप इसमें असफल रहे, यदि आप इस दिमाग का उपयोग नहीं कर सके तो मेरा मानना है कि आपको यहाँ भेजनेवाले की दृष्टि में आपके जीवन का बहुत बड़ा हिस्सा बेकार हो गया है।

10. अपने दिमाग की शक्ति का उपयोग कीजिए

अपने दिमाग को नियंत्रित करें। बड़ा उद्देश्य रखें। इस बात पर बिल्कुल भरोसा न करें कि यदि आप आज तक कुछ नहीं पा सके हैं तो भविष्य में भी नहीं पा सकेंगे। कभी भी अपने भविष्य का आकलन अपने भूतकाल के आधार पर न करें। इससे आप ऐसा डूबेंगे कि कभी उबर नहीं पाएँगे। नया दिन आ रहा है। आपका फिर नया जन्म होगा। आप फिर एक नया प्रारूप बनाएँगे। उस नए जगत् में आप एक बिल्कुल नवीन व्यक्ति होंगे। मेरी आकांक्षा है कि आप में से हर व्यक्ति मानसिक, शारीरिक व हो सके तो आध्यात्मिक स्तर पर भी नया जीवन प्राप्त करे। आप एक नए लक्ष्य, नए उद्देश्य, अपनी व्यक्तिगत शक्ति की नवीन अनुभूति के साथ ही मानवीय इकाई के तौर पर अपने अस्तित्व का नवीन बोध प्राप्त करें।

अपने दिमाग को नियंत्रित करें। बड़ा उद्देश्य रखें। इस बात पर बिल्कुल भरोसा न करें कि यदि आप आज तक कुछ नहीं पा सके हैं तो भविष्य में भी नहीं पा सकेंगे। कभी भी अपने भविष्य का आकलन अपने भूतकाल के आधार पर न करें। इससे आप ऐसा डूबेंगे कि कभी उबर नहीं पाएँगे। नया दिन आ रहा है।

यदि आप मुझसे पूछेंगे कि मानवकृत सबसे बड़ा पाप क्या है? तो मुझे पूरा विश्वास है कि मेरा उत्तर आपको अचंभे में डाल देगा। इस प्रश्न का आप क्या उत्तर देंगे? आपके मुताबिक सबसे बड़ा मानवकृत पाप क्या हो सकता है? मेरा मानना है कि अपने इस महान् गुण की उपेक्षा करना सबसे बड़ा मानवकृत पाप है, क्योंकि अपने इस महान् गुण का उपयोग करने पर आप जीवन में जो कुछ भी पाना चाहते हैं, उसे पा सकते हैं और वह भी प्रचुर मात्रा में। ध्यान दीजिए, मैंने यह नहीं कहा है कि आप जिसके समर्थ होंगे, वही पा सकेंगे। मैंने कहा है कि आप जो कुछ भी पाना चाहते हैं, उसे प्रचुर मात्रा में प्राप्त कर सकते हैं। मैंने यहाँ पात्रता की कोई बात नहीं की है। आपके अपने सामर्थ्य के अनुसार सीमित इच्छा रखने से ही यहाँ पात्रता का प्रश्न उठ सकता है। अपनी सीमाओं का निर्धारण करना केवल आपके हाथ में ही है। जब तक आप न चाहें, तब तक किसी और का ऐसा करना संभव नहीं है।

11. अपने उद्‌देश्य थोड़ा बड़ा रखें

अपने मुख्य उद्‌देश्य, या उसके कुछ भाग को हमेशा अपनी पहुँच से थोड़ा आगे रखिए। इसे इतना रखें कि इसे हासिल करने के प्रति आपकी आशा व अपेक्षा बनी रहे। जब आप अपने मुख्य उद्‌देश्य तक पहुँचकर उसे हासिल कर लेने के बाद आप क्या करेंगे? निस्संदेह, एक नया उद्‌देश्य बनाएँगे। पहली कामयाबी से आप में अपने मुख्य उद्‌देश्य को प्राप्त करने के प्रति विश्वास बढ़ जाएगा। यह भी संभव है कि आपका अगला उद्‌देश्य पिछलेवाले से अधिक बड़ा हो। यदि आप धनवान होना चाहते हैं तो पहले वर्ष के लिए बहुत बड़ा लक्ष्य न रखें। एक बारहमासी तार्किक योजना बनाएँ, जिसे आसानी से पूरा किया जा सके। सफल होने पर अगले वर्ष इस राशि को दोगुना कर दें। अपना मुख्य उद्‌देश्य हमेशा अपने सामर्थ्य से कुछ अधिक रखें। ऐसा क्यों? निश्चित उद्‌देश्य ऐसा क्यों न रखा जाए, जो अगले दिन सुबह ही पूरा किया जा सके? जाहिर है, यदि आप ऐसा करेंगे, तो आपके उस मुख्य उद्‌देश्य में बढ़ने की अधिक गुंजाइश नहीं होगी।

किसी बड़े लक्ष्य को हासिल करने का प्रयास अधिक आनंददायक होता है। प्रयास करना बहुत बड़ी बात है। सफलता मिलने या अपना उद्‌देश्य हासिल कर लेने के बाद यदि आप कुछ नया आरंभ न करें तो इस प्राप्ति में कोई उल्लास नहीं रहेगा। बिना किसी निश्चित उद्‌देश्य के केवल गुजारने के लिए बिताया जा रहा जीवन बहुत नीरस होता है। भविष्य में किसी निश्चित उद्‌देश्य के पूरा होने की आशा मनुष्य के लिए सबसे बड़ा सुख है।

किसी बड़े लक्ष्य को हासिल करने का प्रयास अधिक आनंददायक होता है। प्रयास करना बहुत बड़ी बात है। सफलता मिलने या अपना उद्‌देश्य हासिल कर लेने के बाद यदि आप कुछ नया आरंभ न करें तो इस प्राप्ति में कोई उल्लास नहीं रहेगा। बिना किसी निश्चित उद्‌देश्य के केवल गुजारने के लिए बिताया जा रहा जीवन बहुत नीरस होता है। भविष्य में किसी निश्चित उद्‌देश्य के पूरा होने की आशा मनुष्य के लिए सबसे बड़ा सुख है। वहीं, हर कार्य से मुक्त व अपने में मग्न रहनेवाले व्यक्ति दया का पात्र है। हर क्षण सक्रिय रहें, कुछ-न-कुछ करते रहें, लगातार कार्यरत रहें और अपने सामने हमेशा कोई ध्येय बनाए रखें।

यह भी संभव है कि व्यक्ति कोई ऐसा उद्‌देश्य बनाए (प्राय: ऐसा ही होता है), जो दिनोदिन, माह-दर-माह व वर्ष-दर-वर्ष निरंतर काम करने पर ही हासिल हो सके। इसकी योजना ही ऐसी बनी हो कि जीवन भर के उल्लासपूर्ण उद्यम के बाद ही इसे पाया जा सकता है। यह व्यक्ति की नौकरी, उसके बिजनेस या उसके

पेशे से जुड़ा हो सकता है, क्योंकि रोजाना काम करनेवाला व्यक्ति अंततः अपने जीवन के मुख्य उद्देश्य को हासिल कर ही लेता है। मुझे उन लोगों को देखकर बहुत दुःख होता है, जो केवल पेट भरने के लिए खाना, तन ढकने को कपड़े व सिर पर छत पाने के लिए दिन-रात कड़ी मेहनत करते रहते हैं। मुझे उन लोगों के लिए भी बहुत दुःख होता है, जिनका लक्ष्य केवल अपना गुजारा चलाना है। मुझे नहीं लगता कि इस व्याख्यान के दौरान ऐसा कोई व्यक्ति मौजूद हो, जो केवल अपना गुजारा चलाकर संतुष्ट है। मेरे विचार से आप सब जीवन को खुलकर जीना चाहते हैं। मेरे विचार से आप जीवन में प्रचुरता चाहते हैं। मेरे विचार से आप अपने जीवन को मन-मुताबिक गुजारने हेतु धन समेत जिन भी वस्तुओं को उपयोगी समझते हैं, उन सभी को प्राप्त करना चाहते हैं।

यह भी संभव है कि किसी के मुख्य उद्देश्य में आजीविका जैसे बहुत सारे छोटे लक्ष्य शामिल हों। आप अपने लिए कैसा मुख्य उद्देश्य निश्चित करते हैं, यह पूरी तरह आप पर निर्भर है। इसे एक सूची के रूप में लिखें, अर्थात् पहला लक्ष्य, यह-यह, दूसरा लक्ष्य, यह-यह आदि।

अपने मुख्य उद्देश्यों को निश्चित करते समय इनमें जीवनसाथी के साथ अपने रिश्तों को सामंजस्यपूर्ण रखना भी अवश्य शामिल करें। आपके लिए इससे अधिक जरूरी कुछ नहीं है। क्या आप ऐसा कोई और रिश्ता जानते हैं, जो पति-पत्नी के रिश्ते से अधिक महत्त्वपूर्ण हो? आपकी जगह इसका उत्तर मैं ही दे देता हूँ : बिल्कुल नहीं हो सकता। किसी से नहीं हो सकता। क्या आपने कोई ऐसे पति-पत्नी देखे हैं, जिनके रिश्ते में सामंजस्य न हो? इसका उत्तर भी आपकी ओर से मैं ही दे देता हूँ : हाँ, देखे हैं।

सामंजस्यपूर्ण रिश्ते

अपने मुख्य उद्देश्यों को निश्चित करते समय इनमें जीवनसाथी के साथ अपने रिश्तों को सामंजस्यपूर्ण रखना भी अवश्य शामिल करें। आपके लिए इससे अधिक जरूरी कुछ नहीं है। क्या आप ऐसा कोई और रिश्ता जानते हैं, जो पति-पत्नी के रिश्ते से अधिक महत्त्वपूर्ण हो? आपकी जगह इसका उत्तर मैं ही दे देता हूँ : बिल्कुल नहीं हो सकता। किसी से नहीं हो सकता। क्या आपने कोई ऐसे पति-पत्नी देखे हैं, जिनके रिश्ते में सामंजस्य न हो? इसका उत्तर भी आपकी ओर से मैं ही दे देता हूँ : हाँ, देखे हैं। जिन लोगों में सामंजस्य नहीं हो, उनके साथ रहना अपने आप में एक समस्या है। सबसे पहले अपने रिश्तों पर मास्टरमाइंड का उपयोग कर आप सामंजस्यपूर्ण हो सकते

हैं। अपनी पत्नी या पति को अपना पहला मास्टरमाइंड सहयोगी बनाएँ। हो सकता है कि इस प्रणय-निवेदन की पहल आपको ही करनी पड़े, लेकिन इसमें कुछ बुरा नहीं है। मुझे याद नहीं आता कि मैंने अपने जीवन में प्रणयनिवेदन से बेहतर कुछ भी किया हो। यह बहुत शानदार अनुभव था। एक बार फिर उसी लड़की (या लड़के) के प्यार में डूबने से अच्छा और कुछ नहीं है।

यदि आपके व्यापार में सहकर्मियों के साथ या रोज साथ काम करनेवालों के संग अच्छे संबंध नहीं हैं, तो उनके साथ अपने संबंध को पुनः एक नया मोड़ देने का प्रयास करें। आप यह देखकर चकित रह जाएँगे कि आपकी छोटी सी स्वीकारोक्ति से ही यह काम बन जाएगा। स्वीकारोक्ति बहुत अद्भुत चीज है। बहुत से लोग मानते हैं कि वो अपने अहंकार के कारण ही अपनी कमजोरियों को स्वीकार नहीं कर पाते। मेरा कहना है, सबसे अच्छा यह रहेगा कि आप अपनी इन कमजोरियों को स्वीकारोक्ति द्वारा निकाल बाहर करें। स्वीकार करें कि न तो आप निर्दोष नहीं, कुछ कम दोष हैं, लेकिन पूरी तरह निर्दोष नहीं हैं। पूरी संभावना है कि सुननेवाला यही कहेगा कि अगर सोचें तो मैं भी निर्दोष नहीं हूँ; और यह दौड़ यहीं समाप्त हो जाएगी। आप जिन लोगों से रोज मिलते हैं, वो चाहे कोई भी हों, उनके साथ अच्छे रिश्ते कायम करने का प्रयास कीजिए। यह बहुत अच्छा रहेगा। आप ऐसा कर सकते हैं। आप में यह क्षमता है। मैं जानता हूँ कि आप यह कर सकते हैं। मानवीय रिश्तों में असामंजस्य होने का सबसे बड़ा कारण लोगों की परवाह न करना है। हो सकता है कि आपने भी अपने मानवीय रिश्तों को जड़ न पकड़ने दी हो, लेकिन यदि आप इनमें बदलाव करना चाहते हैं तो आप ऐसा कर सकते हैं।

यदि आपके व्यापार में सहकर्मियों के साथ या रोज साथ काम करनेवालों के संग अच्छे संबंध नहीं हैं, तो उनके साथ अपने संबंध को पुनः एक नया मोड़ देने का प्रयास करें। आप यह देखकर चकित रह जाएँगे कि आपकी छोटी सी स्वीकारोक्ति से ही यह काम बन जाएगा। स्वीकारोक्ति बहुत अद्भुत चीज है। बहुत से लोग मानते हैं कि वो अपने अहंकार के कारण ही अपनी कमजोरियों को स्वीकार नहीं कर पाते। मेरा कहना है, सबसे अच्छा यह रहेगा कि आप अपनी इन कमजोरियों को स्वीकारोक्ति द्वारा निकाल बाहर करें।

आपका मुख्य उद्देश्य अपनी आय व व्यय को नियंत्रित करना भी हो सकता है। इसके कई कारण हैं, जैसे अभी या बुढ़ापे के लिए निश्चित आर्थिक सुरक्षा पाना, अपने प्रियजनों को आर्थिक रूप से सुरक्षित बनाना आदि। इनमें अपने मुख्य उद्देश्य

को हासिल करने के लिए आवश्यक धन जुटाने का समय तय करने की योजना को भी शामिल किया जा सकता है।

अपने जीवन के लिए जरूरी सभी चीजों को इस सूची में स्थान दें तथा इसमें अपने मुख्य उद्देश्य से जुड़े गौण उद्देश्यों को भी शामिल करें। अपने मुख्य उद्देश्य की ओर चरणबद्ध ढंग से बढ़ने के लिए जरूरी सभी वस्तुओं को इस सूची में स्थान दें। अपने सभी रिश्तों को सामंजस्यपूर्ण बनाने के लिए कोई निश्चित योजना बनाएँ, विशेष रूप से घरेलू रिश्ते के लिए जहाँ आप कार्य, आनंद व आराम पाते हैं। व्यक्ति के मुख्य उद्देश्यों में मानवीय रिश्तों की महत्त्वपूर्ण भूमिका है, क्योंकि हर लक्ष्य की प्राप्ति में बहुत से लोगों की सहायता की आवश्यकता होती है। क्या आपने कभी इसपर विचार किया है? अपने जीवन में कुछ भी सार्थक करने के लिए अन्य लोगों का सामंजस्यपूर्ण सहयोग बहुत आवश्यक है। यदि आप लोगों से जुड़े न हों, उन्हें समझा न हो और उन्हें उनकी कमजोरियों के साथ ही स्वीकार न किया हो तो उनके साथ आपके रिश्ते कभी भी सामंजस्यपूर्ण नहीं हो सकते? क्या आपका कोई ऐसा मित्र है, जिसने आप में बदलाव लाने या किसी चीज के प्रति उसकी धारणा बदलने के आपके प्रयासों को पसंद किया हो? क्या आप ऐसे मित्र को पसंद करेंगे, जो निरंतर आपको परिवर्तित करने का प्रयास करता रहे? नहीं, यह किसी को पसंद नहीं आएगा, लेकिन ऐसी बहुत सी चीजें हैं, जो आप अपने मित्र के लिए उदाहरण बन सकते हैं—उसमें बदलाव लाने का यह अधिक प्रभावकारी तरीका होगा।

> ***अपने जीवन के लिए जरूरी सभी चीजों को इस सूची में स्थान दें तथा इसमें अपने मुख्य उद्देश्य से जुड़े गौण उद्देश्यों को भी शामिल करें। अपने मुख्य उद्देश्य की ओर चरणबद्ध ढंग से बढ़ने के लिए जरूरी सभी वस्तुओं को इस सूची में स्थान दें। अपने सभी रिश्तों को सामंजस्यपूर्ण बनाने के लिए कोई निश्चित योजना बनाएँ, विशेष रूप से घरेलू रिश्ते के लिए जहाँ आप कार्य, आनंद व आराम पाते हैं।***

किसी व्यक्ति को उसकी गलती बताएँ और आप देखेंगे कि जल्द ही वो आपसे दूर हो जाएगा। आपको देखते ही वो अपना रास्ता बदल लेगा। आप अपने मानवीय रिश्तों को बेहतरीन बना सकते हैं, लेकिन आप ऐसा दूसरों की बुराई या उनकी गलतियाँ निकालकर नहीं कर सकते, क्योंकि हम सभी गलतियाँ करते हैं। इससे अच्छा कि आप दूसरों की अच्छाई व गुणों पर बात करें। मैंने आज तक इतना बुरा व्यक्ति कोई नहीं देखा, जिसमें कोई भी अच्छाई न हो। दूसरों के गुणों पर ध्यान देने से वे भी हरसंभव यही प्रयास करेंगे कि आपको उनकी ओर से निराश न होना पड़े।

व्यक्ति को ऐसा मुख्य उद्देश्य चुनने से झिझकना नहीं चाहिए, जो फिलहाल उसे अपनी क्षमता से बाहर दिख रहा हो। इससे व्यक्ति जीवन में कितने भी ऊँचे उद्देश्य को प्राप्त करने की तैयारी कर लेता है। जब मैंने अपने मुख्य उद्देश्य के तौर पर व्यक्तिगत उपलब्धि से जुड़े व्यावहारिक सिद्धांतों को संयोजित कर दुनिया के सामने पेश करने का निश्चय किया था, तब यह मेरी क्षमता से बाहर की बात थी।

गत बीस वर्षों में निष्फल प्रयासों के बावजूद मुझे शोध जारी रखने की प्रेरणा कैसे मिली? अपनी जान-पहचान के अधिकांश लोगों की आलोचना झेलने के बावजूद मेरे संघर्ष व प्रयास कैसे चलते रहे? इसमें सफलता पाने के लिए मुझे अपार आस्था की जरूरत थी और आगे बढ़ते समय मुझे अपनी इस आस्था को बनाए रखना था, क्योंकि मैं पहले से ही जानता था कि श्री कारनेगी ने मुझे जो कार्य सौंपा है; मैं उसे अवश्य पूरा करके दिखाऊँगा। इस दौरान कई बार ऐसा लगा कि मेरे बारे में मेरे मित्र व परिचित जो कह रहे हैं, वो शायद ठीक ही है। देखा जाए तो मैं अपना समय ही बरबाद कर रहा था। उनके दृष्टिकोण, पैमाने व मानकों के अनुसार, मैंने अपने बीस वर्ष खराब कर दिए थे, लेकिन मेरे इन बीस वर्ष के कार्यों से जो लोग लाभान्वित हुए हैं या जो लोग भविष्य में लाभान्वित होंगे, वे मेरे इन बीते वर्षों को बरबाद हुआ नहीं मानेंगे। आप तब तक नहीं हार सकते, जब तक आप स्वयं ऐसा न मान लें। अपनी हार स्वीकार करने पर ही आपकी वास्तविक हार होती है। मेरे साथ-साथ लंबे समय तक जुड़े रहे तो आप समझ जाएँगे कि आप कभी भी हार नहीं सकते।

व्यक्ति को ऐसा मुख्य उद्देश्य चुनने से झिझकना नहीं चाहिए, जो फिलहाल उसे अपनी क्षमता से बाहर दिख रहा हो। इससे व्यक्ति जीवन में कितने भी ऊँचे उद्देश्य को प्राप्त करने की तैयारी कर लेता है। जब मैंने अपने मुख्य उद्देश्य के तौर पर व्यक्तिगत उपलब्धि से जुड़े व्यावहारिक सिद्धांतों को संयोजित कर दुनिया के सामने पेश करने का निश्चय किया था, तब यह मेरी क्षमता से बाहर की बात थी।

उद्देश्यपूर्ण होता है प्रकृति का प्रत्येक कार्य

हमारे उद्देश्य के प्रति निश्चितता के सिद्धांत के सार्वभौमिक उपयोग की पुष्टि प्रकृति भी करती है। उद्देश्य की निश्चितता व प्रकृति की कार्यप्रणाली के तार आपस में जुड़े हुए हैं। प्रकृति का कानून इस ब्रह्मांड की सबसे निश्चित वस्तु है। प्रकृति न तो अपने मार्ग से भटकती है, न उसे बदलती है और न ही उसकी गति धीमी होती है।

आप उससे बच नहीं सकते और न ही उसे टाल सकते हैं, लेकिन आप प्रकृति से लाभ लेने के लिए इसे समझकर स्वयं को इसके अनुरूप ढाल सकते हैं। क्या कभी किसी ने गुरुत्वाकर्षण के नियम को एक क्षण के लिए भी स्थगित होते देखा है। ऐसा न कभी हुआ है और न कभी ऐसा होगा। पूरे ब्रह्मांड में (बल्कि संभवतः ब्रह्मांड की परिधि के बाहर भी) प्रकृति इतनी सुनिश्चित है कि सारा कार्य एक घड़ी की शुद्धता जैसा चलता रहता है। यदि आप निश्चितता सहित कार्य करने की आवश्यकता का कोई उदाहरण देखना चाहें तो विज्ञान की मामूली जानकारी की सहायता से प्रकृति की कार्यशैली में इसे देख सकते हैं। एक-दूसरे के साथ अटूट स्थायी रिश्ते में बँधे सितारे व ग्रह, ब्रह्मांडीय सुव्यवस्था व सभी प्राकृतिक नियमों के बीच के अंतर-संबंध इसका उत्तम उदाहरण हैं। यह बहुत आश्चर्यजनक है कि केवल कुछ पन्नों व एक पेंसिल के द्वारा गणना कर खगोल विज्ञानी ग्रहों व सितारों के बीच सैकड़ों वर्षों बाद बननेवाली दूरी का पूर्वानुमान लगा लेते हैं। वो बहुत पहले ही पता लगा लेते हैं कि उन दोनों ग्रहों के बीच कैसा संबंध बनेगा। यदि इसके पीछे कोई उद्देश्य या योजना नहीं होती तो यह गणना करना संभव नहीं था। हम उसी उद्देश्य को खोजना चाहते हैं, क्योंकि उसका हमसे सीधा संबंध है। मैं आपको यही सिखा रहा हूँ। मैंने अपने जीवन तथा मुझसे मिलनेवाले स्त्री-पुरुषों तथा अपने अनुभवों से जो कुछ भी सीखा है, उसे साररूप में आपको बता रहा हूँ। जिससे आप इस प्रकृति के इन नियम को समझते हुए कार्य कर सकें, न कि इसके उपयोग के प्रति लापरवाही बरत अपमान के पात्र बन जाएँ।

आप उससे बच नहीं सकते और न ही उसे टाल सकते हैं, लेकिन आप प्रकृति से लाभ लेने के लिए इसे समझकर स्वयं को इसके अनुरूप ढाल सकते हैं। क्या कभी किसी ने गुरुत्वाकर्षण के नियम को एक क्षण के लिए भी स्थगित होते देखा है। ऐसा न कभी हुआ है और न कभी ऐसा होगा। पूरे ब्रह्मांड में (बल्कि संभवतः ब्रह्मांड की परिधि के बाहर भी) प्रकृति इतनी सुनिश्चित है कि सारा कार्य एक घड़ी की शुद्धता जैसा चलता रहता है। यदि आप निश्चितता सहित कार्य करने की आवश्यकता का कोई उदाहरण देखना चाहें तो विज्ञान की मामूली जानकारी की सहायता से प्रकृति की कार्यशैली में इसे देख सकते हैं।

मेरे लिए सबसे भयभीत करनेवाली घटना इन प्राकृतिक नियमों का संभावित अंत है। यदि सभी ग्रहों व सितारे अपने पथ से भ्रष्ट होकर साथ-साथ दौड़ने लगें तो जरा उससे उत्पन्न कोलाहल की कल्पना कीजिए। यदि प्रकृति अपने इन नियमों को

स्थगित कर दे, इससे उत्पन्न धमाके के आगे हाइड्रोजन बम भी पटाखा जैसा लगेगा, लेकिन प्रकृति ऐसा नहीं करती। प्रकृति के नियम अटल रहते हैं। इन सत्रह सिद्धांतों का आकलन करने पर आप पाएँगे कि ये सभी बिल्कुल प्रकृति के नियमों जैसे ही हैं।

कुछ अधिक करने के सिद्धांत की ब़ात करें तो आप देखेंगे कि प्रकृति भी कुछ अधिक करने के इस नियम का पूरी गंभीरता से पालन करती है। जब प्रकृति वृक्षों को परिपूर्ण करती है तो केवल उनकी परिपूर्णता तक ही सीमित नहीं रहती। वो उन्हें नुकसान पहुँचानेवाली हवा, आँधी तथा हर वस्तु का ध्यान रखती है। प्रकृति सागर में केवल मछली उत्पन्न करके ही नहीं रुक जाती। वो इसे इतनी मात्रा में पैदा करती है कि वो बुलफ्रॉग, साँप, घड़ियाल व अन्य जीवों का भोजन बनने के बावजूद प्रकृति का लक्ष्य पूरा करने के लिए पर्याप्त मात्रा में मौजूद रहे। प्रकृति के पास हर वस्तु प्रचुर, बल्कि अति प्रचुर मात्रा में मौजूद है। इसी से प्रेरणा पाकर मनुष्य भी कुछ अधिक करने की सोचता है। अन्यथा वो कभी का समाप्त हो जाता। यदि प्रकृति आगे की न सोचे तो मनुष्य एक मौसम की मार भी नहीं झेल पाएगा। अनाज बोने की मनुष्य की बुद्धिमानी की प्रतिपूर्ति के तौर पर प्रकृति उसे पाँच सौ गुना गेहूँ न दे तो वो एक ही मौसम में भूख से मर जाएगा।

प्रकृति सागर में केवल मछली उत्पन्न करके ही नहीं रुक जाती। वो इसे इतनी मात्रा में पैदा करती है कि वो बुलफ्रॉग, साँप, घड़ियाल व अन्य जीवों का भोजन बनने के बावजूद प्रकृति का लक्ष्य पूरा करने के लिए पर्याप्त मात्रा में मौजूद रहे। प्रकृति के पास हर वस्तु प्रचुर, बल्कि अति प्रचुर मात्रा में मौजूद है। इसी से प्रेरणा पाकर मनुष्य भी कुछ अधिक करने की सोचता है। अन्यथा वो कभी का समाप्त हो जाता। यदि प्रकृति आगे की न सोचे तो मनुष्य एक मौसम की मार भी नहीं झेल पाएगा। अनाज बोने की मनुष्य की बुद्धिमानी की प्रतिपूर्ति के तौर पर प्रकृति उसे पाँच सौ गुना गेहूँ न दे तो वो एक ही मौसम में भूख से मर जाएगा।

आपके अपनी भूमिका ढंग से निभाने पर प्रकृति भी अपनी भूमिका ठीक तरह निभाएगी। प्रकृति का हर कार्य प्रचुरता, बल्कि अति प्रचुरता से भरा होता है। प्रकृति की सबसे अद्‌भुत बात यह है कि यदि आपका ध्यान जीवन के सकारात्मक पक्ष की ओर अधिक है तो नकारात्मक पक्ष दिनोदिन कमजोर होता जाएगा। हमेशा ऐसा ही होता है। यदि आप अपने दिमाग को सकारात्मक रखेंगे तो दिमाग में घुस जीवन को प्रभावित करने का प्रयास करनेवाली सभी नकारात्मक चीजें कम होती जाएँगी। अपने आसपास खोजने पर आपको ऐसे बहुत से जीवंत उदाहरण मिल जाएँगे। इनमें वो सभी

लोग शामिल हैं, जिनका अनुसरण आप करना या नहीं करना चाहते। वहीं असफल लोगों में आपको उनकी असफलता का कारण साफ दिखाई देगा। मैं पूरे दावे के साथ कहता हूँ कि आज के बाद से आप इस दर्शन को मापक के तौर पर उपयोग करने लगेंगे, किसी सफलता या असफलता को देखने पर आप वैसा होने के ठीक कारण को तुरंत पहचानने लगेंगे।

□

2

मास्टरमाइंड

'अमीर बनना आपका अधिकार' का दूसरा सिद्धांत है, मास्टरमाइंड। मूल रूप से इसे संपूर्ण दर्शन का केंद्र या धुरी माना जाता है। इस सिद्धांत में दो या दो से अधिक दिमाग किसी एक निश्चित ध्येय को पाने के लिए सामंजस्यपूर्ण ढंग से एकसाथ कार्य करते हैं। डॉ. हिल का कहना है कि इस सिद्धांत का उपयोग किए बिना आज तक किसी को भी विशेष सफलता नहीं मिली। इसका कारण यह है कि कोई भी दिमाग अपने आप में पूर्ण नहीं है। प्रत्येक दिमाग को विकास व विस्तार के लिए अन्य दिमागों से संपर्क बनाना ही होगा। उस संपर्क व साहचर्य के परिणामस्वरूप प्राप्त हुई उपलब्धि ही सही मायने में विस्मयाकुल प्रेरणादायक होगी।

आधारिका 1 : दूसरों के सहयोग से नई संभावनाएँ जन्म लेती हैं

पहली आधारिका यह है कि मास्टरमाइंड सिद्धांत वो माध्यम है, जिसके द्वारा व्यक्ति दूसरों के अनुभव, प्रशिक्षण, शिक्षा व विशेष योग्यता व प्रभाव का पूर्ण रूप से तभी लाभ ले सकता है, जब उन सबके दिमाग एकरूप होकर काम करेंगे। यह विमर्श का अद्‌भुत तरीका है। शिक्षा, ज्ञान व प्रभाव की अपनी कमी को पाटने के लिए आप ऐसे लोगों का सहयोग ले सकते हैं, जिनके पास ये मौजूद हों। सहायता व ज्ञान का आदान-प्रदान दुनिया का सबसे महत्त्वपूर्ण विनिमय है। भले ही आपको धन-लाभ देनेवाला व्यापारिक विनिमय अच्छा लगे, लेकिन मेरी दृष्टि में किसी के साथ विचारों का लेन-देन सबसे अच्छा सौदा होता है। जब मुझे कोई ऐसा विचार मिले, जिससे मैं अनजान था और इससे मुझे वो मिले, जो अब तक मेरे पास नहीं था, तो मैं उसे फौरन अपना लूँगा।

थॉमस ए. एडीसन संभवतः दुनिया के सबसे बड़े आविष्कारक हैं। वो हमेशा विज्ञान की गुत्थियाँ सुलझाने में लगे रहते, जबकि उन्हें विज्ञान के बारे में कुछ नहीं पता था। जब तक व्यक्ति ने किसी काम की शिक्षा न ली हो, अमूमन उसका उस काम में सफल होना संदिग्ध ही रहता है। जब मैंने एंड्रयू कारनेगी से पहली बार बात की तो मैं यह जानकर हैरान रह गया कि उन्हें स्टील के निर्माण व विपणन के बारे में कुछ नहीं पता था। उनकी इस बात से हैरान होकर मैंने उनसे पूछा—कारनेगी साहब, यदि आप इसे नहीं जानते, तो आपने इसे किया कैसे? उन्होंने कहा—मैं बताता हूँ, मैंने यह कैसे किया। इसमें मेरा काम केवल अपने मास्टरमाइंड साथियों को सामंजस्यपूर्ण तरीके से काम पर लगाए रखना था। मैंने पूछा कि क्या आपने बस यही किया? तो उनका उत्तर था कि क्या आपने जीवन में आज तक कभी दो लोगों को एक मत करने का प्रयास किया है? एक बार प्रयास करने पर आपको पता चलेगा कि लोगों के बीच मेल-मिलाप करवाने का काम कितना कठिन काम है। यह मनुष्य की सबसे बड़ी उपलब्धियों में से एक है। इसके बाद श्री कारनेगी ने मुझे अपने मास्टरमाइंड समूह के बारे में बताया, उन्होंने मुझे उसमें से प्रत्येक व्यक्ति का विवरण देते हुए उसकी भूमिका के बारे में स्पष्ट किया। उनमें से एक उनका धातु विशेषज्ञ था, दूसरा उनका मुख्य रसायनज्ञ था और तीसरा उनके प्लांट का कार्य प्रबंधक था। इन सभी की सामूहिक शिक्षा, अनुभव व ज्ञान के समायोजन द्वारा स्टील के निर्माण व विपणन ने वो रूप लिया, जिस रूप में आज हम उसे देख रहे हैं। श्री कारनेगी ने बताया कि उनके लिए इसे जानना इसलिए आवश्यक नहीं था, क्योंकि उनके आसपास के लोग स्टील के निर्माण से लेकर उसके विपणन तक सब चीजों को समझते थे। वहाँ उनका काम केवल उन सबसे पूरा सामंजस्य रखते हुए कार्य करवाना था।

एक बार प्रयास करने पर आपको पता चलेगा कि लोगों के बीच मेल-मिलाप करवाने का काम कितना कठिन काम है। यह मनुष्य की सबसे बड़ी उपलब्धियों में से एक है। इसके बाद श्री कारनेगी ने मुझे अपने मास्टरमाइंड समूह के बारे में बताया, उन्होंने मुझे उसमें से प्रत्येक व्यक्ति का विवरण देते हुए उसकी भूमिका के बारे में स्पष्ट किया। उनमें से एक उनका धातु विशेषज्ञ था, दूसरा उनका मुख्य रसायनज्ञ था और तीसरा उनके प्लांट का कार्य प्रबंधक था।

आधारिका 2 : समान ध्येय से ऊर्जा बढ़ती है

दूसरी आधारिका इस बात को प्रमाणित करती है कि किसी समान ध्येय के प्रति पूर्णतः सामंजस्य से ओतप्रोत दो या अधिक दिमागों का सक्रिय सहसंबंध प्रत्येक व्यक्ति के दिमागी साहस को सामान्य से अधिक उच्च स्तर पर पहुँचा देता है। इससे दिमाग में आस्था का मार्ग तैयार हो जाता है। कई बार चलाने के पूर्व ही वाहन की बैट्री समाप्त हो जाती है। तब जब आप वाहन आरंभ करने का प्रयास करते हैं, तो कुछ नहीं होता। मैं जानता हूँ कि अधिकांश लोगों के दिन की शुरुआत ऐसे ही होती है। इस समय बुरी अनुभूति के अतिरिक्त कुछ महसूस नहीं होता। वो जूते नहीं पहनना चाहते, वो तैयार नहीं होना चाहते और न ही उनका नाश्ता करने का मन करता है। ऐसे में उन्हें क्या करना चाहिए? निस्संदेह, उन्हें अपनी बैट्री को पुनः चार्ज करना होगा। सौभाग्य से इसका एक स्रोत भी मौजूद है। किसी भी व्यक्ति के लिए सुबह उठने पर ऐसा महसूस करना सामान्य है। इसके बाद जब वो अपनी पत्नी से बात करता है और पत्नी अपनी बातचीत की कला द्वारा अपने पति को उसकी बैट्री चार्ज करने में सहायता दे सकती है। जब वो शाम को थका-हारा वापस लौटेगा; तब आपको उसमें यह बदलाव स्पष्ट दिखाई देगा।

मैं जानता हूँ कि अधिकांश लोगों के दिन की शुरुआत ऐसे ही होती है। इस समय बुरी अनुभूति के अतिरिक्त कुछ महसूस नहीं होता। वो जूते नहीं पहनना चाहते, वो तैयार नहीं होना चाहते और न ही उनका नाश्ता करने का मन करता है। ऐसे में उन्हें क्या करना चाहिए? निस्संदेह, उन्हें अपनी बैट्री को पुनः चार्ज करना होगा। सौभाग्य से इसका एक स्रोत भी मौजूद है। किसी भी व्यक्ति के लिए सुबह उठने पर ऐसा महसूस करना सामान्य है।

आधारिका 3 : निष्ठा से विश्वास बढ़ता है

तीसरी आधारिका के अनुसार, सही प्रेरणा पाने पर मास्टरमाइंड गठबंधन में शामिल सभी दिमाग उत्साह, निजी आत्मबल, कल्पना व साहस से इतने परिपूर्ण हो जाते हैं, जितना ऐसी ही निष्ठा रखनेवाला कोई अकेला व्यक्ति कभी अनुभव नहीं कर सकता।

शुरुआती दिनों में मेरी मास्टरमाइंड गठबंधन में केवल तीन लोग शामिल थे— श्री कारनेगी, मेरी सौतेली माता व मैं खुद। जब हम तीनों लोग इस दर्शन को चरणबद्ध ढंग से विकसित कर रहे थे, उस दौरान सभी लोग मुझ पर हँसते थे और मेरा मजाक उड़ाते हुए कहते कि मैंने दुनिया के सबसे अमीर व्यक्ति के साथ अपने जीवन के बीस

वर्ष बिना कोई लाभ लिये गुजार दिए। उनकी बात में दम था, क्योंकि वास्तव में उस दौरान मुझे उनसे कुछ खास नहीं मिल रहा था। धन के पैमाने पर देखें तो वाकई कुछ नहीं मिल रहा था। हालाँकि बाद में एक समय ऐसा आया जब मुझपर हँसनेवालों की बोलती बंद हो गई, लेकिन ऐसा होने में बहुत लंबा समय लगा। अपना बहुत सा खून-पसीना बहाने के बाद ही मैं अपनी हँसी उड़ानेवालों की हँसी उड़ा सका। इस दौरान श्री कारनेगी, मेरी सौतेली माता व मेरे रिश्तों से मुझे वो शक्ति मिली, जिसके बल पर मैं अपने मित्रों, रिश्तेदारों तथा मेरे काम से परिचित सभी लोगों के उड़ाए मजाक का सामना कर सका।

जब भी आप औसत से ऊँचे दरजे का काम करने का प्रयास करेंगे, तब-तब आपको विरोध का सामना करना पड़ेगा। आपको अकसर ऐसे लोग मिला करेंगे, जिनका काम केवल आपको चिढ़ाना व आपका मजाक उड़ाना होगा। इनमें कुछ लोग आपके बहुत नजदीकी हो सकते हैं, संभव है कि वे आपके रिश्तेदारों में से ही हों। औसत से ऊँचे दरजे का लक्ष्य स्थापित करने के पूर्व आपके पास अपनी बैट्री चार्ज करने व चार्ज रखने का कोई माध्यम अवश्य होना चाहिए। इससे आप कठिन समय में मजबूत रहने के अलावा दूसरों की आलोचना को भी सहज ही झेल जाएँगे।

जब भी आप औसत से ऊँचे दरजे का काम करने का प्रयास करेंगे, तब-तब आपको विरोध का सामना करना पड़ेगा। आपको अकसर ऐसे लोग मिला करेंगे, जिनका काम केवल आपको चिढ़ाना व आपका मजाक उड़ाना होगा। इनमें कुछ लोग आपके बहुत नजदीकी हो सकते हैं, संभव है कि वे आपके रिश्तेदारों में से ही हों। औसत से ऊँचे दरजे का लक्ष्य स्थापित करने के पूर्व आपके पास अपनी बैट्री चार्ज करने व चार्ज रखने का कोई माध्यम अवश्य होना चाहिए। इससे आप कठिन समय में मजबूत रहने के अलावा दूसरों की आलोचना को भी सहज ही झेल जाएँगे।

जैसे बतख के शरीर पर पानी नहीं रुकता, वैसे ही मुझ पर आलोचना का कोई असर नहीं होता। यह मुझपर वैसी ही निष्फल हो जाती है, जैसे गैंडे के सींग से टकराई हुई बंदूक की गोली। मैं मित्रवत् व अमित्रवत् सभी प्रकार की आलोचनाओं से प्रतिरक्षित हूँ। मुझे उनकी कोई परवाह नहीं है। मैं उनपर ध्यान ही नहीं देता, बात खत्म। उन दिनों मेरा जिन थोड़े से लोगों के साथ मास्टरमाइंड गठबंधन था, उन्हीं के कारण मैं प्रतिरक्षित हो सका। श्री कारनेगी व अपनी सौतेली माता से ऐसे रिश्ते न होने पर मैं आज यहाँ खड़ा आपसे बात नहीं कर रहा होता, तथा न ही आप यहाँ इस दर्शन को सीखने आते और न ही यह दर्शन दुनिया भर में प्रसारित होकर

करोड़ों लोगों की सहायता कर पाता। मेरे सामने इसे छोड़ने के कई मौके आए, उनमें से कुछ तो इतने आकर्षक थे कि कई बार ऐसा लगता कि यदि नहीं छोड़ना मूर्खतापूर्ण रहेगा।

ऐसी दुविधा में मैं हमेशा श्री कारनेगी के पास पहुँच जाता। कभी मैं भागकर अपनी सौतेली माता के पास चला जाता; हम इसपर बात करते और वो कहतीं, तुम शीर्ष पर पहुँचोगे। मैं जानती हूँ, तुम ऐसा कर सकते हो। एक समय जब मेरे पास आपस में रगड़ने को दो पैसे भी शेष नहीं थे (कम-से-कम मेरे शत्रु तो मेरे बारे में यही कहते थे), तब मेरी सौतेली माता ने मुझसे कहा था कि तुम एक दिन हिल परिवार के सबसे अमीर सदस्य बनोगे। मैं यह इसलिए कह रही हूँ, क्योंकि मुझे भविष्य में ऐसा होता दिख रहा है। आज यदि आप मेरी कुल संपत्ति को जोड़ लें तो संभव है कि यह मेरे दोनों ओर से रिश्तेदारों की तीन पीढ़ियों की कुल संपत्ति से भी अधिक हो। मेरी सौतेली माँ ने यह पहले ही देख लिया था। वो समझ रही थीं कि मैं क्या कर रहा हूँ। उस काम से मुझे समृद्ध होना ही था और यहाँ मैं केवल आर्थिक समृद्धि की बात नहीं कर रहा। मैं उस उच्च स्तर की उस विशाल समृद्धि की बात कर रहा हूँ, जो अन्य लोगों की सेवा में भी उपयोग होती है।

ऐसी दुविधा में मैं हमेशा श्री कारनेगी के पास पहुँच जाता। कभी मैं भागकर अपनी सौतेली माता के पास चला जाता; हम इसपर बात करते और वो कहतीं, तुम शीर्ष पर पहुँचोगे। मैं जानती हूँ, तुम ऐसा कर सकते हो। एक समय जब मेरे पास आपस में रगड़ने को दो पैसे भी शेष नहीं थे (कम-से-कम मेरे शत्रु तो मेरे बारे में यही कहते थे), तब मेरी सौतेली माता ने मुझसे कहा था कि तुम एक दिन हिल परिवार के सबसे अमीर सदस्य बनोगे। मैं यह इसलिए कह रही हूँ, क्योंकि मुझे भविष्य में ऐसा होता दिख रहा है।

आधारिका 4 : कार्यशीलता से शक्ति समन्वित होती है

मास्टरमाइंड गठबंधन को प्रभावी रखने की चौथी आधारिका है, सतत कार्यशील रहना। केवल गठबंधन स्थापित कर यह कहना, बस हो गया। हमने बना लिया। मैंने इसके, उसके व उस व्यक्ति से बात कर ली, चलो जी बन गया अपना मास्टरमाइंड गठबंधन। इस एकजुटता के बाद यदि आप कुछ करेंगे नहीं तो इसका कोई मोल नहीं है। इस गठबंधन में शामिल सभी लोगों को मानसिक, आध्यात्मिक, शारीरिक, आर्थिक व सभी जरूरी कार्यों में अपनी भूमिका निभानी होगी। सभी को एक निश्चित उद्देश्य को हासिल करने के प्रयास में जुटना होगा, तभी वे लोग सघन सामंजस्य सहित आगे बढ़ सकेंगे।

क्या आपको सामंजस्य व सघन सामंजस्य के बीच का अंतर पता है? आप में से कितने लोगों ने किसी के भी साथ कभी सघन सामंजस्यपूर्ण रिश्ता बनाया है। मुझे लगता है कि आज तक मैंने जितने अधिक लोगों के साथ बेहतरीन सामंजस्य रहा है, वैसा अन्य किसी का नहीं रहा होगा। वहीं दुनिया में सघन सामंजस्य वाले रिश्ते होना बहुत दुर्लभ है। मेरा आज तक जितने भी लोगों से सघन सामंजस्य पूर्ण रिश्ते रहे हैं, उनकी संख्या मैं उनकी गिनती अपने दोनों हाथों की अंगुलियों पर कर सकता हूँ। मेरा लोगों से वाक् परिचय रहा है। हालाँकि यह मधुर व बेहतरीन वाक् परिचय बहुत से लोगों के साथ रहा, लेकिन उनमें से कोई भी संबंध सघन सामंजस्यपूर्ण नहीं रहा। मेरा कार्यकारी गठबंधन तो बहुत से लोगों के साथ रहा, लेकिन आप इसे सघन सामंजस्य नहीं कह सकते।

आपके मास्टरमाइंड गठबंधन में सघन सामंजस्यता नहीं होने पर यह कहीं से भी मास्टरमाइंड गठबंधन नहीं है। यह केवल प्रयास करने के लिए हुआ समन्वय व सहयोग है। सामंजस्य तत्त्व की अनुपस्थिति में यह गठबंधन किसी प्रयास हेतु सामान्य सहयोग या मित्रवत् समन्वय से अधिक कुछ नहीं है। मास्टरमाइंड से व्यक्ति को गठबंधन के अन्य सदस्यों की आध्यात्मिक शक्ति तक पूर्ण पहुँच मिल जाती है।

सघन सामंजस्यता वहीं हो सकती है, जहाँ आपके किसी दूसरे के साथ ऐसे रिश्ते हों कि यदि वो आपका सर्वस्व भी माँग बैठे तो आप वो उसे खुशी-खुशी सौंप दें। ऐसी दिमागी स्थिति पाने के लिए आपको बहुत अधिक निस्स्वार्थ होना होगा। श्री कारनेगी ने ऐसे सघन सामंजस्यतापूर्ण रिश्तों के महत्त्व पर बारंबार जोर दिया है। आपके मास्टरमाइंड गठबंधन में सघन सामंजस्यता नहीं होने पर यह कहीं से भी मास्टरमाइंड गठबंधन नहीं है। यह केवल प्रयास करने के लिए हुआ समन्वय व सहयोग है। सामंजस्य तत्त्व की अनुपस्थिति में यह गठबंधन किसी प्रयास हेतु सामान्य सहयोग या मित्रवत् समन्वय से अधिक कुछ नहीं है। मास्टरमाइंड से व्यक्ति को गठबंधन के अन्य सदस्यों की आध्यात्मिक शक्ति तक पूर्ण पहुँच मिल जाती है। मैं चाहता हूँ कि आप अपने नोट्स में लिखे इस वाक्य को अवश्य रेखांकित करें।

मास्टरमाइंड से व्यक्ति को अपने गठबंधन के अन्य सदस्यों तक पूर्ण पहुँच मिल जाती है। मैं यहाँ केवल मानसिक शक्ति या आर्थिक शक्ति ही नहीं, बल्कि आध्यात्मिक शक्ति की भी बात कर रहा हूँ। यहाँ मैं आपके मास्टरमाइंड संबंधों में सुदृढ़ता आने के बाद के एहसास की बात कर रहा हूँ। यह आपके जीवन की आज तक की सबसे विशिष्ट व सुखद अनुभूति होगी। मैं आपको बताना चाहता हूँ कि किसी भी

मास्टरमाइंड क्रिया में शामिल होने से आपके आत्मविश्वास में इतनी वृद्धि हो जाती है कि आप समझ जाते हैं कि अब आप जो भी शुरू कर रहे हैं, उसमें सफलता मिलना निश्चित है। आपके मन के संशय व भय दूर हो जाते हैं, फिर कोई सीमा आपको बाँध नहीं सकती। ऐसी दिमागी स्थिति में रहना बहुत आनंददायक होता है।

आधारिका 5 : अधूरे से पूरा भला

प्रमाणित रिकॉर्ड को देखकर पता चलता है कि आज तक मध्यम दरजे से अधिक की हर निजी उपलब्धि का कारण केवल व्यक्तिगत प्रयास नहीं, बल्कि मास्टरमाइंड सिद्धांत रहा है। जरा कल्पना कीजिए कि बिना दूसरों के सहयोग के आप इतना सब कर पाते। मान लीजिए कि आप डेंटिस्ट, वकील, डॉक्टर या कोई भी अन्य पेशेवर हैं। यह भी मान लें कि आप अपने ग्राहकों या रोगियों को अपने सेल्समैन के तौर पर तैयार करने के बारे में कुछ नहीं जानते। जरा कल्पना कीजिए कि ऐसी अवस्था में आपको स्थायी ग्राहक बनाने में कितना समय लग जाता। होशियार पेशेवर जानते हैं कि वो उनकी सेवा लेनेवाले प्रत्येक व्यक्ति को किस तरह अपना सेल्समैन बना सकते हैं। सामान्य सेवा से आगे बढ़कर कुछ अधिक सेवा देने से वे अपने ग्राहकों को अपना सेल्समैन बना लेते हैं। अधिकतर सफलताओं का कारण वह व्यक्तिगत शक्ति है, जो व्यक्ति को औसत से ऊपर उठा देती है। मास्टरमाइंड सिद्धांत का उपयोग किए बिना ऐसा करना संभव नहीं है।

होशियार पेशेवर जानते हैं कि वो उनकी सेवा लेनेवाले प्रत्येक व्यक्ति को किस तरह अपना सेल्समैन बना सकते हैं। सामान्य सेवा से आगे बढ़कर कुछ अधिक सेवा देने से वे अपने ग्राहकों को अपना सेल्समैन बना लेते हैं। अधिकतर सफलताओं का कारण वह व्यक्तिगत शक्ति है, जो व्यक्ति को औसत से ऊपर उठा देती है। मास्टरमाइंड सिद्धांत का उपयोग किए बिना ऐसा करना संभव नहीं है।

फ्रैंकलिन डी. रूजवेल्ट की बतौर राष्ट्रपति पहली पारी में मुझे व्हाइट हाउस में उनसे मिलने व उनके गोपनीय सलाहकार के रूप में कार्य करने का मौका मिला। उस प्रचार योजना का ढाँचा मैंने ही तैयार किया था, जिसने व्यापारिक मंदी की जगह व्यापारिक बहाली शब्द को अखबार की सुर्खियाँ बना दिया। आप में से कुछ लोगों को वो काला रविवार अवश्य याद होगा, उस दिन व्हाइट हाउस में हमारी मीटिंग के बाद अगले सोमवार को बैंक बंद रहे थे। क्या आपको याद है कि उससे देश में कैसे भगदड़ मच गई थी ? देशभर में बैंकों के बाहर अपना जमा पैसा निकालनेवाले लोगों की कतारें लग गई थीं। उनकी भय के मारे जान निकली जा रही थी। उन्होंने अपने देश, इसके

बैंकों, खुद से तथा सभी पर से विश्वास खो दिया था, लेकिन मुझे लगता है कि उनका ईश्वर पर विश्वास तब भी कायम था, यद्यपि यह कहीं दिख नहीं रहा था। मेरे अनुसार, वो बहुत ही भयावह समय था।

हमने साथ बैठकर एक योजना का ढाँचा (एक प्रक्रिया) तैयार किया, जो आज तक इस देश के द्वारा देखा गया मास्टरमाइंड का सबसे बेहतरीन उपयोग था। मुझे नहीं लगता कि इस धरती पर किसी देश ने कभी भी ऐसा कुछ किया होगा। हमने कुछ ही हफ्तों के भीतर लोगों के मन से डर निकाल दिया। कुछ ही दिनों में सड़कों पर घूम रहे धनहीन सेल्समैन, जिनकी जेब बिल्कुल खाली हो चुकी थी, इससे भयभीत होने की जगह इसपर हँस रहे थे। इसमें मेरा पैसा भी फँस गया था। अब मैं आपको एक मजेदार घटना बताता हूँ। जब मुझे इस बारे में पता चला तो मैं होशियारी दिखाते हुए भागकर बैंक गया और हजार डॉलर निकलवा लाया। जबकि इस समय यदि मेरे पास दस सेंट भी होते तो उसकी कीमत एक निकल से अधिक नहीं होती। फिर भी मैं भयभीत नहीं था, चूँकि मैं उसी नाव पर सवार था, जिसपर बाकी सब थे।

ऐसा देश के इतिहास में पहली बार हुआ था कि कांग्रेस के दोनों सदनों के डेमोक्रेट व रिपब्लिकन सदस्य अपने राजनीतिक दृष्टिकोण भुलाकर राष्ट्रपति के पीछे एक साथ खड़े थे। दूसरे शब्दों में कहा जाए तो उस दौरान न तो कोई डेमोक्रेट था और न ही कोई रिपब्लिकन। वह सब केवल अमेरिकी थे, जो अपने राष्ट्रपति के साथ खड़े थे। जिनका सामूहिक लक्ष्य किसी भी तरह इस भय की भगदड़ को रोकना था।

लेकिन इसका कोई हल निकालना होगा। फ्रैंकलिन डी. रूजवेल्ट महान् नेता थे। उनकी कल्पनाशक्ति गजब की थी। उनमें साहस भी कूट-कूटकर भरा था। अब सुनिए, हमने क्या किया। सबसे पहले हमने कांग्रेस के दोनों सदनों व राष्ट्रपति के बीच सामंजस्य स्थापित किया। ऐसा देश के इतिहास में पहली बार हुआ था कि कांग्रेस के दोनों सदनों के डेमोक्रेट व रिपब्लिकन सदस्य अपने राजनीतिक दृष्टिकोण भुलाकर राष्ट्रपति के पीछे एक साथ खड़े थे। दूसरे शब्दों में कहा जाए तो उस दौरान न तो कोई डेमोक्रेट था और न ही कोई रिपब्लिकन। वह सब केवल अमेरिकी थे, जो अपने राष्ट्रपति के साथ खड़े थे। जिनका सामूहिक लक्ष्य किसी भी तरह इस भय की भगदड़ को रोकना था। मैंने अपने जीवन में ऐसा कुछ कभी नहीं देखा और न ही मैं ऐसा कुछ आगे कभी देखना चाहता हूँ। मैं समन्वय की भावना देखना चाहता हूँ, लेकिन इसके लिए फिर से मंदी को झेलने के लिए तैयार नहीं हूँ। यह बड़ा आपातकाल था, जिसे रोकने के लिए कोई कदम उठाना आवश्यक था।

दूसरा काम यह किया कि हम अमेरिकी अखबारों को जो भी खबर देते, वो उसे प्रमुखता से छापा करते। सभी रेडियो स्टेशनों ने अपने विभिन्न राजनीतिक दृष्टिकोण के बावजूद हमें अद्‌भुत सहयोग दिया। देशभर के चर्चों ने कुछ ऐसा किया, जिसे मैंने आज तक इस देश में कभी होता नहीं देखा, कैथोलिक व प्रोटेस्टेंट्स, यहूदी व जेंटिल व अन्य बहुत से मतावलंबी बतौर अमेरिकी कंधे से कंधा मिलाकर खड़े थे। यह बहुत शानदार दृश्य था। बहुत शानदार! सब कितना अनोखा था, हर व्यक्ति राष्ट्रपति के पीछे खड़ा था। लोगों में देश के प्रति पुनः विश्वास जगाने के लिए हर व्यक्ति अपने स्तर पर प्रयास कर रहा था।

मैं कह नहीं सकता कि उस उत्तेजनापूर्ण माहौल में ज्यादातर लोग शंकित थे या नहीं। मुझे ऐसा कोई व्यक्ति नहीं मिला, जिसने इस अराजक स्थिति को काबू पाने में श्री रूजवेल्ट से बेहतर किसी अन्य व्यक्ति को माना हो। मुझे गलत न समझें। मैं राजनीतिक पैमाने पर ऐसे महान् व्यक्ति की बात कर रहा हूँ, जिसने जरूरत पड़ने पर अपना काम बखूबी निभाया। वह ऐसा इसलिए कर पाए, क्योंकि उनका मास्टरमाइंड गठबंधन अपराजेय था।

अब हम विभिन्न प्रकार के मास्टरमाइंड गठबंधनों के बारे में बताते हैं। इनमें सबसे पहले वो गठबंधन आते हैं, जिनके शुद्ध सामाजिक व व्यक्तिगत उद्‌देश्य होते हैं। इनमें हमारे रिश्तेदार, मित्र व धार्मिक सलाहकार जैसे वह सभी लोग शामिल रहते हैं, जिनसे हमारा कोई आर्थिक हित नहीं सधता। ऐसा ही एक अन्य महत्त्वपूर्ण मास्टरमाइंड गठबंधन पत्नी व पति के बीच होता है। मैं यहाँ मौजूद विवाहित लोगों को इसका महत्त्व बताकर बिल्कुल जोर नहीं दे रहा कि वे इसपर तुरंत काररवाई करते हुए अपने वैवाहिक जीवन को आज रात इस अध्याय में बताए मास्टरमाइंड गठबंधन में परिवर्तित कर दें, लेकिन ऐसा करने से आपको जीवन में ऐसे आनंद की अनुभूति होगी, जिसकी आपने कभी कल्पना भी नहीं की होगी। इससे आपको वह सफलता मिलेगी, जिसका आपने स्वप्न भी नहीं देखा होगा। इससे आपके स्वास्थ्य में वो सुधार होगा, जो आपकी कल्पना से भी परे है। पति व पत्नी के बीच वास्तविक मास्टरमाइंड गठबंधन जुड़ना बहुत अद्‌भुत घटना होगी। मेरी नजर में इससे महत्त्वपूर्ण कुछ नहीं है।

अब हम विभिन्न प्रकार के मास्टरमाइंड गठबंधनों के बारे में बताते हैं। इनमें सबसे पहले वो गठबंधन आते हैं, जिनके शुद्ध सामाजिक व व्यक्तिगत उद्‌देश्य होते हैं। इनमें हमारे रिश्तेदार, मित्र व धार्मिक सलाहकार जैसे वह सभी लोग शामिल रहते हैं, जिनसे हमारा कोई आर्थिक हित नहीं सधता। ऐसा ही एक अन्य महत्त्वपूर्ण मास्टरमाइंड गठबंधन पत्नी व पति के बीच होता है।

इसके अलावा व्यापारिक व पेशेवर उन्नति के लिए भी गठबंधन किए जाते हैं।

इसमें शामिल सभी लोगों का किसी समान वस्तु के प्रति आर्थिक या भौतिक प्रकृति का निजी उद्‌देश्य समाहित रहता है। मैं मानता हूँ कि आप में से अधिकांश लोगों का पहला मास्टरमाइंड गठबंधन विशुद्ध रूप से आर्थिक व वित्तीय उन्नति के उद्‌देश्य से बनेगा और इसमें कुछ भी गलत नहीं है। इन सिद्धांतों को सीखने की आपकी इच्छा के पीछे यह भी एक कारण है। यदि आप अपनी आर्थिक व वित्तीय हालत में सुधार चाहते हैं, तो इस लक्षित मास्टरमाइंड गठबंधन के निर्माण का कार्य तुरंत शुरू कर दें। यदि शुरुआत एक ही व्यक्ति से हो तो कोई बात नहीं। एक व्यक्ति से ही शुरुआत कर दें। इसके बाद आप दोनों लोग मिलकर अपने आसपास किसी अन्य व्यक्ति को खोजें। इस तीसरे व्यक्ति के चयन से पहले यह सुनिश्चित कर लें कि आपके मास्टरमाइंड गठबंधन में शामिल दोनों लोग इस समझौते पर पूरी तरह सहमत हों। ऐसा करना बेहद जरूरी है। इसी तरह चौथे साथी का चुनाव करते समय आप तीनों का मतैक्य होना आवश्यक है। हर बार सदस्यों को जोड़ते समय यह सावधानी रखें। इसी तरह पहले चार की सहमति से ही पाँचवाँ सदस्य चुना जाना चाहिए। मास्टरमाइंड गठबंधन में किसी भी व्यक्ति का सम्मान के अतिरिक्त अन्य किसी भी कारण से दबदबा नहीं होना चाहिए। सामान्य शब्दों में कहें तो किसी एक व्यक्ति का नेतृत्व नहीं होना चाहिए। कोई व्यक्ति प्रमुख या संयोजक तो हो सकता है, लेकिन उसे अपने सहयोगियों पर हावी नहीं होना चाहिए। दूसरों पर हावी होने के प्रयास में आपको प्रतिरोध व विद्रोह का सामना करना ही होगा। विद्रोह के रूप में खुलकर सामने न आने पर भी यह मूलत: विरोध ही है। मास्टरमाइंड गठबंधन में सभी सदस्यों का सघन सामंजस्य की भावना कायम रखते हुए मिल–जुलकर एक दिमाग की तरह कार्य करना अनिवार्य है।

अमेरिका की मुक्त उद्यम प्रणाली मास्टरमाइंड सिद्धांत का एक और उत्तम उदाहरण है। अमेरिकी लोगों के जीवन स्तर को अब तक के सर्वोच्च पायदान पर पहुँचानेवाली यह प्रणाली दुनियाभर की ईर्ष्या का कारण बन गई है। सभी में सघन सामंजस्य होने के बाद भी मुक्त उद्यम की इस अमेरिकी प्रणाली का ध्येय हर व्यक्ति को उसका सर्वश्रेष्ठ निजी प्रदर्शन करने के लिए प्रेरित करना है। यही इसका लक्ष्य है।

अमेरिका की मुक्त उद्यम प्रणाली मास्टरमाइंड सिद्धांत का एक और उत्तम उदाहरण है। अमेरिकी लोगों के जीवन स्तर को अब तक के सर्वोच्च पायदान पर पहुँचानेवाली यह प्रणाली दुनियाभर की ईर्ष्या का कारण बन गई है। सभी में सघन सामंजस्य होने के बाद भी मुक्त उद्यम की इस अमेरिकी प्रणाली का ध्येय हर व्यक्ति को उसका सर्वश्रेष्ठ निजी प्रदर्शन करने के लिए प्रेरित करना है। यही इसका लक्ष्य है।

अब अधिक-से-अधिक इंडस्ट्री व व्यापारी यह समझ गए हैं कि उन्हें केवल प्रबंधन व कर्मचारियों के बीच समन्वय व सहयोग के प्रयासों से आगे बढ़ते हुए प्रबंधन की समस्याओं, लाभ तथा हर वस्तु को साझा करने के मास्टरमाइंड सिद्धांत का उपयोग करना होगा। मैंने जब भी इस नीति को किसी व्यापार में सफलतापूर्वक लागू करवाया, उस व्यापार में इतना मुनाफा हुआ, जितना इससे पहले कभी नहीं हुआ था। इससे कर्मचारियों के वेतन में भी वृद्धि हो जाती है और सभी पक्ष प्रसन्न रहते हैं।

मास्टरमाइंड गठबंधन का निर्माण व संरक्षण

1. समान उद्देश्य बनाएँ : गठबंधन के लिए किसी निश्चित उद्देश्य की प्राप्ति का ध्येय बनाएँ।

2. सदस्यों का चुनाव : उन लोगों का चयन करें, जिनकी शिक्षा, अनुभव व प्रभाव का उद्देश्य पूरा करने में उपयोग हो सके। छात्र मुझसे अकसर पूछते हैं कि मास्टरमाइंड गठबंधन में कितने सदस्य रखना सही होता है तथा अपने मास्टरमाइंड गठबंधन में शामिल करने के लिए सही लोगों का चुनाव कैसे किया जाए? मैं इसका जो सबसे सही उत्तर समझता हूँ, वो यह है कि यह वैसा ही है, जैसे कोई नया बिजनेस आरंभ करते समय आप कर्मचारियों का चुनाव कर रहे हों? आप किस तरह के कर्मचारियों का चयन करेंगे?

विश्वसनीयता इस प्रक्रिया में शीर्ष पर रहती है। यदि व्यक्ति विश्वसनीय नहीं है तो मैं उसे अपने बिजनेस का हिस्सा नहीं बनाना चाहूँगा, फिर चाहे वो कितना ही होशियार या शिक्षित क्यों न हो। बल्कि विश्वसनीयता न होने पर वो जितना अधिक शिक्षित होगा, उतना ही अधिक खतरनाक सिद्ध होगा। यदि उसमें निष्ठा का अभाव हो, तो भी उसके बारे में मेरा यही विचार रहेगा।

विश्वसनीयता इस प्रक्रिया में शीर्ष पर रहती है। यदि व्यक्ति विश्वसनीय नहीं है तो मैं उसे अपने बिजनेस का हिस्सा नहीं बनाना चाहूँगा, फिर चाहे वो कितना ही होशियार या शिक्षित क्यों न हो। बल्कि विश्वसनीयता न होने पर वो जितना अधिक शिक्षित होगा, उतना ही अधिक खतरनाक सिद्ध होगा। यदि उसमें निष्ठा का अभाव हो, तो भी उसके बारे में मेरा यही विचार रहेगा। निष्ठा का प्रत्युत्तर पाने के बावजूद जो व्यक्ति निष्ठावान नहीं है, वह चाहे जो हो, मेरी दृष्टि में वो चरित्रवान नहीं है, इसलिए मैं उसे नहीं चुनूँगा। तीसरा बिंदु उसकी कार्य करने की क्षमता है। यदि कोई व्यक्ति विश्वसनीय व निष्ठावान न हो तो उसकी क्षमता का मेरे लिए कोई मोल नहीं है। चौथा बिंदु है सकारात्मक मानसिक दृष्टिकोण, क्योंकि एक नकारात्मक का गीला कंबल

ओढ़े रहने का कोई लाभ नहीं। अब पाँचवाँ कदम क्या हो सकता है ? बिल्कुल ठीक, कुछ अधिक करना। और छठा नंबर है—अनुप्रयुक्त आस्था।

जब आपको इन सभी छह विशेषताओंवाला कोई व्यक्ति मिल जाए, तो मानिए कि आपकी खोज पूरी हुई। आप राजसी सत्ता के मुहाने पर हैं। यदि आप मूँगफली बेचने का एक या दो ठेले लगाने का काम करते हैं, तो ऐसे एक ही व्यक्ति से आपका काम चल जाएगा, लेकिन यदि आपकी मूँगफली बेचने की पूरी श्रृंखला है तो आपको ऐसे कम-से-कम सौ लोगों की आवश्यकता होगी।

इस तरह अपने मास्टरमाइंड समूह से लोगों को जोड़ने की छह कसौटी हैं : विश्वसनीयता, निष्ठा, क्षमता, सकारात्मक मानसिक दृष्टिकोण, अधिक काम करने की इच्छा तथा अनुप्रयुक्त आस्था। आपके मास्टरमाइंड साथियों में इन योग्यताओं का होना आवश्यक है। इनसे कम पर कभी समझौता मत कीजिए। जिस किसी में इनमें से पाँच गुण हों, लेकिन एक गुण न हो तो भी उस व्यक्ति से संबंध जोड़ते समय भी सावधानी बरतें। कोई भी मास्टरमाइंड संबंध जोड़ने के पूर्व इन सबकी मौजूदगी की भलीभाँति जाँच कर लें। आपके साथ काम करनेवाला व्यक्ति जब तक इन छह मोर्चों पर 100 प्रतिशत खरा नहीं उतरता, तब तक आप उससे सघन सामंजस्य स्थापित नहीं कर सकते। आप अन्य लोगों की तरह उसके साथ कार्यकारी संबंध रख सकते हैं, लेकिन उस व्यक्ति में मास्टरमाइंड में शामिल होने के लिए आवश्यक पर्याप्त योग्यता नहीं है।

जब आपको इन सभी छह विशेषताओंवाला कोई व्यक्ति मिल जाए, तो मानिए कि आपकी खोज पूरी हुई। आप राजसी सत्ता के मुहाने पर हैं। यदि आप मूँगफली बेचने का एक या दो ठेले लगाने का काम करते हैं, तो ऐसे एक ही व्यक्ति से आपका काम चल जाएगा, लेकिन यदि आपकी मूँगफली बेचने की पूरी श्रृंखला है तो आपको ऐसे कम-से-कम सौ लोगों की आवश्यकता होगी।

3. ध्येय व प्रतिपूर्ति निश्चित करना : गठबंधन में सहयोग देनेवाले प्रत्येक सदस्य को क्या देना ठीक रहेगा ? याद रखिए, कोई भी बिना किसी आशा के कुछ नहीं करता। ऐसा कभी नहीं होता। आप कहेंगे कि प्रेम के बदले किसी से कुछ प्राप्त नहीं होता। जबकि वास्तविकता यह है कि आपको इससे बहुत कुछ मिलता है। प्रेम अपने आप में ही बहुत बड़ी चीज है। प्रेम का प्रत्युत्तर न मिलने पर भी इस प्रेम की स्थिति का लाभ अवश्य मिलता है। इसी के परिणामस्वरूप आप विकसित व परिपक्व होते हैं। खाली से बेगार भली केवल कहने की बात है। किसी प्रतिफल के बिना कोई कुछ नहीं करता।

यह प्रतिफल कई तरह का हो सकता है। ऐसा कभी न सोचें कि आपके मास्टरमाइंड गठबंधन के साथी बिना किसी बराबरी के लाभ की आशा किए केवल आपको अमीर बनाने के लिए इस मास्टरमाइंड गठबंधन में सहायता कर देंगे। यही मानदंड है। लाभ में हर व्यक्ति का आपके लगभग बराबर का हिस्सा होना चाहिए। फिर वो लाभ चाहे धन के रूप में हो, आनंद के रूप में, दिमागी शांति के रूप में, सामाजिक लाभ के रूप में या किसी भी अन्य रूप में हो। दूसरों से मदद तब तक न माँगें (यदि आपको यकीन हो कि वो इसे कर सकेगा), जब तक आपके पास उन्हें देने के लिए यथोचित लाभ की संभावना न हो।

यदि मैं बैंक से दस हजार डॉलर कर्ज लेना चाहूँ, तो बैंक मुझे यह पैसे किस कारण से देगा? बैंक को प्रेरित करनेवाली तीन बातों में से दो में आर्थिक लाभ प्रमुख है। यदि मैं बैंक को ये तीन चीजें दे सका, मुझे मेरी आवश्यकता अनुरूप कर्ज प्रसन्नतापूर्वक दे देंगे। उन्हें अपने पैसे की सुरक्षा चाहिए, कोई प्रमाणित करनेवाला चाहिए तथा उन्हें उस कर्ज पर ब्याज चाहिए होगा। बिजनेस करने का उनका यही उद्‌देश्य है।

कुछ ऐसे कार्य भी होते हैं, जिनका कोई वित्तीय आधार नहीं होता। जैसे किसी व्यक्ति का अपनी पसंद की लड़की के सामने विवाह का प्रस्ताव रखने का क्या कारण होता है? कुछ नाटकीय परिस्थितियों में इसका कारण प्रेम होता है। मैं दावे के साथ कह सकता हूँ कि अपनी पसंद की लड़की से विवाह के लिए पूछनेवाले उस व्यक्ति से संबंध में यहाँ बैठे सभी लोगों की राय भिन्न होगी। यदि वो स्वीकार कर लेती है, तो इसका क्या कारण है?

कुछ ऐसे कार्य भी होते हैं, जिनका कोई वित्तीय आधार नहीं होता। जैसे किसी व्यक्ति का अपनी पसंद की लड़की के सामने विवाह का प्रस्ताव रखने का क्या कारण होता है? कुछ नाटकीय परिस्थितियों में इसका कारण प्रेम होता है। मैं दावे के साथ कह सकता हूँ कि अपनी पसंद की लड़की से विवाह के लिए पूछनेवाले उस व्यक्ति से संबंध में यहाँ बैठे सभी लोगों की राय भिन्न होगी। यदि वो स्वीकार कर लेती है, तो इसका क्या कारण है?

जब मेरे पिता ने मेरी सौतेली माता से विवाह किया, तब वो एक सामान्य कृषक थे। उन्होंने कभी भी सफेद कमीज या टाई नहीं पहनी थी। बल्कि वो सफेद कमीज व टाई से भयभीत रहते थे, इसलिए उन्होंने हमेशा सूती कपड़े की नीले रंग की कमीज पहनी। मेरी सौतेली माँ कॉलेज तक पढ़ी थीं। वो काफी शिक्षित थीं। वे दोनों उत्तरी व दक्षिणी ध्रुव जितने भिन्न थे। मुझे हमेशा आश्चर्य रहा कि उन्होंने मेरी सौतेली माँ को विवाह के लिए राजी कैसे किया होगा! निस्संदेह, बाद में मेरी सौतेली माता ने मेरे पिता

को साफ-सुथरा कर उन्हें न केवल सफेद कमीज पहनाई, बल्कि उन्हें आकर्षक बना दिया। हालाँकि उन्हें इस काम में बहुत समय लगा। उन्होंने मेरे पिता को धन संबंधी सीख दी, जिससे उन्होंने काफी पैसा कमाया। मैं जानता हूँ कि मेरे पिता कैसे दिखते व बोलते थे। उन्होंने राजसी भाषा अंग्रेजी को बिगाड़ दिया था। वो कहते—मुझे वो आती देखी, मैं काम किया, दिखाया। वो इसी ढंग से बोलते थे। इसलिए मैंने अपनी सौतेली माँ से पूछा कि मेरे पिता ने आपको विवाह के लिए कैसे राजी कर लिया? आपने उनसे क्या सोचकर विवाह किया? उन्होंने कहा कि मैं बताती हूँ। मैं जानती थी कि वे अच्छे खानदान से हैं। इसके अलावा उनमें वो संभावनाएँ मौजूद थीं, जिनके बारे में मेरा मानना था कि मैं उन संभावनाओं को विकसित कर सकती हूँ। वो इसी कारण राजी हुई थीं।

आपको याद है न, दुनिया के सबसे अमीर आदमी के साथ मेरे बिना किसी लालच काम करने को भी समय खराब करना कहा गया था। जब उनका बुरा समय चल रहा था, तब श्रीमती फोर्ड ने ही उन्हें सँभाला था। आप सभी ने जीवन में ऐसा समय अवश्य देखा होगा। वो समय सबके लिए बहुत कठिन होता है। बहुधा कोई महिला किसी व्यक्ति से तभी विवाह करती है, जब उसे उस व्यक्ति में कोई संभावना दिखाई दे। उसे लगे कि वो उस व्यक्ति में परिवर्तन ला सकती है तथा उसका उत्थान कर सकती है।

अपने पति को सफल बनाने के लिए एक महिला जो कुछ कर सकती है, यह दिखाने के लिए मैं अकसर श्रीमती हेनरी फोर्ड व श्रीमती थॉमस. ए. एडीसन नामक दो विशिष्ट महिलाओं का उदाहरण देता हूँ। यदि श्रीमती फोर्ड को मास्टरमाइंड सिद्धांतों की जानकारी नहीं होती (हालाँकि वो इसे इस नाम से नहीं जानती होंगी) तो कोई श्री फोर्ड के नाम से भी परिचित नहीं होता। फोर्ड ऑटोमोबाइल कभी स्थापित नहीं हो पाता और संभवत: ऑटोमोबाइल क्षेत्र में भी इतनी तरक्की नहीं हुई होती। इसके पीछे श्री फोर्ड से अधिक श्रीमती फोर्ड का हाथ है। उन्होंने ही श्री फोर्ड को सजग रखते हुए काम पर लगाए रखा तथा कठिन-से-कठिन समय में उनके आत्मविश्वास को बनाए रखा। लोग उनकी कार को देखकर उनकी आलोचना करते कि उन्होंने इसे केवल घोड़ों को भयभीत करने के लिए ही बनाया है। आपको याद है न, दुनिया के सबसे अमीर आदमी के साथ मेरे बिना किसी लालच काम करने को भी समय खराब करना कहा गया था। जब उनका बुरा समय चल रहा था, तब श्रीमती फोर्ड ने ही उन्हें सँभाला था। आप सभी ने जीवन में ऐसा समय अवश्य देखा होगा। वो समय सबके लिए बहुत कठिन होता है। बहुधा कोई महिला किसी व्यक्ति से

तभी विवाह करती है, जब उसे उस व्यक्ति में कोई संभावना दिखाई दे। उसे लगे कि वो उस व्यक्ति में परिवर्तन ला सकती है तथा उसका उत्थान कर सकती है।

विवाह के पीछे कई बार आर्थिक तो कभी प्रेम तो कभी कोई अन्य कारण होते हैं। यह मानकर चलिए कि व्यक्ति के हर कार्य के पीछे कोई उद्देश्य अवश्य रहता है। इसी तरह यदि आप किसी दूसरे से कुछ करवाना चाहते हैं, आपके पास उसका उचित उद्देश्य होना चाहिए। मौका मिलते ही इस उद्देश्य को उसके दिमाग में बैठा दीजिए। इस तरह आप असाधारण सेल्समैन के रूप में विख्यात हो जाएँगे।

ऐसी निश्चित योजना तैयार करें, जिसके द्वारा गठबंधन का प्रत्येक सदस्य संगठन की लक्ष्य प्राप्ति में अपना योगदान दे सके। इस योजना पर चर्चा करने के लिए कोई निश्चित समय व स्थान निर्धारित करें। अपने गठबंधन के सभी सदस्यों से निरंतर संपर्क में रहें। क्या आपने ऐसी गहरी मित्रता के बारे में सुना है या स्वयं कभी किसी के गहरे मित्र रहे हों, जो अचानक ठंडापन आने के बाद समाप्त हो गई हो? निस्संदेह, हममें से अधिकांश लोग इस अनुभव से गुजरे होंगे। क्या आप इसका कारण जानते हैं? इसका कारण है, उपेक्षा। दूर होने से उत्पन्न उपेक्षा। अपने किसी नजदीकी या प्रिय मित्र से जुड़े रहने का केवल एक तरीका है कि उनसे संपर्क में रहिए। भले ही आप ऐसा कभी-कभी ही कर पाएँ।

न्यूयॉर्क में वर्ष 1928 में मेरी कक्षा में एक छात्रा थी। वह मेरे हर जन्मदिन पर मुझे बधाई कार्ड भेजती। एक बार जब वो छुट्टियाँ मना रही थी, तब उसी दिन दोपहर को मेरे जन्मदिन की याद आई। उसने तुरंत उसी समय मुझे जन्मदिन की शुभकामनाओं का तार भेज दिया। दूसरे शब्दों में कहें तो देशभर में फैले हजारों छात्रों में से मेरा केवल उसी से सतत संपर्क बना रहा। इसी गहरे संपर्क के चलते मैंने एक बार उसकी पेशेवर मदद भी की थी। जब मेरी अंतिम बार उससे बात हुई थी तो मेरी उस मदद के कारण उसे लगभग चार हजार डॉलर वार्षिक की वेतन वृद्धि मिली थी। केवल संपर्क बनाए रखने के एवज में यह बहुत बड़ी रकम है। अपने मास्टरमाइंड साथियों से संपर्क बनाए रखने के लिए आपका एक नियमित मीटिंग-स्थल होना चाहिए, इससे वो हमेशा सक्रिय रहेंगे। ऐसा नहीं करने पर आपके संबंधों में ठंडापन और इसके बाद लापरवाही आ जाएगी और अंत में यह आपके लिए किसी काम का नहीं रह जाएगा।

□

3

अनुप्रयुक्त आस्था

'क्या आप अमीर बनना चाहते हैं?' का तीसरा सिद्धांत है—'अनुप्रयुक्त आस्था'। इन ग्यारह में से तीन प्रमुख सिद्धांतों में इसके अलावा 'निश्चित उद्देश्य' व 'मास्टरमाइंड' शामिल हैं। यह सिद्धांत किसी विशिष्ट संप्रदाय या धार्मिक सिद्धांत पर आधारित नहीं है। यहाँ आस्था का अर्थ दिमाग की उस सक्रिय स्थिति से है, जहाँ वो संपर्क ब्रह्मांड की महानतम ऊर्जा से संपर्क स्थापित कर लेता है। आस्था वो शक्ति है, जिसके द्वारा मनुष्य अपने आसपास की दुनिया में शक्ति को महसूस कर अपने जीवन को अनुभव हुई उसी शक्ति के अनुरूप बनाने का प्रयास करता है। अंतिम रूप से कहें तो आस्था प्रत्येक दिमाग की वो निजी क्रिया है, जिससे वो उस शक्ति के साथ कार्यकारी संबंध स्थापित करता है, जिसे हम सर्वव्यापी मन, दिव्य मन या ईश्वर कहते हैं। डॉ. हिल इस शक्ति को अनंत बुद्धिमत्ता का नाम देते हैं। यह जीवन की सभी ऊर्जाओं का स्त्रोत है, हम सब इसी सर्वव्यापी ब्रह्मांडीय ऊर्जा के बीच रहते हैं। यहाँ अनुप्रयुक्त शब्द सक्रियता का द्योतक है। यह निष्क्रिय नहीं, सक्रिय सिद्धांत है। यहाँ आस्था का उपयोग जीवन के किसी निश्चित प्रमुख उद्देश्य के अनुप्रयोग के संदर्भ में किया गया है। अनुप्रयुक्त आस्था का परिणाम सफलता के रूप में मिलता है।

जब आपका कोई निश्चित उद्देश्य हो, आपको क्या करना है, यह आप जानते हों तथा आपके मास्टरमाइंड गठबंधन में आपकी सहायता करने को तत्पर लोग शामिल हों, तब आपको केवल इतनी आस्था की आवश्यकता होगी, जिसके बल पर आप इस कार्य को जारी रख सकें।

तो फिर हमें बाकी आठ सिद्धांतों की क्या आवश्यकता है? अन्य आठ सिद्धांतों का कार्य इन तीनों का सही तरह से उपयोग करने में सहायता देना है। आपको व्यक्तिगत पहल, कल्पना-शक्ति व उत्साह की भी आवश्यकता होगी। दूसरे शब्दों में, यह दर्शन एक केक बनाने जैसा है। केक बनाते समय आप उसमें केवल एक ही प्रकार की सामग्री नहीं डालते। आप भिन्न-भिन्न प्रकार की बहुत सी सामग्री मिलाने के बाद इसे पकने के लिए स्टोव पर रखते हैं। इसमें से कोई भी सामग्री निकाल देने पर आपका केक वैसा नहीं बनेगा, जैसा आप चाहते हैं। यह सिद्धांत भी कुछ ऐसा ही है। आप इन ग्यारह सिद्धांतों में से किसी को नहीं छोड़ सकते। यह किसी जंजीर की एक कड़ी निकाल लेने जैसा है। ऐसा करने से जंजीर टूटकर दो हिस्सों में बँट जाएगी। वो एकरूप नहीं रह पाएगी। अन्य सभी आठ सिद्धांत इन तीनों के सहायक सिद्धांत हैं।

आस्था वो दिमागी अवस्था है, जिसे 'आत्मा की प्रेरणा' कहा जाता है, जिसके द्वारा व्यक्ति के लक्ष्य, इच्छा, योजना या उद्देश्य को भौतिक या आर्थिक रूप दिया जा सकता है। आस्था के आधारभूत तत्त्व होते हैं, लेकिन मैं यहाँ जिस अनुप्रयुक्त आस्था की बात कर रहा हूँ, वो मात्र विश्वास से बिल्कुल भिन्न है। यहाँ 'अनुप्रयुक्त' शब्द का अर्थ सक्रियता है? यह आस्था का सक्रिय भाग है।

आस्था वो दिमागी अवस्था है, जिसे 'आत्मा की प्रेरणा' कहा जाता है, जिसके द्वारा व्यक्ति के लक्ष्य, इच्छा, योजना या उद्देश्य को भौतिक या आर्थिक रूप दिया जा सकता है। आस्था के आधारभूत तत्त्व होते हैं, लेकिन मैं यहाँ जिस अनुप्रयुक्त आस्था की बात कर रहा हूँ, वो मात्र विश्वास से बिल्कुल भिन्न है। यहाँ 'अनुप्रयुक्त' शब्द का अर्थ सक्रियता है? यह आस्था का सक्रिय भाग है। सक्रियताविहीन आस्था केवल दिवास्वप्न ही है। ऐसे बहुत से लोग हैं, जो चीजों पर विश्वास तो करते हैं, लेकिन इन्हें वास्तविक बनाने के लिए कोई कदम उठाने की जगह दिवास्वप्न में डूबे रहते हैं। अनुप्रयुक्त आस्था दरअसल सक्रिय आस्था का नाम है।

सफलता के तीन प्राथमिक सिद्धांत व आस्था

1. निश्चित उद्देश्य— किसी भी उद्देश्य की पूर्ति में व्यक्तिगत पहल के बाद जितना अधिक कार्य, कार्य, कार्य तथा और अधिक कार्य किया जाए, उतना ही बेहतर होगा। इसका अर्थ है, सतत सक्रिय रहना। यह सक्रियता केवल आपको ही नहीं, बल्कि आपके सहयोगियों या आपके मास्टरमाइंड साथियों को भी दिखानी होगी।

2. सकारात्मक मानसिक दृष्टिकोण—भय, द्वेष, घृणा, ईर्ष्या व लालच जैसी नकारात्मक भावनाओं से मुक्त सकारात्मक दिमाग होना आवश्यक है। यह सत्य है कि मानसिक दृष्टिकोण से ही आस्था की प्रभाव-क्षमता तय होती है। प्रार्थना करते समय आपकी मानसिक अवस्था जैसी होती है, आपको परिणाम भी वैसे ही मिलते हैं। इसका कोई दूसरा रास्ता नहीं है। इसकी जाँच के लिए आप स्वयं इसका परीक्षण कर सकते हैं।

भय, द्वेष, घृणा, ईर्ष्या व लालच जैसी नकारात्मक भावनाओं से मुक्त सकारात्मक दिमाग होना आवश्यक है। यह सत्य है कि मानसिक दृष्टिकोण से ही आस्था की प्रभाव-क्षमता तय होती है। प्रार्थना करते समय आपकी मानसिक अवस्था जैसी होती है, आपको परिणाम भी वैसे ही मिलते हैं। इसका कोई दूसरा रास्ता नहीं है। इसकी जाँच के लिए आप स्वयं इसका परीक्षण कर सकते हैं।

मुझे पूरा यकीन है कि आपका भी मुझ जैसा ही अनुभव होगा, जहाँ प्रार्थना करने के अकसर नकारात्मक परिणाम मिलते हैं। ऐसा शायद ही कोई व्यक्ति होगा, जिसे कभी-न-कभी यह अनुभव न मिला हो। प्रार्थना करते समय जब तक आप में यह असंदिग्ध आस्था न हो कि आप जो चाहते हैं, वो आपको अवश्य मिलेगा ही, बल्कि आप इसे माँगने से पहले ही अपने पास देखने लगें, तब तक पूरी संभावना है कि आपकी प्रार्थनाओं के नकारात्मक परिणाम ही मिलेंगे।

3. मास्टरमाइंड गठबंधन : मास्टरमाइंड गठबंधन उन एक या अधिक लोगों से बनता है, जो आस्था के आधार पर ऐसे साहस का प्रसार करते हैं, जो व्यक्ति की अपने उद्देश्य को हासिल करने हेतु मानसिक व आध्यात्मिक जरूरतें पूरी करता है।

अनुप्रयुक्त आस्था के तत्त्व

1. प्रत्येक हानि में उतने ही लाभ के बीज छिपे रहते हैं; अस्थायी हार तब तक स्थायी हार नहीं होती, जब तक उसे स्वीकार न कर लिया जाए। क्या आप जानते हैं कि आस्था के मामले में अधिकांश लोग कहाँ मात खा जाते हैं? ऐसा तब होता है, जब वो अपनी हार को अपरिवर्तनशील मानकर स्वीकार कर लेते हैं.। प्रत्येक हार में निहित समान लाभ का बीज खोजने की जगह वो तुनकमिजाज, उदास, हतोत्साहित होकर हीन-भावना से ग्रसित हो जाते हैं। जबकि वो इसके उलट हार को क्षणिक अवस्था से अधिक कुछ न मानकर इसे नए संघर्ष की शुरुआत के रूप में उपयोग कर सकते हैं।

मैं कहता हूँ कि प्रत्येक विपत्ति में उसी के समान लाभ का बीज भी निहित होता है। प्रत्येक हार व प्रत्येक असफलता में उतने ही लाभ का बीज छिपे होने की बात आप तब तक नहीं समझ सकेंगे, जब तक मैं आपके सामने इसके कई अनुभव न पेश कर दूँ। अपने जीवन में ऐसे अनुभव प्राप्त करने के बाद आप भी समझ जाएँगे कि यह हमेशा कामयाब रहता है। इसीलिए मैं आपसे आपके जीवन में आनेवाली विपत्तियों की बहुत ध्यान से विवेचना करने को कहता हूँ।

क्या आप जानते हैं कि आपकी विपत्ति आपके लिए प्रायः महान् वरदान साबित होती है? क्या आप जानते हैं, मेरे जीवन में सबसे बड़ा वरदान क्या रहा? निस्संदेह, यह मेरी माँ की मृत्यु था। सामान्यतः नौ वर्ष की आयु में अपनी माँ को खो देना किसी भी बच्चे के लिए बड़ी विपत्ति है तो फिर मैं इसे अपने लिए बहुत-बहुत बड़ा वरदान क्यों कह रहा हूँ? क्योंकि इसी के बाद नई माता का मेरे जीवन में प्रवेश हुआ। आज मेरे पास जो कुछ भी है और आगे मैं जो कुछ भी प्राप्त करूँगा, वो मुझे उन्हीं की बदौलत मिला है। उनका प्रभाव न होने पर मैं आज भी झगड़े, पहाड़ी शराब व कलह में डूबा होता। मेरे रिश्तेदार आज भी यही सब कर रहे हैं, इसलिए ऐसा कोई कारण नहीं था कि मैं ऐसा नहीं करता। इसके अलावा मेरे सामने और भी कई समस्याएँ थीं, इस दौरान मैं लगभग बीस बड़ी समस्याओं से गुजरा हूँ। इनके अभाव में मैं इस दर्शन में प्रत्येक विपत्ति में उसके समतुल्य लाभ की वकालत इस मजबूती से कभी नहीं कर पाता।

मैं कहता हूँ कि प्रत्येक विपत्ति में उसी के समान लाभ का बीज भी निहित होता है। प्रत्येक हार व प्रत्येक असफलता में उतने ही लाभ का बीज छिपे होने की बात आप तब तक नहीं समझ सकेंगे, जब तक मैं आपके सामने इसके कई अनुभव न पेश कर दूँ। अपने जीवन में ऐसे अनुभव प्राप्त करने के बाद आप भी समझ जाएँगे कि यह हमेशा कामयाब रहता है।

क्या आप उस व्यक्ति की विपदा का अंदाजा लगा सकते हैं, जिसे बताया जाए कि उसका पुत्र बिना कान के पैदा हुआ है तथा वह पूरा जीवन कुछ भी बोल या सुन नहीं सकेगा? क्या आप इससे भी कुछ बुरे की कल्पना कर सकते हैं? यहाँ मैं अनंत बुद्धिमत्ता से अपने संपर्क को धन्यवाद देते हुए बताना चाहूँगा कि मेरे बधिर पुत्र की 65 फीसदी श्रवण क्षमता को आधुनिक श्रवण यंत्रों के माध्यम से अंततः 100 फीसदी कर लिया। इससे जहाँ उसे सामान्य जीवनशैली अपनाने में सहायता मिली। वहीं मुझे आस्था की शक्ति का अब तक का महानतम अनुभव प्राप्त हुआ। मुझे यह अनुभव किसी और तरह से नहीं मिल सकता था। मैं इसे किसी और से सुनकर अनुभव नहीं

कर सकता था। मुझे अनुभव सीधे ही मिलना था।

मैंने अपने पुत्र की इस विपदा को कभी स्वीकार नहीं किया। न ही उसे देखने से पहले और न ही उसे देखने के बाद। मैंने इसे कभी स्वीकार नहीं किया। अन्य सभी रिश्तेदारों ने इसे स्वीकार कर लिया। वो चाहते थे कि मैं उसे विशेष बच्चों के लिए बने उस स्कूल में भरती करवाऊँ, जहाँ वो होंठ पढ़ना व इशारों से बोलना सीख सके। जबकि मैं चाहता था कि उसे अपनी इस कमी का कभी एहसास न हो। उसके स्कूल जाना शुरू करने पर मेरा स्कूल प्रबंधन से लगभग हर वर्ष झगड़ा होता। स्कूल चाहता था कि वह अपने जैसे विशेष बच्चों के स्कूल में पढ़ाई करे, जहाँ वह अपने जैसे ही बच्चों को देखकर अपनी कमी को समझ सके। मैं नहीं चाहता था कि उसे इस बारे में कुछ भी पता चले। मैंने उसे हमेशा से यही सिखाया कि बिना कानों के जन्म लेना किसी वरदान से कम नहीं और उसे भी इस बात पर भरोसा था। दया दिखाने से लोग वह काम भी करने लगते हैं, जो आमतौर पर वह कभी नहीं करते। कुछ समय बाद, उसे 'सैटर्डे इवनिंग पोस्ट' में सेल्समैन की नौकरी मिली, जिसमें आगे चलकर उसने अमेरिका के सभी सेल्समैनों का नेतृत्व किया। वह अकसर पाँच डॉलर का सामान ले जाता और लौटते समय उसके पास नकद दस डॉलर होते। उसने ऐसा कई बार किया। लोग उसे देखकर कहते—अरे देखो, वह बेचारा बिना कानवाला लड़का अखबार बेच रहा है। लगता है कि उसके माता-पिता बहुत गरीब हैं। वह उसे एक डॉलर देते और जब वह उन्हें खुले पैसे लौटाने लगता तो वह कहते, कोई बात नहीं बेटा, खुले पैसे आप रख लो। इस तरह उसे 'सैटर्डे इवनिंग पोस्ट' की हर प्रति के एक डॉलर मिल जाते। उसकी कमी अब विपदा नहीं है। वह एक सामान्य जीवन जी रहा है, क्योंकि मैंने उसे सिखाया था कि अपनी किसी भी कमी को अपने फायदे में परिवर्तित किया जा सकता है।

मैंने अपने पुत्र की इस विपदा को कभी स्वीकार नहीं किया। न ही उसे देखने से पहले और न ही उसे देखने के बाद। मैंने इसे कभी स्वीकार नहीं किया। अन्य सभी रिश्तेदारों ने इसे स्वीकार कर लिया। वो चाहते थे कि मैं उसे विशेष बच्चों के लिए बने उस स्कूल में भरती करवाऊँ, जहाँ वो होंठ पढ़ना व इशारों से बोलना सीख सके। जबकि मैं चाहता था कि उसे अपनी इस कमी का कभी एहसास न हो।

2. अनुप्रयुक्त आस्था को बनाए रखने के लिए जरूरी है कि व्यक्ति अपने मुख्य उद्देश्य को प्रार्थना के तौर पर दिन में कम-से-कम एक बार अवश्य दोहराए। अवचेतन मन केवल वही सुनता है, जो आप स्वयं उससे कहते हैं या अन्य लोगों

को उसे कहने की अनुमति देते हैं और या फिर जो वह जीवन की परिस्थितियों में देखता है। वह सच और झूठ के बीच का अंतर नहीं जानता। न ही उसे एक पैसे या करोड़ों रुपए के बीच का फर्क मालूम है। वह सिर्फ वही समझता है, जिसे आप उसे बताते हैं। यदि आपके द्वारा उसकी ओर प्रेषित किए गए विचारों में गरीबी या बीमारी या असफलता के विचार अधिक रहेंगे, तो उससे आपको वही मिलेगा। भले ही आपकी आस्था में परिवर्तन हो जाता है, लेकिन आप देखेंगे कि आपका अवचेतन मन उसी मानसिक दृष्टिकोण का प्रत्युत्तर देता है, जो सारा दिन आपके दिमाग में बना रहता है। इसलिए यह आवश्यक है कि आप बारंबार उन चीजों को दोहराते रहें, जिन्हें आप अपने जीवन में स्थान देना चाहते हैं। ऐसा तब तक करते रहें, जबतक आप अपने अवचेतन मन को अपनी मनचाही चीजों को आपकी ओर स्वत: आकर्षित करने में अभ्यस्त नहीं कर देते। आपको लगेगा कि आपका मन एक इलेक्ट्रोड चुंबक जैसा हो गया है। जब आप इसे एक बार अपने इच्छा की स्पष्ट तसवीर द्वारा चार्ज कर देते हैं, तो यह ऊँचे-नीचे सभी तरह के रास्तों से आपके उस लक्ष्य को हासिल करने के लिए आवश्यक चीजों को आकर्षित करना आरंभ कर देता है।

यह आवश्यक है कि आप बारंबार उन चीजों को दोहराते रहें, जिन्हें आप अपने जीवन में स्थान देना चाहते हैं। ऐसा तब तक करते रहें, जबतक आप अपने अवचेतन मन को अपनी मनचाही चीजों को आपकी ओर स्वत: आकर्षित करने में अभ्यस्त नहीं कर देते। आपको लगेगा कि आपका मन एक इलेक्ट्रोड चुंबक जैसा हो गया है।

3. ब्रह्मांड को अपने आदेश पर चलानेवाली इस अनंत बुद्धिमत्ता की उपस्थिति को स्वीकार करना और चूँकि आपके मन की आपके दिमाग द्वारा तय किए गए दायरे के अतिरिक्त कोई सीमा नहीं है, इसलिए आप भी उसी बुद्धिमत्ता का लघु रूप हैं। मैं इस कथन को एक बार और दोहराना चाहूँगा। आपके मन की किसी भी तरह की कोई सीमा नहीं है, लेकिन जिन सीमाओं को आप सोद्‌देश्य इसमें बिठाते हैं या इसे स्वीकार करने को कहते हैं, उससे ही इसकी सीमा तय हो जाती है। यह बहुत स्थूल उक्ति है, लेकिन फिर भी श्री एडीसन, श्रीफोर्ड, श्री कारनेगी व नेपोलियन हिल (यदि आप भी ऐसा समझते हों) द्वारा प्राप्त उपलब्धियाँ इस विचार की प्रबल समर्थक हैं कि आपके मन की आपके द्वारा निश्चित की गई सीमाओं के अतिरिक्त अन्य कोई सीमा नहीं है।

श्री कारनेगी द्वारा इस काम को सौंपे जाने से लेकर दुनिया के सामने इस सिद्धांत को लाने के बीच यदि अपने काम के प्रति मेरी आस्था एक क्षण के लिए भी डगमगाई

होती, तो मैं इसे पूर्णता तक नहीं पहुँचा पाता। मैंने यह कैसे किया? क्या आप जानते हैं कि मेरी उपलब्धियों में सबसे बड़ी भूमिका किसी चीज की रही? यह न तो मेरी प्रतिभा है और न ही मेरी विशिष्ट बुद्धिमत्ता। मैं किसी भी सामान्य आदमी जितना ही प्रतिभावान व बुद्धिमान हूँ, लेकिन मुझे अपने पर विश्वास था कि मैं इसे कर सकता हूँ और मेरा यह विश्वास हमेशा कायम रहा। कार्य जितना कठिन होता, उसे करने का मेरा स्वयं पर विश्वास उतना ही अधिक प्रबल हो जाता। अपने प्रति यही दृष्टिकोण रखते हुए, निराशा या लोगों के आपके खिलाफ होने पर भी अपने संदेह को किनारे रखते हुए अपना विरोध न करना ही अनुप्रयुक्त आस्था का सही उपयोग है। आपको भी ऐसा ही करना होगा।

क्या आप जानते हैं, कई बार लोगों की परीक्षा भी ली जाती है? बिना परीक्षा कोई भी अपने जीवन में बड़े पद पर टिका नहीं रह सकता। किसी भी, कोई भी बढ़िया चलता बिजनेस या उच्च पद पर बैठा व्यक्ति बिना निम्न स्तर से कदम-दर-कदम चलकर उच्च पद हेतु अपनी योग्यता दरशाए बिना वहाँ नहीं पहुँच सकता। मुझे यह तो नहीं पता कि निर्माणकर्ता अपनी यह दुनिया कैसे चलाता है, लेकिन मैं इसके जिस हिस्से से परिचित हूँ, वहाँ यह कैसे काम करता है, इसे बखूबी समझता हूँ। निस्संदेह, मैं यह भी समझता हूँ कि मैं जितना जानता हूँ, उससे कहीं अधिक चीजों से अनजान हूँ, लेकिन मैंने यह कई बार देखा है कि वो बिना कड़ी परीक्षा के जीवन में किसी को भी बड़े पद पर नहीं पहुँचाता।

अपने शोध के दौरान मुझे एक विशेष बात और पता चली कि प्रत्येक युग में किसी भी क्षेत्र में महान् सफलता हासिल करनेवाले व्यक्तियों ने जितनी अधिक हार व विरोध का सामना किया, उन्हें उतनी ही बड़ी सफलता भी प्राप्त हुई। कितनी अद्‍भुत बात है। यह संयोग नहीं हो सकता कि इन सभी विशिष्ट व्यक्तियों ने जितने निचले स्तर से संघर्ष व विरोध का सामना किया, आगे चलकर वो उतने ही अधिक महान् बने।

अपने शोध के दौरान मुझे एक विशेष बात और पता चली कि प्रत्येक युग में किसी भी क्षेत्र में महान् सफलता हासिल करनेवाले व्यक्तियों ने जितनी अधिक हार व विरोध का सामना किया, उन्हें उतनी ही बड़ी सफलता भी प्राप्त हुई। कितनी अद्‍भुत बात है। यह संयोग नहीं हो सकता कि इन सभी विशिष्ट व्यक्तियों ने जितने निचले स्तर से संघर्ष व विरोध का सामना किया, आगे चलकर वो उतने ही अधिक महान् बने।

मैं अपने शुरुआती संघर्षों व असफलताओं के बारे में अकसर बात करता रहता

हूँ। मेरा बिजनेस मैनेजर इसे ठीक नहीं मानता था। जबकि मुझे इसपर बात करने का विचार इसलिए अच्छा लगता है कि जब आप मेरे सामने आई असफलताओं को जानेंगे और देखेंगे कि कैसे मैं इन सबके बीच अपना सिर उठाए इस सिद्धांत पर काम करता रहा तो आप कहेंगे, इन्होंने ऐसा किया है तो मैं भी ऐसा कर सकता हूँ। केवल इसी कारण मैं जब-तब इनका वर्णन करता रहता हूँ।

आप उसे ईश्वर कहें, जेहोवा कहें, बुद्ध कहें या मुहम्मद का नाम दें, मुझे इससे कोई अंतर नहीं पड़ता। आप उसे चाहे जिस नाम से भी पुकारें। हमारी बातचीत का विषय वही प्रथम निमित्त है और प्रथम निमित्त दो नहीं हो सकते, वो एक ही है। वो दो हो ही नहीं सकते। उसी प्रथम निमित्त के चलते इस विश्व का निर्माण हुआ है जिसमें हम सब रहते हैं। उन्होंने इसका निर्माण मेरे, आपके व हम सभी के लिए किया है, इसीलिए इसका नाम 'ब्रह्मांड' है। मैं उसे अनंत बुद्धिमत्ता कहता हूँ, क्योंकि मेरे छात्रों में दुनिया भर के सभी मतांतर व धर्मों के लोग हैं। अनंत बुद्धिमत्ता ही एक ऐसा तटस्थ नाम है, जिसपर किसी को आपत्ति नहीं होती।

पदार्थों के सबसे छोटे रूप इलेक्ट्रॉन व प्रोटोन से लेकर वायुमंडल में तैर रहे सबसे बड़े सूर्य तक, सबकुछ व्यवस्था के तहत काम करता है। न कोई कोलाहल, न ग्रहों में टकराव, सब कुछ व्यवस्थित है। मेरे खयाल से प्रथम निमित्त के जितने अधिक प्रमाण हैं, उतने किसी अन्य वस्तु की मौजूदगी के नहीं हो सकते।

लेकिन जबतक आप इसपर विश्वास नहीं करते, जब तक आप इसे साबित करते हुए इसके प्रथम निमित्त होते हुए इसपर निर्भर रहने का पक्का कागजी प्रमाण नहीं पा जाते, तब तक आप इस निश्चित योजना का संपूर्ण उपयोग नहीं कर सकते।

मेरे एक छात्र ने मुझसे मेरी अनंत बुद्धिमत्ता की अवधारणा व ईश्वर से इसके समान होने के बाबत पूछा था। मैंने कहा, हाँ, ये वही हैं। अच्छा उसने कहा, क्या आप ईश्वर से जुड़ी अपनी इस अवधारणा का कोई प्रमाण दे सकते हैं? मैंने उत्तर दिया, इस जगत् में मौजूद हर वस्तु उसके अस्तित्व का स्पष्ट प्रमाण है। वही इस विश्व की सुव्यवस्था का कारण है। पदार्थों के सबसे छोटे रूप इलेक्ट्रॉन व प्रोटोन से लेकर वायुमंडल में तैर रहे सबसे बड़े सूर्य तक, सब कुछ व्यवस्था के तहत काम करता है। न कोई कोलाहल, न ग्रहों में टकराव, सब कुछ व्यवस्थित है। मेरे खयाल से प्रथम निमित्त के जितने अधिक प्रमाण हैं, उतने किसी अन्य वस्तु की मौजूदगी के नहीं हो सकते। यदि आप इसपर विश्वास नहीं करते, यदि आप इसे स्वीकार नहीं करते, यदि आप इसपर ध्यान नहीं देते, यदि आप इसे अनुभव नहीं करते, यदि आ

यह नहीं जानते, तो आप यह भी नहीं समझ सकते कि आपका दिमाग भी इसी अनंत बुद्धिमत्ता का छोटा सा हिस्सा है। इसे समझने पर ही आपको मेरी इस बात की सत्यता का बोध होगा कि—आपकी सीमाएँ वही हैं, ज़िन्हें आपका दिमाग खुद तय करता है या अन्य किसी को तय करने की अनुमति देता है या जिन्हें परिस्थितियाँ आपके लिए तय कर देती हैं।

अपनी बीती असफलताओं (व उसमें आई कठिनाइयों) का सावधानीपूर्वक अध्ययन यह स्पष्ट दरशा देगा कि इन सभी अनुभवों में बराबर लाभ के बीज हमेशा मौजूद थे।

□

4

कुछ अधिक करना

'क्या आप अमीर बनना चाहते हैं?' का चौथा सिद्धांत है—'कुछ अधिक करना'। इसका अर्थ है—आपको जितना भुगतान मिलना है, उससे कुछ अधिक व बेहतर सेवा देना और यह कार्य सकारात्मक मनोवृत्ति सहित करना। इस सिद्धांत पर पहले लोगों ने बहुत से प्रश्न उठाए हैं व आज भी इसपर बहुत से गंभीर प्रश्न उठाए जाते रहे हैं। मैं अपनी कंपनी या बॉस से जितने पैसे लेता हूँ, उससे एक मिनट भी अधिक कार्य क्यों करूँ? इसमें मेरा क्या फायदा? तो अपने फायदे की बात सुनिए; देर-सवेर आपको इस अधिक काम की प्रतिपूर्ति अवश्य मिलेगी। इससे आपकी चारित्रिक श्रेष्ठता, सकारात्मक अभिवृत्ति दिखने के अलावा साहस व आत्मविश्वास का भी अनुभव होगा। आपको इसके साथ-साथ और भी बहुत कुछ प्राप्त होगा। अब डॉ. नेपोलियन हिल इसे प्रमाणित करने के अलावा इसे करने का सही ढंग भी बताएँगे।

अधिक काम करने का अर्थ है—आपको किसी काम के लिए जितना पैसा दिया जा रहा है, उससे अधिक सेवा देना और ऐसा हमेशा व प्रसन्न मनोवृत्ति के साथ करना।

दुनिया में इतनी अधिक असफलताओं का यही कारण है कि अधिकांश लोग जरूरत भर का कार्य भी नहीं करते, अधिक की तो बात ही न करें। यदि उन्हें कभी जरूरत भर का कार्य करना पड़ जाता है तो वो इसके लिए अपने आसपास के लोगों को कोसने लगते हैं। आप ऐसे लोगों का स्वभाव समझते ही होंगे, लेकिन यह आप में से किसी पर लागू नहीं होता, क्योंकि यदि आप पहले ऐसे रहे हैं तो इस सिद्धांत को समझने के बाद इसे फौरन त्याग देंगे।

मुझे नहीं लगता कि किसी व्यक्ति से तुरंत अनुग्रह पाने का अधिक कार्य या

कुछ उपयोगी करने के अतिरिक्त और भी कोई तरीका हो सकता है। जीवन में केवल एक यही कार्य है, जिसे करने का अवसर आपको किसी से माँगना नहीं पड़ता। कुछ अधिक करने को अपनी आदत न बनाकर यदि आप अपनी संभावित अनिवार्यता सिद्ध नहीं करते, तो वृद्धावस्था में मुक्त व स्वतंत्र, आत्म-निर्णीत व आर्थिक स्वावलंबन का रास्ता केवल सौभाग्य, किसी अमीर अंकल या आंटी की मृत्यु या ऐसे ही किसी कारण से मिली दौलत से ही हो सकेगा। मुझे नहीं लगता कि अधिक कार्य करने, जरूरत भर से अधिक सेवा देने तथा ऐसा करते हुए सकारात्मक दृष्टिकोण रखने के अलावा किसी अन्य तरीके से भी व्यक्ति अपनी अनिवार्यता सिद्ध कर सकता है।

मानसिक अभिवृत्ति अपने आप में बहुत महत्त्वपूर्ण है। अधिक काम को करने को दबाव के तौर पर लेने से आप संभवतः पर्याप्त लाभ नहीं ले सकेंगे। आप जानते हैं कि अधिक काम करने के सिद्धांत को मैंने कहाँ से सीखा? अपने अनुभव से।

मैंने देखा कि प्रकृति किस तरह कार्य करती है, क्योंकि यदि आप प्रकृति के ढंग या आदतों का अनुकरण करेंगे तो आप कभी गलती नहीं करेंगे। वहीं यदि आप प्रकृति की कार्यशैली से अपरिचित या अनभिज्ञ रहेंगे तो देर-सवेर आप किसी समस्या में अवश्य फँस जाएँगे—यह केवल समय की बात होगी। यह ब्रह्मांड एक व्यापक योजना के तहत कार्य करता है, आप उसे चाहे इस योजना का प्रथम निमित्त मानें, प्रचालक कहें या निर्माणकर्ता का नाम दें। प्रकृति केवल एक नियम पर चलती है और यह हर व्यक्ति का दायित्व है कि वो उसे समझकर खुद को उसके अनुसार कार्य करने के लिए तैयार करे। इन सबसे बढ़कर प्रकृति यह अनुरोध व माँग करती है कि हर जीवित प्राणी अपने आहार, जीवन व सुरक्षा के लिए अधिक कार्य करे। यदि इस नियम के द्वारा अधिक कार्य न हो तो मनुष्य एक मौसम से अधिक जीवित नहीं रह पाएगा।

यह ब्रह्मांड एक व्यापक योजना के तहत कार्य करता है, आप उसे चाहे इस योजना का प्रथम निमित्त मानें, प्रचालक कहें या निर्माणकर्ता का नाम दें। प्रकृति केवल एक नियम पर चलती है और यह हर व्यक्ति का दायित्व है कि वो उसे समझकर खुद को उसके अनुसार कार्य करने के लिए तैयार करे। इन सबसे बढ़कर प्रकृति यह अनुरोध व माँग करती है कि हर जीवित प्राणी अपने आहार, जीवन व सुरक्षा के लिए अधिक कार्य करे। यदि इस नियम के द्वारा अधिक कार्य न हो तो मनुष्य एक मौसम से अधिक जीवित नहीं रह पाएगा।

एक मिलियन डॉलर की सेवा देते ही तुरंत उसकी प्रतिपूर्ति के रूप में बैंक का

चेक पाने की प्रतीक्षा न करें। यदि आपने कोई मिलियन डॉलर की सेवा आरंभ की है, तो आपको उसका प्रतिदान पाने के लिए कुछ समय तक प्रतीक्षा करनी ही होगी। आपको पहले अपने उस काम की पहचान बनानी होगी, अन्य लोगों की नजरों में आने के लिए आपको अधिक कार्य करना ही होगा। यह भी ध्यान रखिए कि यह अधिक कार्य किसी नजर में आए बिना अधिक समय तक जारी नहीं रहना चाहिए। यदि कोई काम का आदमी आपको खोज न सके तो आप ही इधर-उधर उस काम के आदमी की तलाश कीजिए। दूसरे शब्दों में कहें तो यदि आपका मौजूदा मालिक आप पर ध्यान न दे, तो उसे छोड़कर उसके प्रतिद्वंद्वी को अपनी सेवा की गुणवत्ता से परिचित कराएँ। इसमें आपका कोई नुकसान नहीं है। इसमें बस आपको थोड़ी प्रतिस्पर्धा का सामना करना होगा।

कोई भी व्यक्ति बिना कारण किसी भी नियम या वस्तु को स्वीकार नहीं करेगा और आपके इस अधिक काम करने के मेरे पास कई सारे कारण मौजूद हैं।

प्रतिफल संवर्धन का नियम, सार्वभौमिक, स्वचालित व सदैव कार्यरत रहता है। यह वैसा ही अटल है जैसा गुरुत्वाकर्षण का नियम। इसे किसी भी कारण से एक क्षण के लिए भी रोका, टाला या स्थगित नहीं किया जा सकता। यह निरंतर जारी रहता है। प्रतिफल संवर्धन के नियम का अर्थ है कि आप तय भुगतान के लिए किए जानेवाले श्रम की सीमा से बाहर जाकर अधिक व बेहतर सेवा प्रदान करते हैं, तत्पश्चात् प्रतिफल संवर्धन का नियम आपको आपके श्रम से अधिक का भुगतान करता है, जिसे आपको स्वीकार करना ही होगा।

प्रतिफल संवर्धन का नियम

प्रतिफल संवर्धन के नियम का अर्थ है कि आप जो देते हैं, उससे अधिक प्राप्त करते हैं, फिर चाहे वो अच्छा हो या बुरा, सकारात्मक हो या नकारात्मक। प्रकृति का नियम भी इसी तरह कार्य करता है। आप दूसरों व अपने साथ जो व जैसा करते हैं, वो कई गुणा होकर आपके पास लौट आता है। इसमें कोई अपवाद नहीं है। ऐसा नहीं है कि यह तुरंत ही वापस लौट आता हो। कई बार इसके लौटने में आपकी उम्मीद से भी अधिक समय लग जाता है, लेकिन यह सुनिश्चित है कि यदि आपने नकारात्मक प्रभाव प्रेषित किए हैं, तो वे देर-सवेर आपके पास अवश्य लौटेंगे। आप भले ही तब इसका कारण न समझ पाएँ, लेकिन वे वापस अवश्य आएँगे। वे आपका पीछा नहीं छोड़नेवाले।

प्रतिफल संवर्धन का नियम, सार्वभौमिक, स्वचालित व सदैव कार्यरत रहता है। यह वैसा ही अटल है जैसा गुरुत्वाकर्षण का नियम। इसे किसी भी कारण से एक क्षण

के लिए भी रोका, टाला या स्थगित नहीं किया जा सकता। यह निरंतर जारी रहता है। प्रतिफल संवर्धन के नियम का अर्थ है कि आप तय भुगतान के लिए किए जानेवाले श्रम की सीमा से बाहर जाकर अधिक व बेहतर सेवा प्रदान करते हैं, तत्पश्चात् प्रतिफल संवर्धन का नियम आपको आपके श्रम से अधिक का भुगतान करता है, जिसे आपको स्वीकार करना ही होगा। यदि आप नौकरीपेशा हों, तो इस नियम द्वारा आपको अतिरिक्त धन, अधिक जिम्मेदारी, पदोन्नति या स्वयं का बिजनेस खोलने का मौका मिल सकता है। इसके वापस लौटने के ऐसे ही हजारों तरीके हो सकते हैं।

प्रतिपूर्ति का नियम

प्रतिपूर्ति हमेशा वहीं से नहीं मिलती, जहाँ आपने सेवा दी हो। इसलिए किसी लालची ग्राहक या लालची मालिक से भयभीत न हों। आप किसे सेवा दे रहे हैं, इससे कोई अंतर नहीं पड़ता। जब तक आप अपना कार्य शुद्ध आस्था व शुद्ध आत्मा से कर सकें, तब तक इसे अपनी आदत बनाए रखें। इस प्रतिपूर्ति का न मिलना असंभव है, यह प्रतिपूर्ति आपको अवश्य मिलेगी। इसलिए आपको सेवा लेनेवाले व्यक्ति के चयन में सावधानी बरतने की कोई आवश्यकता नहीं है, बल्कि यह सिद्धांत सभी पर लागू करें, फिर चाहे वह कोई अजनबी हो, परिचित हो, बिजनेस सहयोगी हो या कोई रिश्तेदार ही क्यों न हो। प्रत्येक व्यक्ति को उपयोगी सेवा देना अपना मकसद बना लीजिए। फिर चाहे वह किसी भी ढंग, स्थिति या प्रकार से की जाए।

> *प्रतिपूर्ति हमेशा वहीं से नहीं मिलती, जहाँ आपने सेवा दी हो। इसलिए किसी लालची ग्राहक या लालची मालिक से भयभीत न हों। आप किसे सेवा दे रहे हैं, इससे कोई अंतर नहीं पड़ता। जब तक आप अपना कार्य शुद्ध आस्था व शुद्ध आत्मा से कर सकें, तब तक इसे अपनी आदत बनाए रखें। इस प्रतिपूर्ति का न मिलना असंभव है, यह प्रतिपूर्ति आपको अवश्य मिलेगी।*

दुनिया में अपने स्थान को विस्तार देने का केवल एक ही तरीका है और मेरा तात्पर्य केवल भौतिक स्थान ही नहीं, बल्कि मानसिक व आध्यात्मिक स्थान से भी है। आपकी पहचान आपके द्वारा दी गई सेवा की गुणवत्ता व परिमाण से ही बनती है। कार्य की इस गुणवत्ता व परिमाण में मानसिक अभिवृत्ति का भी बहुत महत्त्व है। इन्हीं से पहचाना जा सकता है कि आप जीवन में कितना आगे बढ़ेंगे। इन निर्धारक कारकों को देखकर यह समझा जा सकता है कि आप अपने जीवन में कितना आगे बढ़ेंगे, आपको जीवन से क्या कुछ प्राप्त होगा, आप जीवन में कितने आनंदित रहेंगे व आपको कितनी मानसिक शांति प्राप्त होगी।

आत्म-प्रचार

आत्म-प्रचार से अन्य लोगों का ध्यान हमारी ओर आकर्षित होता है। यदि आप सजग होकर देखें, तो आपको प्रत्येक संस्थान में ऐसे लोग मिल जाएँगे, जो अधिक काम करने को तैयार हैं। ऐसे लोगों को खोजने में आपको कोई कठिनाई नहीं होगी। वहीं जब आप इन अधिक काम करनेवालों से जुड़ी बातें व रिकॉर्ड देखेंगे तो आप पाएँगे कि पदोन्नति भी ज्यादातर ऐसे ही लोगों की होती है। वह इसकी माँग नहीं करते। इसकी कोई आवश्यकता भी नहीं होती। मालिक भी ऐसे ही कर्मचारियों की खोज में रहते हैं, जो अधिक काम करें। ऐसा करने से व्यक्ति मानवीय रिश्तों में भी अपरिहार्य हो जाता है। इसी के चलते व्यक्ति सामान्य से अधिक प्रतिपूर्ति पाने का अधिकारी हो जाता है।

आत्म-प्रचार से अन्य लोगों का ध्यान हमारी ओर आकर्षित होता है। यदि आप सजग होकर देखें, तो आपको प्रत्येक संस्थान में ऐसे लोग मिल जाएँगे, जो अधिक काम करने को तैयार हैं। ऐसे लोगों को खोजने में आपको कोई कठिनाई नहीं होगी। वहीं जब आप इन अधिक काम करनेवालों से जुड़ी बातें व रिकॉर्ड देखेंगे तो आप पाएँगे कि पदोन्नति भी ज्यादातर ऐसे ही लोगों की होती है।

आत्मा का भोजन

मैं आपको बताना चाहता हूँ कि इसका संबंध आपकी अंतर-आत्मा से भी है, ऐसा करने पर आप अच्छा महसूस करते हैं। अधिक काम करने का कोई अन्य कारण न होने पर यही कारण अपने आप में पर्याप्त है। जीवन में ऐसी बहुत सी चीजें हैं, जिनसे हमें नकारात्मक अनुभूतियाँ होती हैं या जो हमारी अप्रिय भावनाओं या अनुभवों का कारण बनती हैं। यह ऐसी एकमात्र क्रिया है, जिससे आपको हमेशा प्रसन्नता का ही एहसास होगा। यदि आप भूतकाल में मिले अनुभवों पर नजर डालें, तो आप देखेंगे कि दूसरों के लिए कुछ भी करने में आपको भरपूर खुशी मिली है। भले ही दूसरे व्यक्ति आपकी तारीफ न करें, आपको इससे कोई फर्क नहीं पड़ता।

यह बिल्कुल प्रेम जैसा ही है। प्रेम करना अपने आप में सुखद एहसास है। इसमें दूसरे व्यक्ति के जवाब न देने से कोई अंतर नहीं पड़ता। प्रेम का भाव होने मात्र से ही आप लाभान्वित हो जाते हैं। अधिक काम करने का नियम भी कुछ ऐसा ही है। वह आपको कुछ-न-कुछ अवश्य देगा। यह आपको साहस दे सकता है। यह आपको उस संकोच व हीनभावना से बाहर निकाल सकता है, जिसने आपको वर्षों से दबा रखा था। इसके अलावा स्वयं आगे बढ़कर दूसरों की मदद करनेवालों को और भी कई तरह के फायदे होते हैं।

जब आप किसी ऐसे व्यक्ति के लिए कुछ अच्छा या उपयोगी करते हैं, जिसे इसकी बिल्कुल आशा न हो, तो यदि वह आपको प्रश्नवाचक दृष्टि से देखते हुए कहे, आपको यह करता देख मुझे बहुत अजीब लग रहा है तो बिल्कुल हैरान मत होना। जब आप अपनी सीमा से बाहर जाकर लोगों की मदद करेंगे तो उनका हैरान होना स्वाभाविक है।

मानसिक व शारीरिक लाभ

किसी भी तरह की अधिक कार्य सेवा करने से व्यक्ति में हर तरह का मानसिक विकास व शारीरिक सुधार होता है, इसके अतिरिक्त जिस क्षेत्र में उसने सेवा दी है, उसमें भी उसकी दक्षता व कुशलता बढ़ती है। आप चाहे कोई व्याख्यान दे रहे हों, नोटबुक तैयार कर रहे हों, अपनी नौकरी पर हों या कोई ऐसा काम करें, जिसे आपने ज़ीवन में कई बार किया है, अपने दिमाग को विश्वास दिलाएँ कि जब-जब आप इसे करेंगे, तब इसे पिछली बार से और अधिक बेहतर करने का प्रयास करेंगे। दूसरे शब्दों में, आप हर बार अपने खुद के लिए नई चुनौती खड़ी करेंगे। इस तरह कार्य करने से आपके विकास की गति बढ़ ज़ाएगी।

आप चाहे कोई व्याख्यान दे रहे हों, नोटबुक तैयार कर रहे हों, अपनी नौकरी पर हों या कोई ऐसा काम करें, जिसे आपने जीवन में कई बार किया है, अपने दिमाग को विश्वास दिलाएँ कि जब-जब आप इसे करेंगे, तब इसे पिछली बार से और अधिक बेहतर करने का प्रयास करेंगे। दूसरे शब्दों में, आप हर बार अपने खुद के लिए नई चुनौती खड़ी करेंगे। इस तरह कार्य करने से आपके विकास की गति बढ़ जाएगी।

मैंने आज तक ऐसा कोई व्याख्यान नहीं दिया, जिसे मैंने अगली बार और भी बेहतर ढंग से देने की आकांक्षा न की हो। इससे कोई अंतर नहीं पड़ता कि मेरे सुनने वालों की संख्या कितनी है, वो थोड़े से लोग हैं या बहुत सारे। वैसे मेरी कक्षाएँ सामान्यत: कभी भी छोटी नहीं होतीं, लेकिन यदि कभी ऐसा हुआ भी है तो भी मैंने उन छोटी कक्षाओं में उतनी ही मेहनत की है, जितनी बड़ी कक्षाओं में करता हूँ। इसका कारण इसे केवल छात्रों के लिए अधिक उपयोगी बनाना ही नहीं होता, बल्कि इसके द्वारा मैं खुद भी बढ़ना व विकसित होना चाहता हूँ। विकसित होने के लिए आपको प्रयास, संघर्ष व अपने सामर्थ्य को उपयोग की सीमा से आगे ले जाना होता है। तभी व्यक्ति विषमता के नियम का लाभ उठा सकता है। आपको इसका प्रचार करने की जरूरत नहीं। यह अपना प्रचार स्वयं करेगा, क्योंकि आपके आसपास मौजूद अधिसंख्य लोग

कुछ अधिक काम करने को तैयार नहीं हैं और यह आपके हित में है।

सभी लोगों के कुछ अधिक करने की इच्छा रखने से दुनिया तो सुंदर हो जाएगी, लेकिन तब आप इस सिद्धांत को मौजूदा संभावनाओं की तरह नहीं भुना सकेंगे। तब आपको भारी प्रतिस्पर्धा का सामना करना पड़ेगा। चिंता न करें। मैं आपको विश्वास दिलाता हूँ कि ऐसा नहीं होगा। बल्कि यदि आप अपने साथी कर्मचारियों पर नजर डालें तो उनमें बहुत से ऐसे हैं, जो अपने नियत कार्य करने को भी तैयार नहीं हैं, अधिक काम की बात तो छोड़ ही दीजिए। वह ऐसा कभी नहीं करेंगे। क्या आप उनके काम न करने का दुःखड़ा रो फिर से अपनी पुरानी आदतों पर केवल इसलिए लौट जाना चाहेंगे कि वे लोग काम नहीं कर रहे? नहीं, ऐसा बिल्कुल नहीं है।

सफलता आपकी व्यक्तिगत जिम्मेदारी है। इसकी पूरी जिम्मेदारी आप पर ही है। आप किसी भी अन्य व्यक्ति के विचारों, उसके पागलपन या उसकी टिप्पणियों को अपनी सफलता के मार्ग का काँटा नहीं बनने दे सकते। इसमें आप का ही नुकसान है। दूसरों का सम्मान एक सीमा तक ही करना ठीक रहता है। आप पर किसी भी व्यक्ति की राय या विचारों के चलते अपनी सफलता को बाधित करने का दबाव नहीं है।

सफलता आपकी व्यक्तिगत जिम्मेदारी है। इसकी पूरी जिम्मेदारी आप पर ही है। आप किसी भी अन्य व्यक्ति के विचारों, उसके पागलपन या उसकी टिप्पणियों को अपनी सफलता के मार्ग का काँटा नहीं बनने दे सकते। इसमें आप का ही नुकसान है। दूसरों का सम्मान एक सीमा तक ही करना ठींक रहता है। आप पर किसी भी व्यक्ति की राय या विचारों के चलते अपनी सफलता को बाधित करने का दबाव नहीं है। मैं ऐसे व्यक्ति को अवश्य देखना चाहूँगा, जो मेरी सफलता को अवरुद्ध कर सकते हों। मैं देखना चाहता हूँ कि वो कौन हैं और फिर मैं भी उनके साथ भी ऐसा ही करूँगा। मैं चाहता हूँ कि आप इन सिद्धांतों को उपयोग करने तथा आपको रोकनेवालों की बातें अनसुनी करने के लिए स्वयं को मानसिक रूप से तैयार कर लें। इससे आप में ऐसी सकारात्मक व सुखद मनोवृत्ति का विकास हो जाएगा, जो किसी के भी व्यक्तित्व को आकर्षक बनाने का आवश्यक लक्षण है। वास्तव में, यह केवल आवश्यक नहीं, बल्कि सबसे महत्त्वपूर्ण है। एक आकर्षक व्यक्तित्व का पहला गुण सकारात्मक मानसिक अभिवृत्ति ही है।

इसमें एक अच्छी बात और है कि इसके द्वारा आपके अपने दिमाग में ऐसा रासायनिक बदलाव हो जाएगा कि आप नकारात्मक की जगह सकारात्मक हो जाएँगे। क्या आप जानते हैं कि यह कितना सरल कार्य है? इस मानसिक स्थिति को पाना उतना

ही आसान है जैसा एक ओर मेहनत न करते हुए वहीं दूसरी ओर उस व्यक्ति की जेब काट लेना। यह श्रेय आपको सीमा से अधिक कार्य करके ही हासिल हो सकता है। अब आप जानते हैं कि भुगतान से अधिक व अच्छी सेवा देने पर देर-सवेर आपको अवश्य अपने किए से अधिक प्राप्त होगा और देनेवाला ऐसा प्रसन्नतापूर्वक करेगा। यह नियम इसी तरह काम करता है। यही प्रतिपूर्ति का नियम है। यह ऐसा सार्वभौमिक नियम है, जो कभी कुछ नहीं भूलता, इसके हिसाब-किताब की प्रणाली निर्दोष व शानदार है। विश्वास रखें, जब आप सही मनोवृत्ति रखते हुए अच्छी सेवा देंगे तो देर-सवेर इससे कई गुणा अधिक भुगतान आपको अवश्य मिल जाएगा।

असीमित लाभ

अधिक सेवा देने से कल्पना शक्ति सचेत व पुष्ट होती है, क्योंकि अपनी इस आदत के चलते आप उपयोगी सेवा देने के लिए निरंतर नए व प्रभावी तरीके खोजते रहते हैं। इसका सबसे महत्त्वपूर्ण पक्ष यह है कि किसी व्यक्ति की मदद के स्थान, तरीके व माध्यमों की खोज करने में आप उसके साथ-साथ अपनी भी मदद कर रहे होते हैं।

अपने शोध के दौरान मुझे एक महत्त्वपूर्ण बात पता चली कि जब आपके समक्ष कोई ऐसी समस्या या अप्रिय स्थिति आ खड़ी होती है, जिसका हल आपको नहीं सूझ रहा, आपके सभी प्रयासों के बावजूद वो गतिरोध ज्यों-का-त्यों रहता है, तो आप एक काम कर सकते हैं। वो काम क्या है, यह मैं आपको बताता हूँ। इससे आप न केवल उस समस्या को सुलझा लेंगे, बल्कि अपने जीवन का एक बेहद जरूरी पाठ भी सीखेंगे।

अपने शोध के दौरान मुझे एक महत्त्वपूर्ण बात पता चली कि जब आपके समक्ष कोई ऐसी समस्या या अप्रिय स्थिति आ खड़ी होती है, जिसका हल आपको नहीं सूझ रहा, आपके सभी प्रयासों के बावजूद वो गतिरोध ज्यों-का-त्यों रहता है, तो आप एक काम कर सकते हैं। वो काम क्या है, यह मैं आपको बताता हूँ। इससे आप न केवल उस समस्या को सुलझा लेंगे, बल्कि अपने जीवन का एक बेहद जरूरी पाठ भी सीखेंगे। इसमें सबसे पहले यह करना है कि किसी ऐसे व्यक्ति को खोजें जो आपके जैसी या आपसे भी अधिक गंभीर समस्या में फँसा हो। तब आप उस व्यक्ति की मदद करना आरंभ कर दें। इसकी शुरुआत करते ही आपके भीतर जैसे कोई ताला खुल जाएगा। दरअसल इससे दिमाग के सेल्स का ताला खुल जाता है और अनंत बुद्धिमत्ता आपके दिमाग में प्रविष्ट होकर आपको आपकी समस्या का समाधान दे देती है।

मुझे नहीं पता कि ऐसा क्यों होता है, लेकिन क्या आप जानते हैं कि मुझे फिर भी इसपर यकीन क्यों है? क्या मैं बिना परखे ही इतनी दृढ़ता से यह बात कह रहा हूँ? नहीं, मैंने सैकड़ों बार स्वयं इसका उपयोग किया है तथा मैंने अपने जिन छात्रों को इसे सुझाया, उन्होंने भी इसका सैकड़ों बार उपयोग किया है। इससे मिले अनुभवों के बाद मैं इस नतीजे पर पहुँचा कि यह प्रक्रिया बहुत ही सरल है! हालाँकि यह क्या करती है तथा क्यों करती है, इसका मेरे पास कोई उत्तर नहीं है। जीवन में ऐसा बहुत कुछ है, जिसके बारे में मुझे कोई ज्ञान नहीं है तथा ऐसा भी बहुत कुछ है, जिसके बारे में आपको कुछ नहीं पता। साथ ही ऐसा भी बहुत कुछ है, जिसके बारे में आप जानते तो हैं, लेकिन कुछ करते नहीं हैं। यह उन चीजों में से हैं, जिनके बारे में मैं बिल्कुल नहीं जानता, लेकिन मैं उनपर काम करता रहता हूँ।

मैं नियमों का पालन करता हूँ, क्योंकि मैं जानता हूँ कि यदि मैं अपने दिमाग को नए अवसर पाने के लिए खुला रखना चाहता हूँ तो इसका सबसे बेहतरीन तरीका यह है कि मैं अपने आसपास उन लोगों को खोजता रहूँ, जिनकी मैं मदद कर सकता हूँ।

व्यक्तिगत पहल के द्वारा आपको अपने आसपास कुछ ऐसा उपयोगी कार्य खोजने की आदत बन जाती है, जिसे आप बिना किसी के कहे स्वयं करने लगते हैं। टालमटोल एक ऐसा पुराना रोग है, जिसने इस दुनिया में सबसे अधिक तबाही मचाई है। लोग उन कामों को परसों पर लटका देते हैं, जो उन्हें दो दिन पहले ही खत्म कर देने चाहिए थे। यह दोष हम सब में है। मुझे पता है कि इस दोष से न मैं मुक्त हूँ और न ही आप।

व्यक्तिगत पहल

व्यक्तिगत पहल के द्वारा आपको अपने आसपास कुछ ऐसा उपयोगी कार्य खोजने की आदत बन जाती है, जिसे आप बिना किसी के कहे स्वयं करने लगते हैं। टालमटोल एक ऐसा पुराना रोग है, जिसने इस दुनिया में सबसे अधिक तबाही मचाई है। लोग उन कामों को परसों पर लटका देते हैं, जो उन्हें दो दिन पहले ही खत्म कर देने चाहिए थे। यह दोष हम सब में है। मुझे पता है कि इस दोष से न मैं मुक्त हूँ और न ही आप। लेकिन मैं आपको बताना चाहता हूँ कि आज मैं इससे उतना अधिक पीड़ित नहीं हूँ, जितना कुछ वर्ष पहले था। अब मेरे पास करने के लिए बहुत कुछ है। मुझे यह काम इसीलिए मिल सका, क्योंकि मुझे इसे करने में आनंद आता है। यदि आपको यह अधिक कार्य करते हुए मजा नहीं आ रहा तो यकीन मानिए, आप इसे जारी नहीं रख सकते। ऐसा करने पर अपना व्यक्तिगत पहल का गुण विकसित करने के अलावा आपको अपनी टालमटोल की आदत पर काबू पाने में भी सहायता मिलेगी।

अधिक काम करने से आप अपनी ईमानदारी व क्षमता के बल पर अन्य लोगों का विश्वास जीत सकेंगे। साथ ही आप टालमटोल जैसी हानिकारक आदत से भी छुटकारा पा जाएँगे। इससे आपकी अपने उद्‌देश्य के प्रति निश्चितता बढ़ती है, जिसके बिना सफलता की आशा रखना व्यर्थ है। यही बात इस कार्य का औचित्य सिद्ध कर देती है। इससे आपको एक ध्येय मिल जाता है और आप किसी गोल्डफिश की तरह अपने बाऊल में ही चक्कर नहीं काटते रहते। जहाँ आप बारंबार किसी ऐसे कार्य की शुरुआत में पहुँच जाते हैं, जिसे आपने कभी शुरू ही नहीं किया। अधिक कार्य करने से उद्‌देश्य निश्चित होता है। इसी के द्वारा आप अपने कार्य को बोझ की जगह आनंद का रूप दे सकते हैं—जिससे आप वो हासिल कर सकते हैं, जिसे आप पाना चाहते हों। यदि आपको अपने कार्य से प्यार नहीं है, तो आप अपना समय व्यर्थ ही गँवा रहे हैं।

दुनिया में सबसे आनंददायक बात यह है कि आप वही काम कर रहे हों, जो आप करना चाहते हैं। अधिक काम करते समय भी आप ऐसा ही कर रहे होते हैं। आपके लिए इसे करना जरूरी नहीं है। आपके ऐसा करने की आशा किसी को नहीं है और न ही कोई आपसे ऐसा करने को कह रहा है। निस्संदेह, कोई मालिक अपने कर्मचारी से अधिक कार्य करने के लिए नहीं कह सकता। वो कभी-कभी मदद अवश्य माँग सकता है, लेकिन वह ऐसे नियम नहीं बना सकता। इस कार्य में की गई आपकी व्यक्तिगत पहल आपकी श्रम के प्रति गरिमा को दरशाती है। गड्ढे की खुदाई के समय भी दरअसल आप किसी की सहायता ही कर रहे होते हैं। यदि आप में इस कार्य के लिए पर्याप्त गरिमा मौजूद है तो आपको इस हेतु किए गए श्रम में थकान व अरुचि का बिल्कुल एहसास नहीं होगा।

दुनिया में सबसे आनंददायक बात यह है कि आप वही काम कर रहे हों, जो आप करना चाहते हैं। अधिक काम करते समय भी आप ऐसा ही कर रहे होते हैं। आपके लिए इसे करना जरूरी नहीं है। आपके ऐसा करने की आशा किसी को नहीं है और न ही कोई आपसे ऐसा करने को कह रहा है। निस्संदेह, कोई मालिक अपने कर्मचारी से अधिक कार्य करने के लिए नहीं कह सकता।

प्रायः अधिक कार्य करने पर आनंद की मात्रा भी उतनी ही अधिक बढ़ जाती है। संभव है कि आप विवाह के बाद अधिक कार्य करने की सोच रखते हों, तो ऐसा विवाह से पहले क्यों न करें? विश्वास कीजिए, मैंने ऐसी बहुत सी रातें कार्य करते हुए बिताईं, जिनमें मुझे कभी कठिन श्रम का एहसास नहीं हुआ। चूँकि यह मेरा अपना विचार था और इसकी पहल मैंने ही की थी, इसलिए इसे करने का आनंद भी मुझे ही

प्राप्त हुआ और बाद में मुझे इससे लाभ भी हुआ। अपनी मनपसंद स्त्री (या मनपसंद पुरुष) से प्रणय निवेदन करने के बाद अपनी रातों की नींद उड़ जाने पर भी आपको कोई गंभीर नुकसान नहीं होता। यदि आप अपने पेशेवर या व्यापारिक रिश्तों में भी लोगों के प्रति इस प्रणय संबंध जैसा ही दृष्टिकोण रखने लगें तो कितना अच्छा हो? हमें फिर से मुहब्बत करनी होगी। इसकी शुरुआत हम अपने घर से अपने जीवनसाथी के साथ करेंगे। मैंने अनगिनत दंपतियों में इस नई विधि से मुहब्बत की शुरुआत करवाई। वे इससे बहुत खुश हैं। इससे उनके बीच की बहस व झगड़ों की संख्या कम हुई है। इससे उनके खर्चों में भी कटौती हुई है। मिल-बैठकर खूब हँसें, इससे आपको बहुत लाभ होगा।

अपनी मनपसंद स्त्री (या मनपसंद पुरुष) से प्रणय निवेदन करने के बाद अपनी रातों की नींद उड़ जाने पर भी आपको कोई गंभीर नुकसान नहीं होता। यदि आप अपने पेशेवर या व्यापारिक रिश्तों में भी लोगों के प्रति इस प्रणय संबंध जैसा ही दृष्टिकोण रखने लगें तो कितना अच्छा हो? हमें फिर से मुहब्बत करनी होगी। इसकी शुरुआत हम अपने घर से अपने जीवनसाथी के साथ करेंगे।

मैं मजाक नहीं कर रहा। मैं पूरी गंभीरता से कह रहा हूँ कि यह जगह इस अधिक कार्य को करने के लिए सबसे बढ़िया है। किसी भी नए व्यक्ति के साथ अधिक कार्य करने की शुरुआत करने के पूर्व कुछ देर उसके साथ बैठकर उससे सौहार्दपूर्वक बातचीत करें, उन्हें अपने बदले हुए दृष्टिकोण के बारे में बताएँ। उनके साथ ऐसा समझौता करें जिसमें आप दोनों अपने दृष्टिकोण में बदलाव लाकर अपने रिश्ते को कुछ और आगे ले जाएँगे, व अपने रिश्ते को नया आधार देंगे। ज़िससे हम सभी को अधिक प्रसन्नता, मन की अधिक शांति व जीवन में अधिक उल्लास की प्राप्ति हो। आज रात घर लौटने पर अपने जीवनसाथी से अवश्य बात करें। इससे कोई नुकसान नहीं, बल्कि फायदा होगा। संभवत: आपके जीवनसाथी को यह इतना पसंद न आए, लेकिन आपको इसका आनंद लेने से कोई नहीं रोक सकता।

व्यापार में आपके जिस व्यक्ति से संबंध ठीक नहीं हैं, उसके साथ भी ऐसा ही कीजिए। क्यों न कल सुबह उसके पास जाकर मुसकराहट के साथ हाथ मिलाते हुए कहें, जरा सुनो दोस्त! आज के बाद हम दोनों एकसाथ प्रसन्नतापूर्वक काम करेंगे। वो जवाब में क्या कहेगा? यह संभव नहीं है, यही न? हाँ, बिल्कुल वो यही कहेगा। आप कोशिश करके देखना। एक और चीज होती है अभिमान। इस छोटी सी चीज अभिमान ने दुनिया को सबसे अधिक नुकसान पहुँचाया है, लेकिन आप भयभीत न हों। अपने

साथ हमेशा संपर्क में रहनेवाले लोगों के साथ रिश्ते सुधारने में यदि अपमान का सामना भी करना पड़े तो इसमें भयभीत होने जैसा कुछ नहीं है।

*यह अंतिम टिप्पणी मेरे नोट्स में नहीं थी, यह कहीं और से आई है : यह मेरे दिल की आवाज है। (तालियाँ) धन्यवाद! आपको मेरी बातें पसंद आने के कई कारणों में से एक यह है कि मैं अकसर अपने नोट्स से अलग हटकर अपने दिल की गहराई में डूब कुछ ऐसा ले आता हूँ; जो आपकी आत्मा के आहार का छोटा सा निवाला बन जाता है। यह अच्छी बात है। यह इसलिए अच्छा है, क्योंकि मैं जानता हूँ कि इसका स्रोत क्या है और बीते वर्षों में इसने मेरे लिए क्या किया है।**

**(नेपोलियन हिल द्वारा इस व्याख्यान में कहे गए ये शब्द इतने सच्चे व दिल से बोले गए थे कि हमने इसे लगभग वैसे ही दरशाया है, जैसे उन्होंने इसे अपने छात्रों के समक्ष बोला था।)*

बाध्य करना

कोई भी व्यक्ति केवल अधिक काम करके ही पदोन्नति या वेतनवृद्धि की माँग का अधिकारी नहीं हो जाता। क्या आपने कभी इसपर विचार किया है? भूतकाल में कभी भी अधिक कार्य या भुगतान से अधिक सेवा न दी हो तो आप अपनी अच्छी सेवा के लिए पदोन्नति या वेतनवृद्धि की माँग हेतु खड़े नहीं हो सकते, चूँकि आपने जितनी सेवा दी है, उतना भुगतान आप पहले ही पा चुके हैं। स्पष्ट है, यदि आपने भुगतान से अधिक कार्य नहीं किया है, तो आपको यथायोग्य भुगतान पहले ही हो चुका है। क्या ऐसा नहीं है? यही सच है। इसलिए यह जरूरी है कि आप अधिक कार्य करके सामनेवाले को पहले ही बाध्य कर दें कि वह आपके माँगे बिना ही आपके बारे में कुछ बेहतर सोचे। इस तरह अधिक कार्य करते हुए जब बहुत से लोग आपके प्रति दायित्व बोध रखने लगेंगे तो आवश्यकता पड़ने पर आप उनके समक्ष सीधे या प्रच्छन्न रूप से

कोई भी व्यक्ति केवल अधिक काम करके ही पदोन्नति या वेतनवृद्धि की माँग का अधिकारी नहीं हो जाता। क्या आपने कभी इसपर विचार किया है? भूतकाल में कभी भी अधिक कार्य या भुगतान से अधिक सेवा न दी हो तो आप अपनी अच्छी सेवा के लिए पदोन्नति या वेतनवृद्धि की माँग हेतु खड़े नहीं हो सकते, चूँकि आपने जितनी सेवा दी है, उतना भुगतान आप पहले ही पा चुके हैं। स्पष्ट है, यदि आपने भुगतान से अधिक कार्य नहीं किया है, तो आपको यथायोग्य भुगतान पहले ही हो चुका है।

अपनी माँग रखकर अपनी इच्छा पूरी करवा सकते हैं। ऐसी साख होना बहुत ही सुखद एहसास है। मैं चाहता हूँ कि आपकी भी अन्य लोगों के सामने ऐसी ही साख हो। मैं आपको वो तकनीक सिखाने वाला हूँ, जिससे आप भी ऐसा कर सकेंगे।

प्रकृति भी करती है अधिक कार्य

प्रकृति के कार्यों में हमें अधिक कार्य करने के अपने इस सिद्धांत के संकेत मिलते हैं, इन दोनों में काफी समानताएँ हैं। आप देखेंगे कि प्रकृति केवल जरूरत भर की ही नहीं, बल्कि अधिक कार्य द्वारा आपातकाल के लिए व अपशिष्ट पदार्थों को भी पैदा करती है। वृक्षों पर फूटती कोंपलें व सागर में तैरती मछलियाँ यही दरशाती हैं। मछलियों का जन्म केवल अपनी संख्या कायम रखने तक ही सीमित नहीं होता: बल्कि उनकी संख्या साँप, मगरमच्छ व अन्य सभी का आहार बनने जितनी अधिक होती है। इनमें से कुछ इन प्राकृतिक कारणों से काल-कवलित हो जाती हैं तो बची हुई मछलियाँ अपनी प्रजाति की संख्या स्थिर रखती हैं। प्रकृति के अधिक कार्य में प्रचुरता शामिल है, बदले में वो चाहती है कि प्रत्येक जीवित प्राणी भी अधिक कार्य किया करे। मधुमक्खियों को फूलों में शहद पनपने में सहायता देने के बदले उन्हें उपहार में शहद दिया जाता है। शहद के लिए उन्हें अपनी सेवा देनी ही होगी और वो भी उपहार पाने से पहले।

आपने अकसर सुना होगा, 'अजगर करे न चाकरी, पंछी करे न काम। दास मलूका कह गए सबके दाता राम।' लेकिन वन्य जीवन को ध्यान से देखने पर आपको पता चलेगा कि उन्हें भी सेवा दिए बिना भोजन प्राप्त नहीं होता। जानवरों को भी बिना कोई सेवा या कार्य किए आहार नहीं मिलता।

आपने अकसर सुना होगा, 'अजगर करे न चाकरी, पंछी करे न काम। दास मलूका कह गए, सबके दाता राम।' लेकिन वन्य जीवन को ध्यान से देखने पर आपको पता चलेगा कि उन्हें भी सेवा दिए बिना भोजन प्राप्त नहीं होता। जानवरों को भी बिना कोई सेवा या कार्य किए आहार नहीं मिलता। चलिए, मकई के खेतों में रहनेवाले कौओं के झुंड की बात करते हैं। मकई की फसल के बीच उड़ने के लिए उन्हें संयोजित रहना होता है। अपनी सुरक्षा के लिए वो कोड का इस्तेमाल कर एक-दूसरे को सचेत करते हैं। दूसरे शब्दों में कहें तो, मात्र सुरक्षित रूप से भोजन पाने से पहले उन्हें स्वयं को बहुत शिक्षित करना पड़ता है।

प्रकृति की माँग है कि यदि मनुष्य भोजन चाहता है तो उसे भी अपनी सीमा से अधिक कार्य करना होगा। सभी तरह का आहार जमीन से ही मिलता है। इसलिए यदि

मनुष्य को भोजन करना है तो उसे फसल बोनी ही होगी। वो केवल प्रकृति पर निर्भर रहकर अपना जीवन नहीं बिता सकते (कम-से-कम सभ्य जीवन में तो ऐसा संभव नहीं)। द्वीपों पर रहनेवाले असभ्य लोग भले ही अपना जीवन कच्चे नारियल खाकर गुजार लेते हों, लेकिन सभ्य समाज में रहनेवाले हम लोगों को अपना भोजन जमीन से ही प्राप्त करना होगा। इसके लिए हमें सबसे पहले जमीन साफ करनी होगी, हल जोतना होगा, बीज बोने होंगे, बाड़ लगानी होगी तथा परभक्षी जीवों से फसल की रक्षा करनी होगी आदि। इन सबके लिए मेहनत, समय व धन की आवश्यकता होती है। यदि यह सब नहीं होगा तो मनुष्य को भोजन नहीं मिल पाएगा। मुझे इस विचार को स्वीकार करने में कोई हानि नहीं दिखती कि प्रकृति चाहती है कि हम सब किसान बनकर अधिक-से-अधिक कार्य करें। इस संबंध में किसान की जानकारी किसी भी संदेह के परे है। वो अच्छी तरह से जानता है कि अधिक कार्य नहीं करने पर न तो उसके पास कुछ खाने के लिए होगा और न ही कुछ बेचने को। कोई भी नया कर्मचारी शुरुआत में ही अधिक काम के बदले तुरंत ही उच्च वेतन या अच्छी नौकरी की माँग नहीं कर सकता। इससे काम नहीं बनेगा। सबसे पहले आपको अपनी योग्यता व प्रामाणिकता सिद्ध करनी होगी। प्रतिपूर्ति लेने का दबाव बनाने से पहले आपको अपनी पहचान बनानी होगी।

पूरे ब्रह्मांड में सब कुछ प्रतिपूर्ति के नियम द्वारा इस तरह आबद्ध है, जैसे (इमरसन के शब्दों में) प्रकृति का बजट पूरी तरह संतुलित है। हर वस्तु की बिल्कुल उलट वस्तु मौजूद है। ऊर्जा के प्रत्येक यूनिट में धनात्मक व ऋणात्मक तत्त्व हैं, दिन व रात हैं, गरम व ठंडा है, हार व जीत है, खट्टा व मीठा हैं, सुख व दुःख हैं, पुरुष व स्त्री हैं। आप हर जगह व सभी में क्रिया व प्रतिक्रिया के नियम को कार्य करता देख सकते हैं।

सही मनोवृत्ति से अधिक कार्य करने के बाद हजार में से एक संभावना यह है कि आपको अपनी सेवा की प्रतिपूर्ति माँगने का अवसर ही न आए और यह आपको स्वतः ही पदोन्नति या अधिक वेतन के रूप में प्राप्त हो जाए।

प्रतिपूर्ति का नियम

पूरे ब्रह्मांड में सब कुछ प्रतिपूर्ति के नियम द्वारा इस तरह आबद्ध है, जैसे (इमरसन के शब्दों में) प्रकृति का बजट पूरी तरह संतुलित है। हर वस्तु की बिल्कुल उलट वस्तु मौजूद है। ऊर्जा के प्रत्येक यूनिट में धनात्मक व ऋणात्मक तत्त्व हैं, दिन व रात हैं, गरम व ठंडा है, हार व जीत है, खट्टा व मीठा हैं, सुख व दुःख हैं, पुरुष व स्त्री हैं। आप हर जगह व सभी में क्रिया व प्रतिक्रिया के नियम को कार्य करता देख सकते हैं।

आप जो भी करते हैं, जो भी सोचते हैं तथा जिन भी विचारों को प्रेषित करते हैं, उनसे प्रतिक्रिया उत्पन्न होती है, जिसका असर किसी दूसरे पर या प्रतिक्रिया प्रेषित करनेवाले के रूप में आप पर होता है। आप विचारों को प्रेषित कर उनसे अलग हो जाते हैं, लेकिन वो विचार तब भी चुपचाप आपके अवचेतन मन की गहराई में छिपे रहते हैं।

आपके अवचेतन मन में नकारात्मक विचारों की मात्रा अधिक होने से आपका स्वभाव मुख्य रूप से नकारात्मक हो जाता है। वहीं यदि आप केवल सकारात्मक विचारों को ही प्रेषित करने की आदत डाल लें, तो आपका अवचेतन मन मुख्य रूप से सकारात्मक हो जाएगा। इस तरह आप अपनी मनचाही वस्तुओं को अपनी ओर आकर्षित कर सकेंगे, लेकिन यदि आप में नकारात्मकता की मात्रा अधिक है तो आप अपनी इच्छित वस्तुओं की जगह उन वस्तुओं को आकर्षित कर बैठेंगे, जो आपको पसंद नहीं हैं। प्रकृति का भी यही नियम है। मेरे विचार से अधिक कार्य करके ही आप अपने अवचेतन मन को अपनी मनचाही वस्तुओं को आकर्षित व अनचाही वस्तुओं को अवरुद्ध करने के लिए निर्देशित कर सकते हैं।

आपके अवचेतन मन में नकारात्मक विचारों की मात्रा अधिक होने से आपका स्वभाव मुख्य रूप से नकारात्मक हो जाता है। वहीं यदि आप केवल सकारात्मक विचारों को ही प्रेषित करने की आदत डाल लें, तो आपका अवचेतन मन मुख्य रूप से सकारात्मक हो जाएगा। इस तरह आप अपनी मनचाही वस्तुओं को अपनी ओर आकर्षित कर सकेंगे, लेकिन यदि आप में नकारात्मकता की मात्रा अधिक है तो आप अपनी इच्छित वस्तुओं की जगह उन वस्तुओं को आकर्षित कर बैठेंगे, जो आपको पसंद नहीं हैं।

यह तथ्यपूर्ण बात है कि यदि आप कुछ अधिक करने के इस सिद्धांत को अपनाने की जगह इसकी उपेक्षा करते हैं तो आप जीवन भर अपने बल पर सफल नहीं हो सकते और न ही आप कभी आर्थिक रूप से स्वतंत्र हो पाएँगे। मैं जानता हूँ कि यह सुनकर आप कहेंगे कि जैसा महान् विशेषाधिकार मुझे मिला है, वो आपके पास नहीं है; लेकिन जल्द ही यह आपके पास भी होगा। मैंने जीवन में इस अधिक कार्य के सिद्धांत का उपयोग करने व न करनेवाले हजारों लोगों को देखा है। मैंने यह भी देखा कि इसका उपयोग करने व न करनेवालों के साथ अंतत: क्या हुआ। इसे देखने के बाद मुझे कोई संदेह नहीं रहा कि कुछ अधिक करने की आदत डाले बिना कोई भी व्यक्ति अपने जीवन में मध्यम या सामान्य स्तर से ऊपर नहीं उठ सकता। ऐसा संभव ही नहीं है। यदि मुझे ऐसा एक भी व्यक्ति मिला होता, जिसने बिना अधिक कार्य किए शिखर को छुआ हो, तो मैं कहता हूँ कि हाँ, इसमें अपवाद भी

मैं चाहता हूँ कि आप आत्मविश्वासी बनें, जिससे आप अपना प्रत्येक कार्य बिना किसी की सहायता के कर सकें। इसके बाद आप बाहरी दुनिया में जो कुछ भी करेंगे, उन सभी कार्यों में अवश्य सफल रहेंगे। फिर चाहे कोई भी आपको उस कार्य में समर्थन या सहायता दे या न दे, आप अपने दम पर उस काम को कर दिखाएँगे। मेरे विचार से यह अनुभूति सबसे महान् व शानदार होती है कि मैं जो करना चाहता हूँ, मैं वो कर सकता हूँ।

हैं, लेकिन मैं डंके की चोट पर कह सकता हूँ कि मुझे ऐसा एक भी मामला नहीं मिला। मैं अपने अनुभव के आधार पर कहता हूँ कि मुझे दुनिया में आज तक ऐसा कोई बड़ा लाभ नहीं हुआ, जिसके लिए मैंने अधिक कार्य न किया हो।

मैं चाहता हूँ कि आप आत्मविश्वासी बनें, जिससे आप अपना प्रत्येक कार्य बिना किसी की सहायता के कर सकें। इसके बाद आप बाहरी दुनिया में जो कुछ भी करेंगे, उन सभी कार्यों में अवश्य सफल रहेंगे। फिर चाहे कोई भी आपको उस कार्य में समर्थन या सहायता दे या न दे, आप अपने दम पर उस काम को कर दिखाएँगे। मेरे विचार से यह अनुभूति सबसे महान् व शानदार होती है कि मैं जो करना चाहता हूँ, मैं वो कर सकता हूँ। मुझे इसके लिए किसी से पूछने की आवश्यकता नहीं है, अपनी पत्नी से भी नहीं। बावजूद इसके मैं उनसे पूछता हूँ, क्योंकि हम दोनों के बीच बहुत मधुर संबंध हैं।

मन की शांति

गत बीस वर्षों तक अधिक कार्य करने के बाद भी मुझे केवल एक चीज नहीं मिल सकी—मन की शांति। आप ऐसे कितने लोगों को जानते हैं, जो बिना कोई आशा रखे किसी कार्य को बीस वर्षों तक निरंतर जारी रखने की इच्छा रखते हों? क्या आप जानते हैं, दुनिया में बहुत से लोग ऐसे भी हैं, जो कोई आशा रखे बिना किसी काम को तीन दिन से अधिक नहीं कर सकते। ऐसे लोगों की संख्या भी नगण्य है।

यहाँ हमें वो श्रेष्ठ अवसर मिला है, जो ज्यादातर लोगों को कभी नहीं मिल पाता। वो भी ऐसे देश में जहाँ हम अपने आपको मनचाहे तरीके से व्यक्त करते हुए अपना भाग्य स्वयं लिख सकते हैं। यहाँ बोलने की स्वतंत्रता है, काम करने की स्वतंत्रता है, साथ ही शिक्षा पाने की भी पूरी स्वतंत्रता है। आप जीवन में जिस दिशा में भी बढ़ना चाहते हैं, उसके लिए यहाँ भरपूर मौके उपलब्ध हैं, लेकिन फिर भी ऐसा करनेवाले लोगों की संख्या बहुत कम है।

मैंने एक समय वो देखा था, जब दर्शनशास्त्र में लोगों की रुचि न के बराबर थी,

क्योंकि वे सभी धनवान थे। उनके हालात बहुत अच्छे थे, व उनके पास कहने को कोई समस्या नहीं थी। आज हर व्यक्ति समस्याग्रस्त है, या कम-से-कम हर व्यक्ति ऐसा मानता है।

क्या आप जानते हैं कि दुनिया में क्या गलत हो रहा है, इसे खोजने की जगह मैंने क्या किया? क्या आप जानते हैं कि मैंने अपने समय का सदुपयोग कैसे किया? मैंने यह खोजने का प्रयास किया कि मैं इस व्यक्ति के लिए क्या कर सकता हूँ। वह हमेशा मेरे साथ खाता है, मेरे साथ सोता है, मैं प्रतिदिन सुबह उसकी दाढ़ी बनाता हूँ, उसका मुँह धोता हूँ और जब-तब उसे नहलाया भी करता हूँ। आपको अंदाजा नहीं है कि मैंने उसके लिए क्या-क्या किया है! मैं उस व्यक्ति के साथ चौबीस घंटे रहता हूँ।

मैंने स्वयं ही अपने आपको सँवारने का प्रयास किया। मैंने अपने मित्रों व अपने छात्रों को सुधारने का प्रयास किया। मैंने पुस्तकें लिखीं, मैंने व्याख्यान दिए और लोगों को हर तरह से शिक्षित किया। मुझे इसमें बहुत अधिक सफलता मिली। मैं यह भी कर सकता था कि दिनभर बैठकर पुराने अखबार में हत्याओं व तलाक की वो शर्मनाक घटनाएँ पढ़ता रहता, जो आमतौर पर प्रतिदिन उसके पन्नों पर छाई रहती हैं। जी हाँ, मेरे उस मित्र का नाम है नेपोलियन हिल। जिसके पास इतना विवेक भी नहीं कि वो एंड्रयू कारनेगी द्वारा बीस वर्ष तक बिना किसी प्रतिदान के काम करने को ठुकरा दे। उसने अनेक लोगों के हृदय में नेकी के बीज बोने में जो सहायता की, उसके चलते कठिनाई के भरे वो वर्ष उल्लास के वर्षों में परिवर्तित हो गए।

> ***मैंने एक समय वो देखा था, जब दर्शनशास्त्र में लोगों की रुचि न के बराबर थी, क्योंकि वे सभी धनवान थे। उनके हालात बहुत अच्छे थे, व उनके पास कहने को कोई समस्या नहीं थी। आज, हर व्यक्ति समस्याग्रस्त है, या कम-से-कम हर व्यक्ति ऐसा मानता है।***

यदि मुझे अपने जीवन को एक बार फिर जीने का मौका मिले तो मैं इसे वैसे ही बिताऊँगा, जैसा मैंने इसे इस बार बिताया है। मैं उन्हीं गलतियों को एक बार फिर दोहराऊँगा, जो मैंने की हैं, लेकिन इस बार मैं उन्हें कुछ जल्दी करूँगा, ताकि मुझे उनमें से कुछ को सुधारने का मौका मिल सके, जिससे कि जो मन की शांति व ज्ञान मुझे जीवन के अवसान पर मिला है, वो मुझे जीवन के मध्य में ही मिल जाए। मेरे लिए अब इसका कोई फायदा नहीं है। युवा होने पर मैं इनका उपयोग कर सकता था, लेकिन जीवन का संध्याकाल आने पर आप में पहले जैसी प्रबल ऊर्जा नहीं रहती। आपकी शारीरिक शक्ति व कदाचित् मानसिक क्षमता भी घट जाती है। इस अवस्था में आप उतनी समस्याओं का सामना नहीं कर सकते, जितनी युवा होने पर कर सकते हैं।

ही अब मेरे पास अपनी गलतियाँ सुधारने के लिए भी अधिक वक्त नहीं है।

जीवन की संध्या में इस दर्शन से मुझे जो महान् आनंद मिला है, वही मेरी मन की शांति व शांत-चित्त होने का सबसे बड़ा कारण है। यदि आप मुझसे पूछें कि मुझे इसमें सबसे बड़ी प्रतिपूर्ति क्या मिली, तो मैं इसी का नाम लूँगा। आज मेरी उम्र के बहुत से लोग तथा कुछ मुझसे उम्र में बहुत छोटे लोग भी इस मन की शांति की तलाश में हैं, लेकिन वो उन्हें न तो मिली है और न ही कभी मिल पाएगी। उन्हें यह इसलिए नहीं मिलेगी, क्योंकि वो इसे गलत जगह खोज रहे हैं। वो इसके लिए कोई प्रयास नहीं कर रहे। वो उम्मीद रख रहे हैं कि कोई अन्य व्यक्ति आकर उनके लिए कुछ कर देगा। जबकि मन की शांति ऐसी चीज है, जिसे आप अपने प्रयासों से ही प्राप्त कर सकते हैं। सबसे पहले तो आपको स्वयं को इसके योग्य बनाना होगा। मन की शांति को खोजनेवाले अकसर इस बात पर भ्रमित रहते हैं कि वो इसकी शुरुआत कहाँ से करें? व्यक्ति इसे जहाँ खोजता है, यह वहाँ नहीं मिलती। इसे पैसों से नहीं खरीदा जा सकता और न ही यह अपनी पहचान बनाकर मिलेगी और न ही सौभाग्य व यश में इसका ठिकाना है। मन की शांति का निवास-स्थल व्यक्ति के अपने हृदय में होता है।

जीवन की संध्या में इस दर्शन से मुझे जो महान् आनंद मिला है, वही मेरी मन की शांति व शांत-चित्त होने का सबसे बड़ा कारण है। यदि आप मुझसे पूछें कि मुझे इसमें सबसे बड़ी प्रतिपूर्ति क्या मिली, तो मैं इसी का नाम लूँगा। आज मेरी उम्र के बहुत से लोग तथा कुछ मुझसे उम्र में बहुत छोटे लोग भी इस मन की शांति की तलाश में हैं, लेकिन वो उन्हें न तो मिली है और न ही कभी मिल पाएगी।

□

5

आंतरिक दीवार

डॉ. हिल द्वारा यहाँ उल्लेखित 'आंतरिक दीवार' उनके सिद्धांत के व्याख्यान में वर्णित दीवार-प्रणाली का हिस्सा है। आपको अपनी बात समझाने के लिए उन्होंने अपने आंतरिक आध्यात्मिक अभयारण्य का हवाला दिया है। इस दीवार के कारण ही इस अभयारण्य में कोई भी बाहरी व्यक्ति प्रविष्ट नहीं हो सकता। यह स्थान केवल उनके व परमात्मा के लिए ही आरक्षित है।

मुझे अकसर तीसरी आंतरिक दीवार के बाद ही मन की शांति का एहसास होता है, क्योंकि इस दीवार की ऊँचाई अनंत है, जिसके भीतर केवल मैं ही प्रवेश कर सकता हूँ। मैं दिन में कई बार ध्यानस्थ हो जाता हूँ और उसी क्षण मेरे मन को वास्तविक शांति मिल जाती है। मैं हमेशा उस आंतरिक दीवार के पार चला जाता हूँ, जहाँ मेरा संपर्क सांसारिक प्रभावों से हटकर उच्चतर शक्तियों के साथ स्थापित हो जाता है। ऐसा कोई भी कर सकता है। आप भी ऐसा कर सकते हैं। इस दर्शन का अनुकरण करने पर आप जो भी करना चाहेंगे, उसे मेरे समान या मुझसे भी अच्छी तरह कर सकेंगे। मेरा सपना है कि मैं हरसंभव अपने छात्र को इतना उन्नत बनाऊँ कि वो हर क्षेत्र में मुझसे भी कहीं अधिक बेहतरीन प्रदर्शन कर सके। आप ऐसा लेखन द्वारा भी कर सकते हैं, जहाँ मैंने छोड़ा है, आप वहीं से शुरुआत करते हुए मुझसे भी अच्छी पुस्तकों का लेखन करें। यह संभव है। मैंने अपनी किसी भी पुस्तक, व्याख्यान या कहीं भी कोई अकाट्य बात नहीं कही है। सच तो यह है कि मैं अभी भी केवल एक विद्यार्थी ही हूँ। बस थोड़ा चतुर हूँ, लेकिन हूँ अभी भी जिज्ञासु विद्यार्थी ही। वास्तव में मुझे अब तक केवल एक उपलब्धि हासिल हुई है (और जिसका कोई सानी नहीं) वह यह कि मैंने मन की शांति को पाने के साथ ही उस तक पहुँचने का रास्ता भी खोज लिया है।

प्रतिदिन कम-से-कम एक क्षेत्र में अधिक कार्य अवश्य करें। आप इसे अपने

आसपास से भी खोज सकते हैं। यह किसी साथी को फोन करके शुभकामनाएँ देने जैसी छोटी सी बात भी हो सकती है। बीते समय में उपेक्षित-से रहे अपने इन मित्रों को फोन करना आरंभ करने के बाद आप इससे उत्पन्न प्रभाव को देखकर चकित रह जाएँगे। आपको फोन कर केवल यही कहना है, मुझे तुम्हारी याद आ रही थी। मैं कई दिन से तुम्हें फोन करने की सोच रहा था। मैंने सोचा कि फोन करके तुम्हारा हाल-चाल जान लूँ। मैं ठीक हूँ और आशा करता हूँ कि तुम भी मजे में होगे। आप यह देखकर हैरान रह जाएँगे कि इससे आपको व आपके मित्र दोनों को ही कितना लाभ होगा। जरूरी नहीं कि यह व्यक्ति आपका कोई गहरा मित्र हो। यह कोई ऐसा व्यक्ति भी हो सकता है, जिससे आपकी मामूली सी जान-पहचान हो। इस अधिक कार्य में अपने किसी साथी को काम के बीच लगभग आधे घंटे की छुट्टी दिलाना, अपने पड़ोसी को फिल्म देखने जाने का मौका देने के लिए उनके बच्चों को अपने घर बुलाना हो, या अपने किसी पड़ोसी के छोटे बच्चे को सँभालना हो सकता है। आप अपने बच्चों के साथ घर पर ही हैं और आपका कोई पड़ोसी फिल्म देखने जाने के लिए अपने बच्चों को आपके घर छोड़ देता है। वो बच्चा बहुत शरारती है, संभव है कि वो आपके बच्चों से झगड़ा करने लगे, लेकिन यदि आप वास्तव में समझदार हैं तो आप उन्हें बहुत सरलता से अलग रख सकते हैं। इससे उनकी माता आपके प्रति दायित्व बोध अनुभव करेंगी तथा आपको यह सुखद एहसास होगा कि आपने किसी दूसरे के लिए समय निकालकर उसे जीवन में थोड़ी स्वतंत्रता का एहसास करवाया। आप में से अधिकांश लोगों के लिए यह बहुत सुखद अनुभूति होगी, जब कोई आपसे यह कहे कि यदि आप बाहर घूमने जाना चाहें तो मैं आपके घर आकर आपके बच्चों की देखभाल कर सकता हूँ। आप पति-पत्नी जरा देर बाहर घूम आएँ। जब आप फिल्म या कोई शो देखने बाहर जाएँगे तो मैं आपके बच्चों को सँभाल लूँगा। ऐसा करने के लिए आपके व आपके पड़ोसियों के बीच सौहार्द का होना आवश्यक है। निश्चित ही आपका अपने किसी

आप अपने बच्चों के साथ घर पर ही हैं और आपका कोई पड़ोसी फिल्म देखने जाने के लिए अपने बच्चों को आपके घर छोड़ देता है। वो बच्चा बहुत शरारती है, संभव है कि वो आपके बच्चों से झगड़ा करने लगे, लेकिन यदि आप वास्तव में समझदार हैं तो आप उन्हें बहुत सरलता से अलग रख सकते हैं। इससे उनकी माता आपके प्रति दायित्व बोध अनुभव करेंगी तथा आपको यह सुखद एहसास होगा कि आपने किसी दूसरे के लिए समय निकालकर उसे जीवन में थोड़ी स्वतंत्रता का एहसास करवाया।

पड़ोसी से ऐसा मेल-मिलाप अवश्य होगा कि आप उनके लिए ऐसा करने को कहें तो वह आपको पागल न समझें।

आप दूसरों के लिए क्या कर रहे हैं, इससे अधिक अंतर नहीं पड़ता। मूल बात यह है कि अधिक कार्य करने की इस कवायद में आप अपने लिए कौन से छोटे मार्ग व माध्यम खोज पाते हैं। क्या आप जानते हैं कि जीवन में सफलता और असफलता बहुत छोटी-छोटी चीजों से मिलकर बनी होती हैं? इतनी छोटी कि कई बार उनपर ध्यान भी नहीं जाता। कभी सफलता दिलानेवाली वो चीजें इतनी छोटी होती हैं कि लगभग नगण्य-सी लगती हैं।

मैं कुछ ऐसे लोगों को जानता हूँ, जो इतने लोकप्रिय हैं कि कोई भी उनसे शत्रुता नहीं रख सकता। मेरे बिजनेस साझेदार श्रीस्टोन उन्हीं में से एक हैं। वो हमेशा अधिक कार्य करते हैं और देखिए, वो कितने समृद्ध हैं। ऐसे बहुत से लोग हैं, जो उनके लिए सीमा से अधिक कार्य करने को तैयार रहते हैं। ऐसे भी बहुत से लोग हैं जो यदि श्रीस्टोन के यहाँ अच्छे वेतन पर काम नहीं कर रहे होते तो वह उनके साथ काम करने के लिए पैसे देने को भी तैयार हो जाते। मैंने स्वयं एक व्यक्ति को यह कहते सुना है कि उसने श्रीस्टोन के साथ काम करते हुए बहुत सा पैसा बना लिया है। उसने कहा, यदि वो मुझे अपने साथ काम करने के पैसे नहीं देते, तो मैं उनके साथ काम करने के लिए उन्हें पैसे देने को भी तैयार हूँ। श्रीस्टोन वैसे तो मेरे, आपके व अन्य किसी भी व्यक्ति जैसे ही हैं, बस उनकी अपने व दूसरों के प्रति मानसिक अभिवृत्ति हमसे कुछ अलग है। उन्होंने अधिक काम करने को अपनी आदत बना लिया। कई बार लोग उनकी इस आदत का फायदा उठाते। लोग उनसे अन्यायपूर्ण व्यवहार करते। मैंने ऐसा होते कई बार देखा था, लेकिन उन्हें इससे कोई फर्क नहीं पड़ता। बल्कि उन्होंने इसपर कभी ध्यान ही नहीं दिया। उन्होंने स्वयं को जीवन के प्रति इतना अनुकूलित कर लिया था, उन्हें जीवन व लोगों से खूब आनंद प्राप्त होता। अपने किसी साथी को पत्र लिखकर उत्साहित करें। अपने काम में भुगतान से कुछ अधिक कार्य करें और किसी व्यक्ति के जीवन को खुशियों से भर दें।

□

6

व्यक्तिगत पहल

'क्या आप अमीर बनना चाहते हैं?' का छठा सिद्धांत है—'व्यक्तिगत पहल'। सरल शब्दों में कहें तो यह इस दर्शन का क्रियात्मक पहलू है। इसे एक ऐसी कार मानें, जिसके टायरों में पर्याप्त हवा है, नया ऑयल डाला गया है, पेट्रोल भरा हुआ है तथा बैट्री पूरी तरह चार्ज है। साथ ही आपने इसे धोकर चमका भी दिया है, जिससे यह बिल्कुल नई जैसी लग रही है, लेकिन इसमें एक समस्या है; इसकी स्टार्टर मोटर काम नहीं कर रही। यानी आप इसमें बैठकर कहीं जा नहीं सकते।

व्यक्तिगत पहल डायनमो का कार्य करती है। जिससे न केवल इसकी बाहरी क्रियाएँ आरंभ होती हैं, बल्कि इसी के द्वारा आपके विचार वास्तविकता का रूप लेते हैं। यह उसी प्रक्रिया का हिस्सा है, जिसके द्वारा आपका निश्चित उद्‌देश्य, भौतिक या आर्थिक रूप में साकार होता है। आपके किसी भी कार्य की पूर्णता में व्यक्तिगत पहल सबसे महत्त्वपूर्ण घटक है।

डॉ. हिल के अनुसार दो तरह के लोग कभी शिखर नहीं छू पाते। एक वह जो तब तक कुछ नहीं करते, जब तक उनसे कहा न जाए। दूसरे वह जिनसे जो कहा जाए, वह उससे अधिक कभी कुछ नहीं करते। इस तरह, व्यक्तिगत पहल का यह सिद्धांत मूलतः कुछ अधिक करने के सिद्धांत का ही सहोदर है।

आकर्षक व्यक्तित्व की भाँति इस सिद्धांत की भी आत्म-मूल्यांकन परीक्षण द्वारा पड़ताल की जा सकती है। सफलता के इस महत्त्वपूर्ण सिद्धांत पर आप कितने खरे उतरते हैं, इसपर स्वयं को पूरी ईमानदारी व खुले मन से नंबर दें।

इस दर्शन का क्रियात्मक पहलू होने के कारण यह अध्याय सबसे महत्त्वपूर्ण है। अगर आप इसपर कोई काररवाई नहीं करते तो आपने अन्य सभी सिद्धांतों को चाहे जितनी अच्छी तरह समझा हो, उसका कोई मोल नहीं है। दूसरे शब्दों में कहें तो, ऐसा न करने पर आप इस दर्शन से जुड़े मेरे इन व्याख्यानों में बताई शिक्षा का कोई लाभ नहीं ले सकते। सबसे महत्त्वपूर्ण यह है कि आपको इनका कैसे उपयोग करना है और व्यक्तिगत पहल द्वारा आप कैसे इस दर्शन के उपयोग की शुरुआत करते हैं।

मैं चाहता हूँ कि आप पहल व नेतृत्व के कुछ निश्चित गुणों के आधार पर अपना आकलन करते हुए स्वयं को नंबर दें। ऐसे बहुत से गुण हैं, लेकिन मैं यहाँ केवल उन्हीं का वर्णन करूँगा, जिन्हें मैं महत्त्वपूर्ण मानता हूँ। इन गुणों के आधार पर खुद को नंबर देना इन्हें अपनाने की ओर पहला कदम होगा।

1. गुण : निश्चित मुख्य उद्देश्य

मुझे निश्चित मुख्य उद्देश्य की उपयोगिता और अधिक कहने की आवश्यकता नहीं है। जाहिर है कि यदि आपके जीवन में कोई ध्येय, कोई मुख्य समग्र उद्देश्य न हो तो आप में व्यक्तिगत पहल की भी कमी होगी। इसके लिए सबसे आवश्यक कदम यह खोजना होगा कि आप क्या चाहते हैं। यदि आप जीवन भर के लिए कोई मकसद न खोज सकें तो बाकी बचे वर्ष के लिए कोई मकसद तय कर लें। अपने लिए कोई बहुत बड़ा या कठिन लक्ष्य न स्थापित करें।

आप चाहे व्यापारी हों, पेशेवर हों या कोई नौकरी करते हों, निश्चित मुख्य उद्देश्य होने से आप अपनी सेवा से होनेवाली कमाई में वृद्धि कर सकते हैं। वर्ष के अंत में अपने रिकॉर्ड का पुनः आकलन करें, अपने मुख्य उद्देश्य का पुनर्निर्धारण करते हुए इसे एक कदम और बढ़ा दें। एक वर्ष या कदाचित् पाँच वर्ष के लिए योजना बनाएँ। यही आपकी व्यक्तिगत पहल की शुरुआत होगी।

आप चाहे व्यापारी हों, पेशेवर हों या कोई नौकरी करते हों, निश्चित मुख्य उद्देश्य होने से आप अपनी सेवा से होनेवाली कमाई में वृद्धि कर सकते हैं। वर्ष के अंत में अपने रिकॉर्ड का पुनः आकलन करें, अपने मुख्य उद्देश्य का पुनर्निर्धारण करते हुए इसे एक कदम और बढ़ा दें। एक वर्ष या कदाचित् पाँच वर्ष के लिए योजना बनाएँ। यही आपकी व्यक्तिगत पहल की शुरुआत होगी। आप कहाँ जा रहे हैं, आप वहाँ क्यों जा रहे हैं, वहाँ पहुँचकर आप क्या करेंगे और आर्थिक रूप से आप इससे क्या प्राप्त कर सकेंगे, इसका पता लगाएँ। दुनिया में ऐसे बहुत से लोग हैं जो यदि अपने लिए सफलता की सीमा व परिभाषा तय कर पाते तो शिखर को छू सकते थे। दुनिया में ऐसे बहुत से लोग हैं, जो ऊँचा पद व बहुत सी धन-दौलत चाहते हैं, लेकिन न तो उन्हें यह पता कि

वह कौन सा पद पाना चाहते हैं और न ही उन्हें यह खबर है कि वह कितना धन चाहते हैं और न ही उन्हें यह पता कि यह सब उन्हें कब तक मिल पाएगा। चलिए, इस विषय पर थोड़ा विचार करते हुए इस आधार पर स्वयं को नंबर देते हैं।

2. गुण : समुचित महत्त्वाकांक्षा

समुचित महत्त्वाकांक्षा होने से व्यक्ति अपने निश्चित मुख्य उद्देश्य को पाने के लिए निरंतर कार्य करता रहता है। अपने में खोजें, क्या आप में ऐसी कोई एक या अधिक समुचित महत्त्वाकांक्षाएँ मौजूद हैं। अपने किसी भी मुख्य उद्देश्य, फिर चाहे वो तात्कालिक उद्देश्य ही क्यों न हो, को पाने के लिए एक या अधिक महत्त्वाकांक्षाएँ होना अच्छा है। व्यक्ति बिना महत्त्वाकांक्षा के कुछ नहीं करता। बल्कि मैं कहूँगा कि पागलखाने से बाहर का कोई भी व्यक्ति बिना महत्त्वाकांक्षा के कुछ नहीं करता। हाँ, यदि व्यक्ति मानसिक संतुलन खो चुका है, तो वो बिना महत्त्वाकांक्षा बहुत से कार्य कर सकता है। परंतु सामान्य व्यक्ति महत्त्वाकांक्षा होने पर ही कार्य करते हैं। यह महत्त्वाकांक्षा जितनी प्रबल होगी, व्यक्ति उतना ही काम करेगा, साथ ही वो उतना ही व्यक्तिगत पहल के लिए उद्यत होगा।

आपको इस दुनिया में बहुत अधिक दिमाग नहीं चाहिए। आपका बहुत बुद्धिमान होना भी जरूरी नहीं है और न ही आपको बेहतरीन शिक्षा की आवश्यकता है। आप अपनी सीमित क्षमता से भी शानदार सफलता प्राप्त कर सकते हैं। यह क्षमता चाहे कम हो या अधिक, इसे इस्तेमाल करना शुरू करें, इसे उपयोग में लाएँ, कुछ इसके लिए करें व कुछ इससे करें। और हाँ, इसी को पहल करना कहते हैं।

आपको इस दुनिया में बहुत अधिक दिमाग नहीं चाहिए। आपका बहुत बुद्धिमान होना भी जरूरी नहीं है और न ही आपको बेहतरीन शिक्षा की आवश्यकता है। आप अपनी सीमित क्षमता से भी शानदार सफलता प्राप्त कर सकते हैं। यह क्षमता चाहे कम हो या अधिक, इसे इस्तेमाल करना शुरू करें, इसे उपयोग में लाएँ, कुछ इसके लिए करें व कुछ इससे करें। और हाँ, इसी को पहल करना कहते हैं।

3. गुण : मास्टरमाइंड गठबंधन

मास्टरमाइंड गठबंधन ऐसा मैत्रीपूर्ण सहयोग है, जिसके द्वारा उल्लेखनीय उपलब्धियाँ हासिल करने हेतु आवश्यक शक्ति निर्मित की जाती है। अभी पहल कीजिए और जानिए कि आपके कितने मित्र आपको आवश्यकता पड़ने पर आपका साथ देते

हैं। ऐसे लोगों की सूची बनाएँ, जिन पर आप सहायता देने, समर्थन करने, जान-पहचान करवाने या कर्ज के रूप में धन देने पर वस्तुत: सही मायने में भरोसा कर सकते हैं। भले ही आपके पास अपनी आवश्यकता पूर्ति के लिए पर्याप्त धन हो, लेकिन फिर भी कभी अचानक ऐसी स्थिति आ सकती है, जहाँ आपको कर्ज लेने की आवश्यकता पड़ जाए। क्या ऐसे व्यक्ति से पहचान होना अच्छा रहता है, जो आवश्यकता पड़ने पर आपको जरूरत भर का धन मुहैया करवा दे? वैसे तो फोर-फॉर-वन सिक्योरिटी (सरकारी बॉण्ड) मौजूद है, जहाँ से आपको अपनी आवश्यकता पूरी करने के लिए धन मिल जाएगा, लेकिन बहुत बार थोड़े से धन या किसी और वस्तु की आवश्यकता पड़ जाती है। ऐसे समय के लिए आपकी किसी से ऐसी नजदीकी मित्रता अवश्य होनी चाहिए, जो जरूरत पड़ने पर आपकी मदद कर दे, लेकिन यदि आपका लक्ष्य मध्यम स्तर से ऊपर उठना है तो आपको ऐसे एक या अधिक व्यक्तियों के साथ मास्टरमाइंड गठबंधन बनाना होगा, जो न केवल आपकी सहायता करें, बल्कि आपकी सहायता व सहयोग के लिए सीमा से बाहर जाने को भी तैयार हों तथा उनमें आपको फायदा पहुँचाने की क्षमता भी मौजूद हो।

ऐसा गठबंधन बनाने की पहल आपको ही करनी होगी। वह आपके साथ केवल इसीलिए नहीं जुड़ेंगे कि आप बहुत भले व्यक्ति हैं। आपको कोई योजना बनानी होगी, अपना लक्ष्य निर्धारित करना होगा, फिर उन लोगों को खोजें, जो आपके मास्टरमाइंड गठबंधन में शामिल होने की योग्यता रखते हों, तत्पश्चात् उन्हें गठबंधन में जुड़ने के लिए समुचित महत्त्वाकांक्षा प्रदान करें।

ऐसा गठबंधन बनाने की पहल आपको ही करनी होगी। वह आपके साथ केवल इसीलिए नहीं जुड़ेंगे कि आप बहुत भले व्यक्ति हैं। आपको कोई योजना बनानी होगी, अपना लक्ष्य निर्धारित करना होगा, फिर उन लोगों को खोजें, जो आपके मास्टरमाइंड गठबंधन में शामिल होने की योग्यता रखते हों, तत्पश्चात् उन्हें गठबंधन में जुड़ने के लिए समुचित महत्त्वाकांक्षा प्रदान करें।

मैं जानता हूँ कि ज्यादातर लोगों के बाकी लोगों के साथ मास्टरमाइंड गठबंधन नहीं होते। यदि आपका भी ऐसा कोई गठबंधन न हो तो स्वयं को इस पैमाने पर शून्य देने में जरा भी संकोच न करें, लेकिन ध्यान रखें कि अगली बार जब नंबर देने की बारी आए तो उस समय दिए जानेवाले नंबर इस बार से अधिक हों। इस बार के शून्य से अगली बार अधिक नंबर लाने का केवल एक ही तरीका है कि इसपर कदम उठाते हुए शुरुआत में अपना कम-से-कम एक मास्टरमाइंड साथी अवश्य बना लें।

4. गुण : आत्मनिर्भरता

आपको अपने मुख्य उद्देश्य की प्रकृति को ध्यान में रखते हुए यह आकलन करना होगा कि तुलनात्मक रूप में आप कितने आत्मनिर्भर हैं।

अपनी आत्मनिर्भरता की जाँच करते समय आपको अन्य लोगों की भी मदद लेनी होगी। इसमें आपको अपनी पत्नी, पति, गहरे मित्र तथा जो लोग आपको करीब से जानते हैं, उन सब की मदद लेनी होगी। आप सोचते होंगे कि आप में आत्मनिर्भरता है, लेकिन यह आत्मनिर्भरता कितनी है, इसका पता कैसे लगेगा? अपनी आत्मनिर्भरता की जाँच करने के लिए सबसे पहले आपको यह पड़ताल करनी होगी कि आपका निश्चित मुख्य उद्देश्य कितना बड़ा है (इसे तभी करें जब आपका कोई निश्चित मुख्य उद्देश्य हो)। यदि ऐसा नहीं है या वो कुछ खास नहीं है या आप वर्तमान में ऐसा कुछ भी हासिल नहीं करना चाहते तो निश्चित ही आप में आत्मनिर्भरता बिल्कुल नहीं है तथा आपको इस पैमाने पर स्वयं को न्यूनतम अंक देने होंगे।

> *अपनी आत्मनिर्भरता की जाँच करने के लिए सबसे पहले आपको यह पड़ताल करनी होगी कि आपका निश्चित मुख्य उद्देश्य कितना बड़ा है (इसे तभी करें जब आपका कोई निश्चित मुख्य उद्देश्य हो)। यदि ऐसा नहीं है या वो कुछ खास नहीं है या आप वर्तमान में ऐसा कुछ भी हासिल नहीं करना चाहते तो निश्चित ही आप में आत्मनिर्भरता बिल्कुल नहीं है तथा आपको इस पैमाने पर स्वयं को न्यूनतम अंक देने होंगे।*

अपने में पर्याप्त आत्मनिर्भरता होने पर आप अपना निश्चित मुख्य उद्देश्य इतना ऊँचा रखेंगे, जितनी बड़ी उपलब्धि आपको आज तक हासिल न हुई हो। साथ ही आप इसको पाने के लिए पूरी तरह दृढ़संकल्प भी रहेंगे।

5. गुण : आत्मानुशासन

सफलता पाने के लिए आप में इतना अनुशासन होना जरूरी है कि आप अपने दिल व दिमाग पर नियंत्रण रखने के अलावा अपनी महत्त्वाकांक्षा के पूरा होने तक उस पर दृढ़ रहें। आपको आत्मानुशासन की कब व कहाँ सबसे अधिक आवश्यकता होती है? जब मार्ग सुगम हो। सब ठीक-ठाक व प्रसन्नतापूर्वक चल रहा हो व आप निरंतर सफलता की सीढ़ियाँ चढ़ रहे हों? नहीं। आपको आत्मानुशासन की सबसे अधिक आवश्यकता तब होती है, जब आप कठिन दौर से गुजर रहे हों, चीजें मुश्किल हो गई हों व परिणाम विपरीत आ रहे हों। इस समय आपको वह अनुशासन चाहिए होगा,

जिससे आप अपने दिमाग को नियंत्रण में रख सकें। आपको पता होना चाहिए कि आप किस ओर बढ़ रहे हैं, आपको वहाँ जाने का अधिकार है भी या नहीं तथा आप लाख कठिनाइयों व विरोध के बावजूद वहाँ जाने के प्रति दृढ़संकल्प होने चाहिए। आप में इतना आत्मानुशासन होना ही चाहिए, ताकि जब समय कठिन हो तो आप भाग निकलने या शिकायत करने की जगह अपना कार्य जारी रख सकें।

6. गुण : दृढ़ता

दृढ़ता विजय के संकल्प पर निर्भर करती है। क्या आप जानते हैं कि किसी चीज को छोड़ने या कुछ नया करने में कोई व्यक्ति सामान्यत: कितनी बार असफल रहता है? एक बार? एक बार कहना आपकी उदारता दरशाता है। व्यक्ति तभी असफल हो जाता है, जब वो शुरुआत में ही यह मानने लगे कि वो इसे नहीं कर सकता। आपको यह बात बहुत रोचक लगेगी कि कार्य शुरू करने से पहले ही असफल हो जानेवाले लोगों की संख्या बहुत अधिक है। वो कभी भी शुरुआत नहीं कर पाते। वो हवाई किले बनाते रहते हैं, लेकिन उन्हें वास्तविक बनाने के लिए कुछ नहीं करते। क्या आप जानते हैं कि ऐसे भी बहुत से लोग हैं, जो कुछ शुरू तो करते हैं, लेकिन पहले विरोध पर ही वो या तो उस कार्य को बंद कर देते हैं और या फिर स्वयं को किसी दूसरी दिशा में मोड़ लेते हैं।

जो लोग मुझे करीब से जानते हैं (जिनसे मैं आत्मीय संवाद करता हूँ), उन्हें पता है कि मेरी दृढ़ता व विजय के संकल्प के अतिरिक्त मेरा सबसे महत्त्वपूर्ण गुण आत्मानुशासन ही है। मैं लक्षित कार्य से गहरे में जुड़ जाता हूँ। इतना कि समय जितना कठिन होता जाता है, मेरा जुड़ाव उतना ही गहराता है। मेरी यह सबसे उत्कृष्ट विशेषता हमेशा से थी और हमेशा ऐसी ही रहेगी।

जो लोग मुझे करीब से जानते हैं (जिनसे मैं आत्मीय संवाद करता हूँ), उन्हें पता है कि मेरी दृढ़ता व विजय के संकल्प के अतिरिक्त मेरा सबसे महत्त्वपूर्ण गुण आत्मानुशासन ही है। मैं लक्षित कार्य से गहरे में जुड़ जाता हूँ। इतना कि समय जितना कठिन होता जाता है, मेरा जुड़ाव उतना ही गहराता है। मेरी यह सबसे उत्कृष्ट विशेषता हमेशा से थी और हमेशा ऐसी ही रहेगी। मैं स्वीकार करता हूँ कि यदि मुझमें यह गुण नहीं होता तो मैं इस दर्शन को कभी पूरा नहीं कर पाता, न ही इसका इतने विस्तार से प्रचार कर पाता और न ही आज की रात आपके सामने यहाँ खड़ा होता।

आपके मन में यह प्रश्न उठ रहा होगा कि यह गुण जन्मजात होता है या इसे प्राप्त किया जा सकता है? आप इसे प्राप्त कर सकते हैं और ऐसा करना कोई बहुत कठिन कार्य नहीं है।

ज्वलंत इच्छा ही व्यक्ति को दृढ़ बनाती है। मुझमें अपने ध्येय से अलग किसी भी चीज के प्रति दृढ़ता या ज्वलंत इच्छा नहीं है, जिसे मैंने अपने प्रेम व्यवहार में न अपनाया हो। मैंने अपने जीवन में किसी भी चीज से अधिक दृढ़ता व ज्वलंत इच्छा प्रेम के क्षेत्र में ही दरशाई है। मुझे लगता है कि प्रेम के क्षेत्र में इसके बिना अधिक दूर तक जाना संभव नहीं होता। यदि आप इस भावनात्मक अनुभूति को अपने व्यापार, पेशे या नौकरी में सफलता पाने में रूपांतरित कर जहाँ आप चाहते हैं, वहाँ से पैसा बना सकें तो कितना अच्छा हो? यदि आपने आजतक ऐसा नहीं किया है, तो अभी शुरुआत करें। अगली बार जब भी आप स्वयं को उदासीन या हतोत्साहित होता महसूस करें तो उस एहसास को साहस व विश्वास की भावना में रूपांतरित कर दें। यह एक अद्‌भुत घटना होगी। इससे आपके पूरे दिमाग व शरीर में ऐसे रासायनिक परिवर्तन होंगे, जिनके बाद आप और अधिक प्रभावशाली ढंग से कार्य कर सकेंगे।

उसी कल्पना को भली प्रकार से विकसित हुआ माना जाता है, जो नियंत्रित व निर्देशित हो। इन विशेषताओं का होना इसलिए आवश्यक है, क्योंकि जो कल्पना नियंत्रित व निर्देशित नहीं होती, वह बहुत खतरनाक हो जाती है। एक बार मैंने न्याय विभाग के लिए अमेरिका के सभी राज्यों में चल रही पुरुषों जेलों का सर्वेक्षण किया।

7. गुण : निर्देशित कल्पना

उसी कल्पना को भली प्रकार से विकसित हुआ माना जाता है, जो नियंत्रित व निर्देशित हो। इन विशेषताओं का होना इसलिए आवश्यक है, क्योंकि जो कल्पना नियंत्रित व निर्देशित नहीं होती, वह बहुत खतरनाक हो जाती है। एक बार मैंने न्याय विभाग के लिए अमेरिका के सभी राज्यों में चल रही पुरुषों जेलों का सर्वेक्षण किया। मैंने यह पाया कि वहाँ बंद अधिकांश लोग अपनी अत्यधिक कल्पना के कारण ही वहाँ सजा काट रहे थे। उनकी कल्पना न तो नियंत्रित थी और न ही उसे सही दिशा में निर्देशित किया गया था। कल्पना करना अच्छा है, लेकिन यदि आप उसपर नियंत्रण नहीं रख पाते और न ही उसे किसी सुनिश्चित व रचनात्मक परिणाम तक निर्देशित कर पाते, तो यह आपके लिए बहुत खतरनाक सिद्ध हो सकती है।

8. गुण : निर्णय क्षमता

यदि निर्णय लेने के लिए आवश्यक सभी तथ्य आपके सामने हों तो क्या आप तेजी से कोई निश्चित निर्णय ले सकते हैं? यदि तेजी से निश्चित व स्पष्ट निर्णय लेना

आपकी आदत नहीं है तो इस अनिर्णय व टालमटोल के रवैये से आप व्यक्तिगत पहल जैसी महत्त्वपूर्ण चीज को नष्ट कर बैठेंगे। व्यक्तिगत पहल के अभ्यास के शुरुआत का सबसे अच्छा स्थान वह है, जहाँ सभी तथ्य मौजूद होने पर आपको तेजी व धैर्य सहित निश्चित निर्णय लेना हो। मैं यहाँ आधे-अधूरे सबूतों के आधार पर कोई राय या आकस्मिक धारणा बनाने की बात नहीं कर रहा। मैं यहाँ घटना से जुड़े उन सभी तथ्यों की बात कर रहा हूँ, जो आपके पास मौजूद हैं। अपने हाथ में मौजूद सभी तथ्यों का उपयोग करें। अन्य लोगों की तरह टालमटोल छोड़कर अपने दिमाग में काररवाई की रूपरेखा तैयार करें। ऐसा न करने पर सभी तरह के मामलों में आपका रवैया टालमटोल का ही रहेगा। दूसरे शब्दों में, आप उन लोगों में से नहीं होंगे, जो स्वयं आगे बढ़कर पहल करते हों।

व्यक्तिगत पहल के अभ्यास के शुरुआत का सबसे अच्छा स्थान वह है, जहाँ सभी तथ्य मौजूद होने पर आपको तेजी व धैर्य सहित निश्चित निर्णय लेना हो। मैं यहाँ आधे-अधूरे सबूतों के आधार पर कोई राय या आकस्मिक धारणा बनाने की बात नहीं कर रहा। मैं यहाँ घटना से जुड़े उन सभी तथ्यों की बात कर रहा हूँ, जो आपके पास मौजूद हैं। अपने हाथ में मौजूद सभी तथ्यों का उपयोग करें।

9. गुण : तथ्य आधारित राय बनाना

अनुमान पर निर्भर रहने की जगह तथ्यों के आधार पर अपनी राय कायम करने को अपनी आदत बनाएँ। आप अकसर अपनी राय तथ्यों पर नहीं, बल्कि अनुमानों के आधार पर बनाते हैं। किसी भी विषय पर कोई राय कायम करने के पूर्व उससे जुड़े तथ्यों को जान लेना अपनी आदत बना लीजिए। क्या आप जानते हैं कि कभी व कहीं भी किसी विषय पर अपनी राय बनाने में आप जिन्हें तथ्य मानते हैं, उनकी जगह वास्तविक तथ्यों को आधार क्यों बनाना चाहिए? क्योंकि संभव है कि ऐसा न करने पर आपको असफलता या किसी बड़ी समस्या का सामना करना पड़ सकता है। आप अकसर अपनी राय बनाते हैं। हम सभी ऐसा करते हैं। आप बहुधा बिना माँगे ही इसे अन्य लोगों के समक्ष भी प्रकट कर देते हैं, ऐसा भी हम सभी करते हैं, लेकिन वस्तुत: अपनी राय (या अनुमानित राय) को सुरक्षित रूप से दो-टूक बयान करने से पहले उसके आधारभूत तथ्यों या आपके माने गए तथ्यों की पड़ताल अवश्य कर लेनी चाहिए।

10. गुण : नियंत्रित उत्साह

दसवाँ गुण वह क्षमता है, जिसके द्वारा व्यक्ति नियंत्रित व इच्छित उत्साह का निर्माण कर सकता है। उत्साह के उपयोग से पहले आपको उसकी अनुभूति होना

आवश्यक है। आपको इस भावना को महसूस करना होगा। आपको इस भावना को तीव्र करना होगा और यदि आप इस महत्त्वाकांक्षा का उपयोग करना चाहते हैं तो आपको अपने दिमाग में कोई निश्चित उद्देश्य या ध्येय या धारणा बनानी होगी। यह भावनात्मक उत्साह आपके शब्दों, आपके चेहरे के भाव व आपकी क्रियाओं द्वारा प्रकट होता है।

'क्रिया' शब्द को उत्साह से शाब्दिक अर्थों में अलग नहीं किया जा सकता। उत्साह दो प्रकार का होता है : निष्क्रिय उत्साह तथा सक्रिय या नियंत्रित उत्साह।

निष्क्रिय उत्साह वह उत्साह है, जिसे आप अनुभव तो करते हैं, लेकिन चाहने पर भी उसपर कोई प्रतिक्रिया नहीं कर सकते। कई बार इस उत्साह के प्रति निष्क्रियता दिखाने के पीछे आपकी मंशा अन्य लोगों को आपके दिमाग में जो कुछ भी चल रहा है, उसकी फिलहाल जानकारी न देना होती है।

निष्क्रिय उत्साह वह उत्साह है जिसे आप अनुभव तो करते हैं, लेकिन चाहने पर भी उसपर कोई प्रतिक्रिया नहीं कर सकते। कई बार इस उत्साह के प्रति निष्क्रियता दिखाने के पीछे आपकी मंशा अन्य लोगों को आपके दिमाग में जो कुछ भी चल रहा है, उसकी फिलहाल जानकारी न देना होती है।

एक महान् नेता या महान् शासक में उत्साह कूट-कूटकर भरा होता है, लेकिन वह अपना यह उत्साह चुनिंदा लोगों के सामने अपनी इच्छा होने पर ही दरशाता है। वो मेरी या आपकी तरह इसका हमेशा प्रदर्शन नहीं करता रहता। अधिकतर लोग अपने उत्साह में डूबे इधर-उधर अपना गाना गाते रहते हैं, लेकिन इससे उन्हें कुछ हासिल नहीं होता। नियंत्रित उत्साह वो उत्साह है, जो सही समय पर शुरू व सही समय पर समाप्त हो जाए। आपके लिए इसे अपने आत्मबल द्वारा नियंत्रित करना बहुत जरूरी होता है।

इस विषय में एक प्रश्न यह भी उठता है कि आप कैसे इस उत्साह को जाग्रत् व सुप्त करते हुए इसे एक कला का रूप दे सकते हैं। इसमें सफल होने पर आप ऐसे शानदार विक्रेता बन सकते हैं, जो किसी भी चीज को बेच सकता है। क्या आपने कभी सुना है कि कोई व्यक्ति कुछ ऐसा बेच सका हो, जिसे बेचने के प्रति उसमें बिल्कुल उत्साह नहीं था? क्या आपने दूसरे के प्रति उत्साह का अनुभव किए बगैर उसे कभी कुछ भी बेचा है? शायद आप सोचते होंगे कि आपने ऐसा किया है, जबकि यह सच नहीं है। यदि आप पहल करते समय अपने भीतर इस उत्साह का एहसास नहीं करेंगे, तो आप कुछ भी नहीं बेच सकते। यह हो सकता है कि किसी ने अपनी जरूरत की वस्तु आपसे खरीद ली हो, लेकिन यदि ग्राहक में उसे खरीदने की चाह आपकी जगाई

हुई नहीं है तो इस बिक्री में आपकी कोई भूमिका नहीं थी।

दूसरे व्यक्ति में खरीदने का उत्साह जगाने के लिए सबसे पहले आपको उस वस्तु को खुद को बेचना होगा। दूसरे शब्दों में, भावनात्मक रुझान होने से ही आप में उत्साह की शुरुआत होती है। आपको इस उत्साह को अनुभव करना होगा। इसके बाद जब आप बोलने के लिए मुँह खोलेंगे, तो आपको उत्साह से भरकर बोलना होगा। आपके चेहरे पर यह उत्साह दिखना चाहिए। अपने चेहरे पर लंबी–चौड़ी मुसकान लाएँ, क्योंकि उत्साह से भरा कोई भी व्यक्ति नाक–भौंह चढ़ाकर नहीं बोल सकता। ये दोनों काम एकसाथ नहीं हो सकते।

यदि आप इस उत्साह दरशाने की कवायद से लाभ लेना चाहते हैं तो इसके लिए आपको बहुत कुछ सीखना होगा और यह आपकी व्यक्तिगत पहल से ही संभव हो सकता है। यह आपको ही करना होगा। इसे आपके लिए कोई और नहीं कर सकता। मैं आपको उत्साहित होना नहीं सिखा सकता। मैं आपको केवल उत्साह के महत्त्वपूर्ण घटक व उन्हें व्यक्त करने का तरीका ही बता सकता हूँ, लेकिन इसे वास्तव में प्रकट करना आपका अपना काम है।

दूसरे व्यक्ति में खरीदने का उत्साह जगाने के लिए सबसे पहले आपको उस वस्तु को खुद को बेचना होगा। दूसरे शब्दों में, भावनात्मक रुझान होने से ही आप में उत्साह की शुरुआत होती है। आपको इस उत्साह को अनुभव करना होगा। इसके बाद जब आप बोलने के लिए मुँह खोलेंगे, तो आपको उत्साह से भरकर बोलना होगा। आपके चेहरे पर यह उत्साह दिखना चाहिए।

11. गुण : उदारता

अब हम उदारता पर बात करेंगे। मेरे बहुत से मित्र खुद को उदार मानते हैं, लेकिन चूँकि मुझे उनसे मित्रता बनाए रखनी है, इसलिए मैं उन्हें कभी नहीं बताता कि वास्तव में वे लोग उदारता के निकट भी नहीं हैं। ऐसा शायद ही कोई व्यक्ति हो, जिसे हम हर विषय में उदार कह सकें? मैं तो ऐसा नहीं हूँ। मैं हर विषय में उदार नहीं हूँ, लेकिन मैं हर उस विषय में उदार हूँ, जिसमें मैं उदार रहना चाहता हूँ।

हमें कभी भी किसी के भी प्रति ऐसी अनुदार मानसिकता नहीं रखनी चाहिए, जिसका कोई तर्कसंगत या हमारी दृष्टि में तर्कसंगत कारण न हो।

क्या आप जानते हैं कि जब किसी ऐसे व्यक्ति से केवल इसलिए अलग हो जाते हैं कि वो आपको नापसंद है, जबकि उस व्यक्ति के प्रति उदार रहने से आपको बहुत बड़ा फायदा हो सकता था, तो इसमें केवल आपका ही नुकसान है। किसी भी उद्योग

या व्यापार का उसके कर्मचारियों का अनुदार होना सबसे महँगा पड़ता है। आपके लिए यह जानना जरूरी है। अपने कर्मचारियों के अनुदार होने की किसी भी व्यापारिक या औद्योगिक संस्थान को बड़ी कीमत चुकानी पड़ती है। कुछ लोग अन्य लोगों के प्रति अनुदार होते हैं, कुछ मिले हुए मौकों के प्रति, कुछ अपने मालिकों के प्रति तो कुछ अपने ही प्रति अनुदार होते हैं।

जब आप अनुदारता की बात करते हैं, तो आपका आशय प्राय: उन लोगों से होता है, जो धार्मिक या राजनीतिक विचारों के चलते एक-दूसरे को पसंद नहीं करते। जबकि यह वास्तव में अनुदारता की मात्र ऊपरी परत है। ऐसी अनुदारता लगभग सभी मानवीय रिश्तों में मौजूद है। जब तक आप सभी लोगों के प्रति तथा सभी विषयों में हमेशा उदार रहने की आदत न बना लें, तब तक आप महान् विचारक नहीं बन सकते और न ही आपका व्यक्तित्व कभी महान् व आकर्षक बन सकता है। जो लोग आपको पसंद नहीं हैं, व जो लोग आपको पसंद नहीं करते, उनके भी प्रति सच्चे रहने पर वह समझ जाएँगे कि आप इस विषय पर गंभीर पर उदार चित्त हैं। लोगों के लिए यह बात असहनीय होती है कि वे जिससे बात कर रहे हों, वह उनके प्रति अनुदार रवैया रखते हों। फिर चाहे उनकी कही बात चाहे कितनी भी महत्त्वपूर्ण व सच्ची हो, वह उसपर बिल्कुल कान नहीं देते।

जब आप अनुदारता की बात करते हैं, तो आपका आशय प्राय: उन लोगों से होता है, जो धार्मिक या राजनीतिक विचारों के चलते एक-दूसरे को पसंद नहीं करते। जबकि यह वास्तव में अनुदारता की मात्र ऊपरी परत है। ऐसी अनुदारता लगभग सभी मानवीय रिश्तों में मौजूद है। जब तक आप सभी लोगों के प्रति तथा सभी विषयों में हमेशा उदार रहने की आदत न बना लें, तब तक आप महान् विचारक नहीं बन सकते और न ही आपका व्यक्तित्व कभी महान् व आकर्षक बन सकता है।

इस दुनिया में ऐसे बहुत से लोग हैं, जिनका दिमाग कुछ विषयों पर इतना सख्ती से बंद है कि उसमें हथौड़े से भी दरार नहीं डाली जा सकती। आप सौ वर्ष प्रयास करने पर भी उनके दिमाग में छटाँक भर सत्य भी नहीं डाल सकते। वे लोग इतनी सख्ती से बंद हैं कि वहाँ हवा भी नहीं जा सकती।

12. गुण : उम्मीद से अधिक करना

यदि लोगों से कहा जाए कि उन्हें अपने भुगतान से अधिक कार्य करना है, तो

उनमें से कुछ लोग मान जाएँगे तथा कुछ लोग मना कर देंगे। वहीं कुछ लोग कहेंगे कि वह हमेशा ऐसा ही करते हैं। आपको भी थोड़े समय के लिए अपने भुगतान से कुछ अधिक कार्य करने की आदत डाल लेनी चाहिए। यह आपकी व्यक्तिगत पहल से ही संभव है। आपसे न तो कोई ऐसा करने को कहेगा और न ही कोई आपसे इसकी उम्मीद करता है। यह पूरी तरह आपका विशेषाधिकार है, लेकिन यह शायद सबसे महत्त्वपूर्ण व लाभप्रद स्रोत है, जहाँ आप व्यक्तिगत पहल का अभ्यास कर सकते हैं।

यदि मुझे आपकी व्यक्तिगत पहल का सबसे फायदेमंद तरीके से उपयोग करने का समय, स्थान व परिस्थिति चुनने को कहा जाए तो निस्संदेह यह वही स्थान होगा, जहाँ आपको अपने भुगतान से अधिक व बेहतर सेवा देने का मौका मिल सके, क्योंकि वहाँ आपको यह विशेषाधिकार किसी से माँगना नहीं होगा। साथ ही, यदि यह आपकी आदत में शुमार हो गई (ऐसा कुछ-एक मौकों पर ही करना अधिक प्रभावकारी नहीं रहेगा) तो देर-सवेर प्रतिफल संवर्धन का नियम आपको इसका लाभांश अवश्य प्रदान करेगा। आपको मिलने तक लाभांश भी कई गुना हो गया होगा। अधिक कार्य करने के इस सिद्धांत को अपने जीवन का हिस्सा बना लेने पर आपके साथ ऐसी अनपेक्षित घटनाएँ घट सकती हैं, जो आपको बहुत आनंददायक लगेंगी।

व्यवहारकुशल रहने व कूटनीति की गंभीर समझ का क्षेत्र बहुत व्यापक है। दूसरों के साथ बातचीत में व्यवहारकुशल रहना भी इसी में आता है, लेकिन ऐसा करना जरूरी है, क्योंकि आप व्यवहारकुशल रहने पर दूसरों का सहयोग बहुत आसानी से प्राप्त कर सकते हैं। यदि आप मुझे कुछ करने का आदेश देंगे तो संभव है कि मैं कहूँ, एक मिनट रुक जाओ, क्योंकि यदि यह कुछ ऐसा है, जिसे करना मेरे लिए जरूरी है तो भी इस तरह से कहने पर मैं तुरंत इसके प्रति विरोध जताऊँगा।

13. गुण : व्यवहारकुशल कूटनीति

व्यवहारकुशल रहने व कूटनीति की गंभीर समझ का क्षेत्र बहुत व्यापक है। दूसरों के साथ बातचीत में व्यवहारकुशल रहना भी इसी में आता है, लेकिन ऐसा करना जरूरी है, क्योंकि आप व्यवहारकुशल रहने पर दूसरों का सहयोग बहुत आसानी से प्राप्त कर सकते हैं। यदि आप मुझे कुछ करने का आदेश देंगे तो संभव है कि मैं कहूँ, एक मिनट रुक जाओ, क्योंकि यदि यह कुछ ऐसा है, जिसे करना मेरे लिए जरूरी है तो भी इस तरह से कहने पर मैं तुरंत इसके प्रति विरोध जताऊँगा। आप इसे ऐसे भी कह सकते थे कि यदि आप ऐसा करेंगे तो मैं आपका आभारी रहूँगा। इन दोनों बातों में अंतर यह

है कि भले ही आप जानते हों कि मुझसे काम करवाना आपका अधिकार है, लेकिन आपके यह कहने का तरीका गलत था।

एंड्रयू कारनेगी के साथ अपने शुरुआती संपर्क में ही मैंने जाना कि वे कोई भी बात आदेशात्मक लहजे में नहीं कहते थे। कभी नहीं। वो किससे बात कर रहे हैं, इससे कोई अंतर नहीं पड़ता था, उन्होंने कभी किसी बात का आदेश नहीं दिया। वो सदा दूसरे से उस काम को करने को पूछते थे। वो कहते—क्या आप कृपया यह काम कर देंगे? या क्या आप वो काम कर सकते हैं? आप कारनेगी के प्रति उनके कर्मचारियों की उनके प्रति निष्ठा देखकर चकित रह जाते। उनकी इसी व्यवहार-कुशलता के कारण कर्मचारी उनके लिए दिन-रात एक करके काम करते थे। जब उन्हें किसी को अनुशासित करने की आवश्यकता महसूस होती तो वे अकसर उसे अपने घर पाँच या छह कोर्स के स्टेक डिनर के लिए बुलाते। इस तरह वो उसे चारा डालते। डिनर के बाद असली शो आरंभ होता, जिसमें वे उस व्यक्ति को अपनी लाइब्रेरी में ले जाकर उससे सवाल-जवाब शुरू कर देते।

मैं देखना चाहता हूँ कि यदि तुम मेरी जगह होते तो एक महत्त्वपूर्ण पदोन्नति की प्रतीक्षा सूची में शामिल आपे से बाहर हुए ऐसे व्यक्ति, जो तेज गति से जीवन बितानेवालों के साथ रहता हो, देर रात तक जागता हो, खूब शराब पीता हो और अपनी नौकरी के अलावा हर चीज की परवाह करता हो तो ऐसे व्यक्ति से तुम कैसे निबटते? मुझे यह जानने की बहुत उत्सुकता है।

उनका एक मुख्य सचिव उनके मास्टरमाइंड समूह का सदस्य बननेवाला था। अपनी पदोन्नति की खबर उस लड़के के सिर चढ़कर बोलने लगी। अब वह अकसर हाई-फाई लोगों के साथ पिट्सबर्ग की शराब पार्टियों में दिखने लगा। जल्द ही वह देर रात तक बाहर रहने व शराब पीने का आदी हो गया। अगले दिन ऑफिस आने तक उसकी आँखें चढ़ी रहतीं। श्री कारनेगी ने उसपर तीन महीने तक नजर रखी। इसके बाद एक शाम उन्होंने उस युवक को अपने घर डिनर पर बुलाया। डिनर के बाद वे दोनों लाइब्रेरी में चले गए। श्री कारनेगी ने उससे कहा, चलो, आज हम दोनों एक-दूसरे की भूमिका निभाते हैं।

मैं देखना चाहता हूँ कि यदि तुम मेरी जगह होते तो एक महत्त्वपूर्ण पदोन्नति की प्रतीक्षा सूची में शामिल आपे से बाहर हुए ऐसे व्यक्ति, जो तेज गति से जीवन बितानेवालों के साथ रहता हो, देर रात तक जागता हो, खूब शराब पीता हो और अपनी नौकरी के अलावा हर चीज की परवाह करता हो तो ऐसे व्यक्ति से तुम कैसे निबटते? मुझे यह जानने की बहुत उत्सुकता है। वह युवक बोला, कारनेगी सर, मैं जानता हूँ कि

आप मुझे नौकरी से निकालनेवाले हैं, इसीलिए आप मुझसे यह सब कह रहे हैं। श्री कारनेगी ने कहा—नहीं, अगर मुझे तुम्हें नौकरी से निकालना होता तो मैं तुम्हें इतना शानदार भोजन नहीं कराता और न ही तुम्हें अपने घर बुलाता। नहीं, मैं तुम्हें नौकरी से नहीं निकालनेवाला। मैं सिर्फ यह चाहता हूँ कि तुम स्वयं अपने आप से यह प्रश्न पूछो और देखो कि तुम स्वयं अपने आपको नौकरी से निकालते हो या नहीं। संभव है कि तुम भी ऐसा ही करो। संभव है कि इस समस्या का सीधे सामना करने से तुम इसे ठीक ढंग से समझ सको। उस युवक का जीवन पूरी तरह से बदल गया। बाद में वह श्री कारनेगी के मास्टरमाइंड समूह में शामिल हुआ और आगे चलकर वह स्वयं भी मिलियनेयर बना। इस तरह उसकी अपने आप से जान बच सकी। श्री कारनेगी की व्यवहारकुशलता अतुलनीय थी। वे लोगों को सँभालना जानते थे : वे जानते थे कि कैसे उनका उन्हीं के द्वारा आकलन करवाया जाए। यदि आप अपने गुण-अवगुण को स्वयं पहचान लेंगे तो इससे अच्छी और कोई बात हो ही नहीं सकती।

आपके द्वारा की जानेवाली व्यक्तिगत पहल का संभवत: सबसे महत्त्वपूर्ण कार्य आत्मविश्लेषण है। ऐसा कोई दिन नहीं गया, जब मैंने अपनी गलतियों, अपनी कमजोरियों पर ध्यान देते हुए उनमें सुधार की संभावनाओं का आकलन न किया हो। मैं रोज निरीक्षण करता हूँ कि मैं किस तरह और अधिक व बेहतर सेवा प्रदान कर सकता हूँ। मैं पिछले कई वर्षों से ऐसा कर रहा हूँ।

आपके द्वारा की जानेवाली व्यक्तिगत पहल का संभवत: सबसे महत्त्वपूर्ण कार्य आत्मविश्लेषण है। ऐसा कोई दिन नहीं गया, जब मैंने अपनी गलतियों, अपनी कमजोरियों पर ध्यान देते हुए उनमें सुधार की संभावनाओं का आकलन न किया हो। मैं रोज निरीक्षण करता हूँ कि मैं किस तरह और अधिक व बेहतर सेवा प्रदान कर सकता हूँ। मैं पिछले कई वर्षों से ऐसा कर रहा हूँ। बावजूद इसके आज भी मुझे ऐसी बहुत सी चीजें मिल जाती हैं, जिनमें सुधार की संभावना है, जहाँ मैं और बेहतर कर सकता हूँ तथा जहाँ अधिक मेहनत करने की आवश्यकता है। ऐसी व्यक्तिगत पहल बेहद गुणकारी होने के साथ ही बहुत दिलचस्प भी है, क्योंकि इस तरह आप अपने प्रति और अधिक ईमानदार हो जाते हैं।

अपने कार्यों, कर्मों व विचारों की सहायतार्थ थोथे तर्क गढ़ना बेईमानी का चरम रूप है। इसकी जगह अपनी पड़ताल करते हुए अपनी कमजोरियों को पहचानें। तत्पश्चात् इन कमजोरियों को स्वयं दूर करें या फिर इनसे निपटने के लिए अपने मास्टरमाइंड गठबंधन में से किसी व्यक्ति की सहायता लें। लोग ऐसी व्यक्तिगत पहल से अकसर कतराते हैं, क्योंकि इसमें उन्हें आत्मपरीक्षण व आत्म-आलोचना की प्रक्रिया

से गुजरना होगा। आप किसे अधिक अच्छा मानते हैं, दूसरों द्वारा आपकी गलतियाँ बताते हुए आपकी आलोचना करना या आपका अपने आप अपनी गलतियाँ खोजकर अपनी आलोचना करना?

आपको अपनी कमजोरियाँ जग-जाहिर करने की आवश्यकता नहीं है। आपके इन्हें किसी और की दृष्टि में आने से पहले ही सुधार देना होगा। आप अपने आप इसे अधिक अच्छी तरह कर पाएँगे, लेकिन यदि आप किसी दूसरे द्वारा आपका ध्यान इस ओर आकर्षित करवाने की प्रतीक्षा करेंगे, तो इनका सार्वजनिक होना तय मानिए। किसी दूसरे द्वारा आपको आपकी इन कमियों से परिचित करवाने में आपको बहुत शर्मिंदगी होगी। इससे आपके अहं को ठेस पहुँचेगी, यह भी संभव है कि इससे आप में हीन भावना घर कर जाए। व्यक्तिगत पहल का अर्थ अपनी उन खामियों को खोजना, आपके प्रति दूसरों के द्वेष का कारण खोजना तथा आप अन्य लोगों की तरह आगे क्यों नहीं बढ़ पा रहे हैं, इसकी खोज करना है।

आपको अपनी कमजोरियाँ जग-जाहिर करने की आवश्यकता नहीं है। आपके इन्हें किसी और की दृष्टि में आने से पहले ही सुधार देना होगा। आप अपने आप इसे अधिक अच्छी तरह कर पाएँगे, लेकिन यदि आप किसी दूसरे द्वारा आपका ध्यान इस ओर आकर्षित करवाने की प्रतीक्षा करेंगे, तो इनका सार्वजनिक होना तय मानिए। किसी दूसरे द्वारा आपको आपकी इन कमियों से परिचित करवाने में आपको बहुत शर्मिंदगी होगी। इससे आपके अहं को ठेस पहुँचेगी, यह भी संभव है कि इससे आप में हीन भावना घर कर जाए।

इस तरह आप ऐसे बिंदु पर पहुँच जाएँगे, जहाँ आपकी बुद्धि अन्य लोगों के समान या उनसे बढ़कर हो जाएगी। इस पहल से एक बड़ा फायदा यह होगा कि आप अपनी तुलना उन लोगों से कर सकेंगे, जो आपके मुकाबले अभी अधिक सफल हैं। उनसे अपनी तुलना करते हुए यह जानने का प्रयास करें कि उनमें ऐसा क्या है, जो आप में नहीं है। आप यह देखकर चकित रह जाएँगे कि खुद को पसंद आनेवाले व नापसंद लोगों से भी कितना कुछ सीखा जा सकता है। अपने से बेहतर करनेवालों से आप हमेशा कुछ-न-कुछ अवश्य सीख सकते हैं। कई बार आपको ऐसे व्यक्ति से भी सीखने का मौका मिल जाता है, जो आपसे बेहतर स्थिति में नहीं है। आप उससे यह सीख सकते हैं कि वह किन कारणों से पीछे रह गया। यह दोनों तरह से काम करता है।

14. गुण : सुनें ज्यादा, बोलें कम

अधिक सुनने व आवश्यकता पड़ने पर ही बोलने को अपनी आदत बना लें। अधिक बोलनेवाला कहीं से कुछ नहीं सीख सकता (अलावा इसके कि वह वहाँ कम बोलना ही सीखने गया हो)। ऐसे लोग दूसरों को अपनी बातें सुनाने में इतने मग्न हो जाते हैं कि वो दूसरों की बात सुनकर जो कुछ भी सीख सकते थे, वह भी नहीं सीख पाते। सुनें ज्यादा व जरूरत होने पर ही बोलें। पहले सोचें, फिर बोलें।

अधिक सुनने व आवश्यकता पड़ने पर ही बोलने को अपनी आदत बना लें। अधिक बोलनेवाला कहीं से कुछ नहीं सीख सकता (अलावा इसके कि वह वहाँ कम बोलना ही सीखने गया हो)। ऐसे लोग दूसरों को अपनी बातें सुनाने में इतने मग्न हो जाते हैं कि वो दूसरों की बात सुनकर जो कुछ भी सीख सकते थे, वह भी नहीं सीख पाते। सुनें ज्यादा व जरूरत होने पर ही बोलें। पहले सोचें, फिर बोलें।

15. गुण : विवरणात्मक निरीक्षण

क्या आप विवरणात्मक निरीक्षण करने के अभ्यस्त हैं? मान लीजिए कि आप स्टेट स्ट्रीट या मार्शल फील्ड्स के सामने बनी किसी सड़क से जा रहे हैं। ब्लॉक्स के अंत में पहुँचने पर क्या आपने जो कुछ भी देखा है, उसका सटीक वर्णन कर सकते हैं?

मैं एक बार फिलाडेल्फिया में एक कक्षा में सम्मिलित हुआ, जहाँ के शिक्षक छोटे विवरणों के भी निरीक्षण पर जोर दे रहे थे। उनका कहना था कि इन्हीं छोटे विवरणों पर हमारे जीवन की सफलता या असफलता निर्भर करती है। यह बातें बहुत बड़ी नहीं, बल्कि अकसर इतनी छोटी होती हैं कि इन्हें हम महत्त्वहीन मानते हुए इन पर कोई ध्यान नहीं देते। प्रशिक्षण के दौरान वे हमें हॉल से बाहर ले गए। वे हमें एक ब्लॉक सीधा, फिर मुड़ने के बाद एक ब्लॉक चलने, तत्पश्चात् एक बार फिर मुड़ने के बाद एक ब्लॉक और ले जाकर वापस हॉल में ले आए। हमारे मार्ग में कम-से-कम दस स्टोर आए, जिनमें से एक हार्डवेयर स्टोर था। इस हार्डवेयर स्टोर की शो-विंडो में विभिन्न प्रकार की लगभग पाँच सौ वस्तुएँ मौजूद थीं। हमारे शिक्षक ने हम सब को पेंसिल से कागज पर (जिससे हम अपनी स्मृति पर जोर डाल सकें) उन सभी चीजों के नाम लिखने को कहा, जो इस यात्रा के दौरान हमें महत्त्वपूर्ण लगी हों। जरा अनुमान लगाएँ कि सामने, मुड़ने व वापस लौटने की अपनी इस दो ब्लॉक लंबी यात्रा में हमने कितनी वस्तुओं को नोटिस किया होगा? हम लगभग बीस स्टोर्स के पास से गुजरे थे, लेकिन हमारे द्वारा लिखे गए वस्तुओं के नामों की अधिकतम संख्या मात्र छप्पन थी। हमारे शिक्षक ने बिना कागज व पेंसिल का उपयोग किए 746 वस्तुओं के नाम बता दिए।

उन्होंने सबके बारे में विस्तारपूर्वक बताते हुए प्रत्येक शो-विंडो व उसमें वह कहाँ रखी थी, इसकी भी जानकारी दी। मुझे इसपर विश्वास नहीं हुआ। कक्षा समाप्त होने के बाद मैं उसी रास्ते पर गया व उनकी कही हर बात की दो-बार जाँच की और पाया कि वे 100 फीसदी सही थे। उन्होंने स्वयं को प्रत्येक विवरण को ध्यान से देखने के लिए अभ्यस्त कर लिया था। और वह ऐसा केवल कुछ नहीं, बल्कि सभी वस्तुओं के साथ करते थे।

केवल वही व्यक्ति एक अच्छा शासक, अच्छा नेता या किसी भी काम में बेहतर हो सकता है, जो अपने आसपास घट रही घटनाओं का निरीक्षण करता रहे। इसमें अच्छी-बुरी, सकारात्मक-नकारात्मक सभी तरह की घटनाएँ शामिल हैं। वो केवल अपने मतलब की बातें ही नोटिस नहीं करते, बल्कि उन सभी बातों को नोटिस करते थे, जिनमें उनकी रुचि हो या जिनका प्रभाव उनकी रुचिकर चीजों पर पड़ता हो, इसलिए आप भी विवरणों पर ध्यान दिया करें।

केवल वही व्यक्ति एक अच्छा शासक, अच्छा नेता या किसी भी काम में बेहतर हो सकता है, जो अपने आसपास घट रही घटनाओं का निरीक्षण करता रहे। इसमें अच्छी-बुरी, सकारात्मक-नकारात्मक सभी तरह की घटनाएँ शामिल हैं। वो केवल अपने मतलब की बातें ही नोटिस नहीं करते, बल्कि उन सभी बातों को नोटिस करते थे, जिनमें उनकी रुचि हो या जिनका प्रभाव उनकी रुचिकर चीजों पर पड़ता हो, इसलिए आप भी विवरणों पर ध्यान दिया करें।

16. गुण : आलोचना को स्वीकार करें

क्या आप अन्य लोगों द्वारा की गई आलोचना (मित्रवत् की गई आलोचना) का स्वागत करते हैं? ऐसा नहीं करने पर आप एक बेहतरीन मौका खो बैठेंगे, जहाँ आपको अपने जीवन से जुड़ी या कम-से-कम अपने मुख्य उद्देश्य से संबंधित कार्यों की मित्रवत् आलोचना का नियमित स्रोत मिल सकता था। आलोचनाओं को स्वीकार करने से आप यह देख सकते हैं कि आपके दैनिक कार्यों का दूसरों पर क्या प्रतिकूल असर हो रहा है। निस्संदेह आप इन कार्यों को सही मानते हैं, तभी इन्हें लंबे समय से कर रहे हैं और किसी दूसरे द्वारा इस ओर आपका ध्यान आकर्षित न करने पर आप इसे आगे भी जारी रख सकते हैं।

आपके लिए मित्रवत् आलोचना का कोई स्रोत होना आवश्यक है। मैं उन लोगों की बात नहीं कर रहा, जो आपको पसंद नहीं करते और अपनी इसी नापसंदगी के चलते आपकी आलोचना करते रहते हैं। मैं कभी नहीं चाहूँगा कि किसी ऐसे व्यक्ति

का मुझपर रत्ती-भर भी प्रभाव पड़े। वहीं दूसरी ओर, मुझे उस व्यक्ति की मित्रवत् आलोचना स्वीकार्य है, जो मेरे प्रेम के वशीभूत होकर मुझसे यह सब कह रहा है। ऐसा न करने पर आप अपना बड़ा नुकसान कर बैठेंगे। मैंने सुना है कि हॉलिवुड में एक बात कही जाती है कि जब कोई स्टार अपने प्रेस एजेंटों की बात पर विश्वास करने लगता है (अधिकतर ऐसा ही होता है), तो उनका सितारा डूबने लगता है।

अपने को दूसरों की दृष्टि से देखना बहुत सौभाग्य की बात है। मैं निश्चित तौर पर कहता हूँ कि यह हम सबके लिए जरूरी है, क्योंकि जब हम बाहर निकलते हैं तो लोग हमें उसी नजर से नहीं देखते जैसा हम अपने आप को देखते हों। ऐसे ही जब हम दूसरों से बात करने या किसी भी कारण अपना मुँह खोलते हैं तो दूसरे इसे उसी तरह नहीं समझते जैसा आप उन्हें बताना चाहते हैं। आपको आलोचना व आकलन की आवश्यकता हमेशा रहेगी। आपको ऐसे लोग चाहिए, जो आपको अपने जीवन में बदलने लायक चीजों के बारे में बता सकें, क्योंकि अपने में बदलाव करना हम सबके लिए लाजिमी है। ऐसा न करने पर हमारा विकास रुक जाएगा। अधिकांश लोग अपने कार्यों के विपरीत सलाह या आलोचना को पसंद नहीं करते। वो हर उस चीज का प्रतिवाद करते हैं, जिनमें उनकी वर्तमान कार्यशैली में बदलाव की बात की जाए। इस प्रतिवाद से सबसे बड़ा नुकसान उनका अपना ही होता है।

मित्रवत् आलोचना को स्वीकार करें। कुछ लोगों का मानना है कि मित्रवत् आलोचना जैसी कोई चीज नहीं होती, लेकिन मैं इससे सहमत नहीं। मैं मित्रवत् आलोचना का केवल पक्षधर ही नहीं हूँ, बल्कि मैं इसको सबसे अधिक प्रशंसनीय भी मानता हूँ। याद रखिए, आप चाहे कुछ भी करते हों, आप चाहे कोई भी हों, या आप अपने काम में कितने भी सिद्ध हों, आप लोगों का 100 फीसदी समर्थन कभी हासिल नहीं कर सकते। ऐसी उम्मीद भी न रखें और न ही इसमें असफल रहने पर अपना मन छोटा करें।

मित्रवत् आलोचना को स्वीकार करें। कुछ लोगों का मानना है कि मित्रवत् आलोचना जैसी कोई चीज नहीं होती, लेकिन मैं इससे सहमत नहीं। मैं मित्रवत् आलोचना का केवल पक्षधर ही नहीं हूँ, बल्कि मैं इसको सबसे अधिक प्रशंसनीय भी मानता हूँ। याद रखिए, आप चाहे कुछ भी करते हों, आप चाहे कोई भी हों, या आप अपने काम में कितने भी सिद्ध हों, आप लोगों का 100 फीसदी समर्थन कभी हासिल नहीं कर सकते। ऐसी उम्मीद भी न रखें और न ही इसमें असफल रहने पर अपना मन छोटा करें।

17. गुण : निष्ठा

व्यक्तिगत पहल का सत्रहवाँ गुण है, उन सभी के लिए निष्ठा रखना, जो इस निष्ठा के पात्र हों। अपने साथ जोड़ने के लिए पात्रता के नियमों की मेरी पुस्तक में शामिल सूची में निष्ठा सबसे पहले आती है। जो लोग आपकी निष्ठा पाने का अधिकार रखते हैं, उनके ही प्रति निष्ठा न होने पर आपके पास कुछ नहीं है। फिर चाहे आप कितने भी अधिक बुद्धिमान, तेज, चतुर या शिक्षित हों, इससे कोई फर्क नहीं पड़ेगा। बल्कि निष्ठा न होने पर आपकी यह चतुरता उन लोगों के लिए और भी अधिक घातक सिद्ध होगी, जो इस निष्ठा को पाने के अधिकारी हैं।

क्या आप उन लोगों के प्रति निष्ठावान हैं, जो इसके पात्र हैं? क्या आपने कभी सोचा है, विचार किया है कि क्या मैं वास्तव में निष्ठावान हूँ? यदि ऐसा नहीं है और आप इस संबंध में कुछ करने के इच्छुक हैं, तो जरा उस व्यक्ति के बारे में सोचिए, जिसके प्रति आप निष्ठावान नहीं हैं। मैं जिन लोगों को पसंद नहीं करता, मैं उनके प्रति भी निष्ठावान हूँ, क्योंकि मैं उनके प्रति दायित्व की भावना को महसूस करता हूँ। फिर उन लोगों से चाहे मेरे व्यापारिक, पेशेवर संबंध हों और या वो मेरे परिवार में से हों (यहाँ वाकई कुछ ऐसे लोग हैं, जो मुझे पसंद नहीं।) मैं उनके प्रति दायित्व महसूस करता हूँ, इसलिए उनके प्रति भी निष्ठा रखता हूँ। यदि वे मेरे प्रति निष्ठा रखते हों तो भी ठीक है और यदि वे ऐसा नहीं सोचते तो यह मेरा नहीं बल्कि उनका दुर्भाग्य है। मुझे निष्ठावान रहने का सौभाग्य प्राप्त हुआ और मैं इसे सौभाग्य इसलिए मानता हूँ, क्योंकि मेरी नजर में यह एक गुण है।

क्या आप उन लोगों के प्रति निष्ठावान हैं, जो इसके पात्र हैं? क्या आपने कभी सोचा है, विचार किया है कि क्या मैं वास्तव में निष्ठावान हूँ? यदि ऐसा नहीं है और आप इस संबंध में कुछ करने के इच्छुक हैं, तो जरा उस व्यक्ति के बारे में सोचिए, जिसके प्रति आप निष्ठावान नहीं हैं। मैं जिन लोगों को पसंद नहीं करता, मैं उनके प्रति भी निष्ठावान हूँ, क्योंकि मैं उनके प्रति दायित्व की भावना को महसूस करता हूँ।

देखिए, मुझे श्री हिल नाम के इस व्यक्ति के साथ ही रहना है। मुझे उसके साथ सोना होता है और प्रतिदिन सुबह आईने में उसका चेहरा देखना होता है और उसकी दाढ़ी बनानी पड़ती है। मुझे उसे दिन में एक बार नहलाना भी पड़ता है। साथ ही मुझे उससे संबंध भी अच्छे रखने पड़ते हैं, क्योंकि आप किसी इतने नजदीकी व्यक्ति के साथ अपने संबंध नहीं बिगाड़ सकते। शेक्सपीयर ने इन शब्दों से बेहतर कभी कुछ नहीं लिखा, 'यदि आप अपने लिए सच्चे रहेंगे तो आप दूसरों को भी धोखा नहीं देंगे।' यह

बात उतनी ही सच्ची व निश्चित है, जितना रात के बाद दिन का आना। अपने आप से सच्चे रहिए। अपने प्रति निष्ठावान रहें, क्योंकि आपको यह जीवन अपने साथ ही गुजारना है। यदि आप अपने प्रति निष्ठावान रहेंगे तो संभव है कि आप अपने मित्रों व व्यापारिक सहयोगियों के प्रति भी निष्ठावान रह सकें।

18. गुण : व्यक्तित्व का आकर्षण

सहयोगियों को आकर्षित करने के लिए आकर्षक व्यक्तित्व का होना बहुत आवश्यक है। यह जन्म से ही मिलता है, या इसे निजी प्रयासों से प्राप्त किया जा सकता है ? आप इसे स्व-प्रयासों से प्राप्त कर सकते हैं। आकर्षक व्यक्तित्व का निर्माण करनेवाले पच्चीस कारकों में केवल एक ही है, जो जन्म से ही मिलता है। वो एकमात्र कारक है—वैयक्तिक आकर्षण-शक्ति, लेकिन आपका काम इसके बिना भी चल सकता है।

शेक्सपीयर ने इन शब्दों से बेहतर कभी कुछ नहीं लिखा, 'यदि आप अपने लिए सच्चे रहेंगे तो आप दूसरों को भी धोखा नहीं देंगे।' यह बात उतनी ही सच्ची व निश्चित है, जितना रात के बाद दिन का आना। अपने आप से सच्चे रहिए। अपने प्रति निष्ठावान रहें, क्योंकि आपको यह जीवन अपने साथ ही गुजारना है। यदि आप अपने प्रति निष्ठावान रहेंगे तो संभव है कि आप अपने मित्रों व व्यापारिक सहयोगियों के प्रति भी निष्ठावान रह सकें।

आप बाकी बचे चौबीस कारकों में फेरबदल कर सकते हैं, क्योंकि इनमें से प्रत्येक को व्यक्तिगत पहल द्वारा विकसित किया जा सकता है। यह आपको स्वयं ही करना होगा। सबसे पहले आपको यह जानना होगा कि इन सबके पैमाने पर आप कहाँ खड़े हैं। इसके लिए केवल अपना मत नहीं, बल्कि अपनी पत्नी या पति या किसी अन्य व्यक्ति से उसकी राय भी अवश्य जानें।

कई बार आपका शत्रु आपको बता देता है कि आप कहाँ गलती कर रहे हैं। शत्रुओं का यही एक फायदा है कि वह आपकी गलतियाँ निकालने से बाज नहीं आते। अपने शत्रुओं व स्वयं को नापसंद करनेवाले व्यक्तियों की आपके बारे में राय की विवेचना करने पर आपको उसमें कुछ सार अवश्य मिलेगा। साथ ही आप यह भी जान जाएँगे कि वे लोग आपके बारे में जो गलतबयानी कर रहे हैं; उसे झूठा कैसे साबित किया जाए। दूसरे शब्दों में, उनकी बातों को गलत साबित करने के लिए आप इतने सीधे मार्ग पर चलने लगेंगे कि उनकी हर अपमानजनक बात असत्य सिद्ध हो जाएगी। आपको इसमें यह फायदा मिलेगा। अपने शत्रुओं व स्वयं को नापसंद करनेवालों से कभी भयभीत न हों, क्योंकि संभव है कि वे कोई ऐसी बात कह बैठें, जिससे आपको

अपने बारे में कुछ नया जानने का मौका मिल सके।

वर्षों पूर्व मुझसे एक सेल्समैन मिलने आया था, जो उस कंपनी में पिछले दस वर्षों से काम कर रहा था। उस दौरान उसका रिकॉर्ड बहुत शानदार रहा, उसे कई पदोन्नति मिलीं तथा उसने खूब पैसा कमाया। मुझसे मिलने से छह महीने पहले से उसकी बिक्री कम होने लगी थी। जो ग्राहक हमेशा उसे ही बिजनेस देते थे, उन्होंने उससे मुँह फेर लिया था। मैंने नोटिस किया कि उसने बड़ा सा टेक्सॉस टेन-गैलन हैट पहन रखा है। मैंने उससे पूछा—आपने यह हैट कब खरीदा? उसने कहा—मैंने इसे छह महीने पहले टेक्सॉस से खरीदा था। मैंने उससे पूछा, क्या आप टेक्सॉस में विक्रय का काम करते हैं? उसने कहा, नहीं, मैं टेक्सॉस कभी-कभी ही जाता हूँ। मैंने कहा—अब सुनिए, आप इस हैट को केवल टेक्सॉस जाने पर ही पहना कीजिए, क्योंकि टेक्सॉस से बाहर के ग्राहकों को आपका यह हैट पसंद नहीं है और न ही यह आप पर अच्छा लग रहा है। उसने कहा—क्या इससे कोई फर्क पड़ेगा? मैंने कहा—इससे आपके बाहरी रूप में इतना परिवर्तन हो जाएगा कि आप चकित रह जाएँगे। कई लोग ऐसे होते हैं कि यदि उन्हें आपका रूप-रंग पसंद न आए तो वह आपके साथ व्यापारिक संबंध नहीं रखेंगे।

वर्षों पूर्व मुझसे एक सेल्समैन मिलने आया था, जो उस कंपनी में पिछले दस वर्षों से काम कर रहा था। उस दौरान उसका रिकॉर्ड बहुत शानदार रहा, उसे कई पदोन्नति मिलीं तथा उसने खूब पैसा कमाया। मुझसे मिलने से छह महीने पहले से उसकी बिक्री कम होने लगी थी। जो ग्राहक हमेशा उसे ही बिजनेस देते थे, उन्होंने उससे मुँह फेर लिया था।

आप भी अपने व्यक्तित्व में बदलाव ला सकते हैं। आप दूसरों को चुभनेवाली अपनी कमियों को खोजकर उनमें सुधार कर सकते हैं। यह खोज आपको खुद ही करनी होगी। काम आपको या तो स्वयं करना होगा या आपको कोई ऐसा व्यक्ति चाहिए होगा, जो आपके लिए इस काम को करने में झिझक न दिखाए।

19. गुण : एकाग्रता

एक बार में केवल एक ही विषय पर एकाग्रचित्त होने की क्षमता विकसित करें। किसी बिंदु पर विचार करते समय, उसपर पूरी तरह विचार करते हुए अंतिम परिणाम तक पहुँचाएँ। उसे पूरा करने के बाद ही अगले बिंदु की ओर बढ़ें। कई सारे बिंदुओं पर एक साथ काम करने का प्रयास न करें। ऐसा करने पर आप एक पर भी ठीक से काररवाई नहीं कर सकेंगे। ऐसी गलती रिश्ते निभाने में, कुछ बेचते समय, सार्वजनिक

रूप से बोलते हुए या कोई भी काम करते हुए कहीं भी हो सकती है। यह मेरी सबसे बड़ी कमजोरियों में से एक है। मैं बारंबार यही कर बैठता हूँ। सौभाग्य से मेरे पास एक व्यक्ति है, जो मुझे अपनी इस गलती पर चेता देता है। मेरे विचार से सार्वजनिक मंच पर बोलने का इससे अच्छा प्रशिक्षण देनेवाला और कोई हो ही नहीं सकता। वह यह काम मुफ्त में करता है। उसने मुझसे आज तक इस काम का एक भी पैसा नहीं लिया। वह कहता है। आपकी भाषा पर अच्छी पकड़ है, आप में भरपूर उत्साह है तथा आप बहुत अच्छे उदाहरण भी देते हैं। लेकिन आप में एक बुरी आदत है कि आप बोलते समय ऐसे बिंदुओं को उठा लेते हो, जिनका आपकी बात से कोई सरोकार नहीं होता। तत्पश्चात् आप कुछ देर बाद पुनः अपने बिंदु पर बोलने लगते हो, इस बीच आपकी बात का असर ठंडा पड़ जाता है। आप एक बार में एक ही विषय पर एकाग्रचित्त रहने की क्षमता विकसित करें। फिर चाहे आप बोल रहे हों, सोच रहे हों, लिख रहे हों, पढ़ा रहे हों या और कुछ भी कर रहे हों, एक बार में केवल एक विषय पर ही एकाग्र रहें।

सौभाग्य से मेरे पास एक व्यक्ति है, जो मुझे अपनी इस गलती पर चेता देता है। मेरे विचार से सार्वजनिक मंच पर बोलने का इससे अच्छा प्रशिक्षण देनेवाला और कोई हो ही नहीं सकता। वह यह काम मुफ्त में करता है। उसने मुझसे आज तक इस काम का एक भी पैसा नहीं लिया। वह कहता है, आपकी भाषा पर अच्छी पकड़ है—आप में भरपूर उत्साह है तथा आप बहुत अच्छे उदाहरण भी देते हैं।

20. गुण : अपनी गलतियों से सीखें

अपनी गलतियों से सीखने की आदत डालें। अपनी गलतियों से सीख लेने पर आप उसे फिर नहीं दोहराएँगे! यही सच्चाई है। मैंने आज तक ऐसा कोई व्यक्ति नहीं देखा, जो एक ही गलती बार-बार दोहराए। एक चीनी कहावत है—यदि कोई व्यक्ति मुझे मूर्ख बनाता है तो यह उसके लिए शर्मिंदगी की बात है, लेकिन यदि वह मुझे दो बार मूर्ख बना दे, तो यह मेरे लिए शर्मिंदगी की बात है। बहुत से लोग हैं, जो मेरे लिए शर्मिंदगीवाली श्रेणी में आते हैं, क्योंकि वे अपनी गलतियों से कुछ नहीं सीखते।

21. गुण : अपने अधीनस्थ की जिम्मेदारी लें

यह जरूरी है कि आप अपने अधीन काम करनेवालों की जिम्मेदारी स्वीकार करने को तैयार रहें। आपके अधीन काम करनेवाला कोई अधीनस्थ कर्मचारी गलती करता है तो यह उसकी नहीं, बल्कि आपकी असफलता है। अब आपको उसे या तो सही तरह से प्रशिक्षित करना होगा या उसे कोई ऐसा काम दें, जहाँ आपको उसकी

निगरानी न करनी पड़े, लेकिन जब तक वह कर्मचारी आपके अधीन है, तब तक उसके कार्य की जिम्मेदारी पूरी तरह आप पर ही है।

22. गुण : अन्य लोगों को श्रेय दें

सफल लोगों की आदत होती है कि वह अन्य लोगों की योग्यता व क्षमताओं को भी पूरा सम्मान देते हैं। वे दूसरों की मेहनत का फल चोरी करने का प्रयास नहीं करते। यदि किसी का काम अच्छा है तो उसे श्रेय अवश्य दें। बल्कि उसे दोगुना श्रेय दें। वह जिस सम्मान का पात्र है, उसे उससे कम नहीं, बल्कि अधिक प्रदान करें। अच्छा काम करने पर पीठ पर मिली थपकी किसी को बुरी नहीं लगती।

सफल लोगों को अपना सम्मान पसंद होता है। ऐसे बहुत से लोग हैं, जो किसी भी अन्य चीज की जगह सम्मान पाने हेतु डटकर काम करते हैं। कुछ लोग इतने सच्चरित्र होते हैं कि आप चाहे जितनी अधिक चापलूसी करें, वे जरा भी नहीं पिघलते हैं। वे अपनी क्षमता से परिचित होते हैं और जब आप प्रशंसा में उस सीमा को पार कर जाते हैं, तब उन्हें आप पर संदेह होने लगता है।

सफल लोगों को अपना सम्मान पसंद होता है। ऐसे बहुत से लोग हैं, जो किसी भी अन्य चीज की जगह सम्मान पाने हेतु डटकर काम करते हैं। कुछ लोग इतने सच्चरित्र होते हैं कि आप चाहे जितनी अधिक चापलूसी करें, वे जरा भी नहीं पिघलते हैं। वे अपनी क्षमता से परिचित होते हैं और जब आप प्रशंसा में उस सीमा को पार कर जाते हैं, तब उन्हें आप पर संदेह होने लगता है। फिर भी मेरा मानना है कि ज्यादातर लोग चापलूसी के आगे पिघल जाते हैं। दुर्भाग्यवश, यह उनके व आपके दोनों के लिए ही बुरा है। एक पुस्तक है, जिसे दुनिया भर में बाँटा गया है। इस पुस्तक का मूल विषय है कि यदि आप इस दुनिया में अपनी जगह बनाए रखना चाहते हैं तो लोगों की चापलूसी करते रहें। चापलूसी दुनिया का सबसे पुराना ही नहीं, बल्कि सबसे घातक व खतरनाक हथियार है। मुझे लोगों द्वारा की गई मेरी प्रशंसा पसंद है। मुझे वे लोग पसंद आते हैं, जो मुझे जानते हैं तथा मेरी सराहना करते हैं। मुझे यह अच्छा लगता है, लेकिन यदि कोई व्यक्ति मुझसे कहे कि हिल साहब, आपने मेरे लिए जो कुछ भी किया है, मैं उसकी सराहना करता हूँ और इसी तरह की अन्य बातें। वैसे, क्या आज रात मैं आपके घर आ सकता हूँ, मुझे आपसे एक व्यावसायिक प्रस्ताव पर चर्चा करनी है तो मुझे फौरन संदेह होगा कि इस व्यक्ति ने मेरी चापलूसी केवल इसलिए की है, जिससे यह मेरे साथ वक्त गुजारकर अपना काम निकाल सके। इसलिए बहुत अधिक चापलूसी व प्रशंसा करना ठीक नहीं रहता।

23. गुण : सुनहरे नियम

इन सुनहरे नियमों का उपयोग सभी मानवीय रिश्तों में करें। इसका सबसे अच्छा तरीका यह है कि आप स्वयं को दूसरे व्यक्ति की जगह रखकर सोचें। जब आपको किसी अन्य व्यक्ति के संबंध में कोई महत्त्वपूर्ण निर्णय लेना है या उसके साथ कोई लेन-देन करना हो, तो स्वयं को उस व्यक्ति की जगह रखकर विचार करने के बाद ही अंतिम निर्णय लें। ऐसा करने से पूरी संभावना है कि आपके हाथों उस व्यक्ति को भी न्याय मिलेगा।

24. गुण : सकारात्मक अभिवृत्ति

सकारात्मक अभिवृत्ति पर पहले ही बहुत कुछ कहा जा चुका है। (सकारात्मक अभिवृत्ति पर और अधिक जानकारी के लिए 7 सिद्धांत देखें)

25. गुण : जिम्मेदारी लें

अपने द्वारा किए गए किसी भी काम की पूरी जिम्मेदारी लें। इससे बचने के लिए किसी थोथे तर्क का सहारा न लें। अधिकांश लोग अपनी असफलता, कार्य न कर पाने, उन्हें जो काम कहा गया हो, वो न कर पाने पर इन्हीं थोथे तर्कों का सहारा लेते हैं। अपनी सफाई देने में इन थोथे तर्कों को गढ़नेवाले यदि इससे आधा भी श्रम काम करने या काम के प्रयास में लगाएँ तो वो भी जीवन में अपनी वर्तमान परिस्थिति से बहुत आगे बढ़ सकते हैं। सामान्यत: जो लोग थोथे तर्क गढ़ने में जितने तेज होते हैं, काम करने में वो उतने ही अयोग्य साबित होते हैं। ऐसे लोग थोथे तर्कों को रचना या इन्हें पहले से ही सोच के करने-रखने को ही अपना काम मानते हैं। इससे पूछताछ होने पर या रँगे हाथ पकड़े जाने पर उनके पास अपने बचाव के लिए जवाब पहले ही तैयार होता है।

अपने द्वारा किए गए किसी भी काम की पूरी जिम्मेदारी लें। इससे बचने के लिए किसी थोथे तर्क का सहारा न लें। अधिकांश लोग अपनी असफलता, कार्य न कर पाने, उन्हें जो काम कहा गया हो, वो न कर पाने पर इन्हीं थोथे तर्कों का सहारा लेते हैं। अपनी सफाई देने में इन थोथे तर्कों को गढ़नेवाले यदि इससे आधा भी श्रम काम करने या काम के प्रयास में लगाएँ तो वो भी जीवन में अपनी वर्तमान परिस्थिति से बहुत आगे बढ़ सकते हैं।

लेकिन अंत में केवल एक ही वस्तु का महत्त्व होता है, सफलता। मोल केवल परिणाम का ही होता है। मैंने एक बार इसी विषय पर एक सूक्ति लिखी थी। सफलता का कोई स्पष्टीकरण नहीं; असफलता का थोथा तर्क नहीं। दूसरे शब्दों में, सफलता

के लिए कोई स्पष्टीकरण नहीं देना होता वहीं असफल होने, पर किसी थोथे तर्क या स्पष्टीकरण का कोई लाभ नहीं होता। वो हर हालत में असफलता ही रहती है। है न?

26. गुण : अपनी इच्छा पर ध्यान केंद्रित रखें

अपना दिमाग अपनी इच्छित वस्तुओं पर ही केंद्रित रखें, न कि अवांछित वस्तुओं पर। अधिकांश मामलों में लोगों की व्यक्तिगत पहल अपने लिए अवांछित चीजों की ओर ही होती है। ऐसे मामलों में लोगों को व्यक्तिगत पहल करना सिखाना नहीं पड़ता। वे स्वयं ही ऐसा कर लेते हैं और निरंतर उन वस्तुओं पर विचार करते रहते हैं, जो पसंद नहीं करते और अंततः जीवन में उन्हें वही अनचाही चीजें प्राप्त हो जाती हैं, जो लगातार उनके दिमाग में घूम रही थीं।

यहीं से रूपांतर की प्रक्रिया शुरू हो जाती है। आप जिन चीजों को नहीं चाहते, जिनसे आप भयभीत रहते हैं, जिनपर आपको संदेह है, जो आपको नापसंद हैं, ऐसी चीजों की जगह उनपर ध्यान केंद्रित करें, जिन्हें आप चाहते हैं, जो आपकी इच्छाओं में शामिल हैं तथा जिन चीजों को आप पाना चाहते हैं।

□

7

सकारात्मक मानसिक अभिवृत्ति

सफलता के सभी सिद्धांतों में सकारात्मक मासिक अभिवृत्ति का यह सातवाँ सिद्धांत सबसे महत्त्वपूर्ण है। इसी सिद्धांत द्वारा इस पूरे दर्शन को आत्मसात् करने के अलावा इसका वास्तविक उपयोग संभव हो सकता है। इस सिद्धांत को समझे या उपयोग किए बिना आपके लिए बाकी दस सिद्धांत भी अनुपयोगी ही सिद्ध होंगे। इस व्याख्यान को दिल से सुनें व इस सिद्धांत को अपना हिस्सा बना लें।

इस व्याख्यान में डॉ. हिल ने कुछ तत्त्वों की सूची दी है, जिनके द्वारा आप अपनी सकारात्मक मानसिक अभिवृत्ति को विकसित कर उसका उपयोग कर सकते हैं। इस सभी को संदर्भ रूप में लिखकर रख लें। यह मूल रूप से डॉ. हिल के सात मूल भय पर आधारित हैं, जो हैं—गरीबी का भय, आलोचना का भय, बीमारी का भय, प्रेम के अस्वीकार का भय, वृद्धावस्था का भय, स्वतंत्रता खोने का भय व मृत्यु का भय।

डॉ. हिल दो अन्य बातों पर भी जोर देते हैं, जिन्हें प्रकृति भी हतोत्साहित करते हुए गंभीर दंड के योग्य मानती है। पहली है 'शून्यता' या 'खालीपन' तथा दूसरी है 'सक्रियता का अभाव या जड़ता'। जड़ता से होनेवाली हानि अपनी एक बाँह को बिना हिलाए-डुलाए कुछ समय तक अपने एक ओर बाँधे रखे। यह क्षीण होते हुए सूख जाएगी और फिर अंततः किसी काम की नहीं रहेगी। शून्यता से होनेवाली हानि को यदि आप अपने विचारों की शक्ति से नियंत्रित नहीं करेंगे, यदि आप अपने दिमाग को शून्य रखते हुए बाहरी प्रभावों के लिए खुला छोड़ देंगे तो यह नकारात्मक विचारों से भर जाएगा। बाहरी परिस्थितियों व संभावनाओं

के थपेड़े इसे नष्ट-भ्रष्ट कर देंगे। असफलता के बीज के लिए खाली दिमाग उर्वर भूमि जैसा है।

यह बहुत सरल व महान् सत्य है कि सफलता और अधिक सफलता को आकर्षित करती है, वहीं असफलता से और अधिक असफलता आकर्षित होती है। नकारात्मक मानसिक अभिवृत्ति होने के चलते आप केवल भय व कुंठा पर ही विश्वास करते हैं और इसी कारण आपका दिमाग ऐसे ही और अनुभवों को आपकी ओर आकर्षित कर लेता है, लेकिन सकारात्मक मानसिक अभिवृत्ति से आप अपने दिमाग को यह विश्वास दिला देते हैं कि आपको अपनी इच्छित समृद्धि को आकर्षित करने का पूरा अधिकार है। आपका यही विश्वास आपको बिना गलती किए सही राह पर ले जाता है।

मैं आपको पिछले दिनों की एक घटना बताता हूँ। मैं रविवार की जगह सोमवार को वापस आने के लिए अपना टिकट बदलवाने ट्रेवल एजेंसी गया। जब मैं अंदर प्रविष्ट हुआ तो ट्रेवल एजेंसी का मैनेजर मुझे पहचान गया और मेरा हाथ पकड़कर मुझसे 'थिंक एंड ग्रो रिच' पर बात करने लगा। जब वह मेरा हाथ पकड़े हुए मुझसे बात कर रहा था, तभी उसी एयरलाइन में काम करनेवाला उसका एक मित्र वहाँ आ पहुँचा। जैसे ही उसने उसके मुँह से 'नेपोलियन हिल' नाम सुना, उसने झट से मेरा दूसरा हाथ थाम लिया और मुझसे 'थिंक एंड ग्रो रिच' पर चर्चा करने लगा। उसने कहा—आपको यह जानकर अच्छा लगेगा कि इस एयरलाइन में आने से पहले मैं एक विक्रय संस्थान में था, जहाँ लगभग सौ कर्मचारी काम करते थे। मैं चाहता था कि वहाँ का प्रत्येक सेल्समैन आपकी सभी पुस्तकें पढ़े। उनके लिए यह आवश्यक था। मुझे बहुत अच्छा लगा। बाहर मेरी मुलाकात दो खूबसूरत महिलाओं से हुई, जो फुटपाथ पर खड़ी चुनावी सामग्री बाँट रही थीं। जब मैं उनके पास से गुजरा तो उनमें से एक बोली—आप नेपोलियन हिल ही

मैं रविवार की जगह सोमवार को वापस आने के लिए अपना टिकट बदलवाने ट्रेवल एजेंसी गया। जब मैं अंदर प्रविष्ट हुआ तो ट्रेवल एजेंसी का मैनेजर मुझे पहचान गया और मेरा हाथ पकड़कर मुझसे 'थिंक एंड ग्रो रिच' पर बात करने लगा। जब वह मेरा हाथ पकड़े हुए मुझसे बात कर रहा था, तभी उसी एयरलाइन में काम करनेवाला उसका एक मित्र वहाँ आ पहुँचा।

हैं न? मैंने दो वर्ष पहले एक महिलाओं के क्लब में आपका व्याख्यान सुना था। यह मेरी बहन है। हम दोनों के पति आपके द्वारा अपनी पुस्तकों में बताए तथ्यों पर चलते हुए आज बेहद सफल हैं। अपनी कार के पास पहुँचने पर मैंने देखा कि एक पुलिसकर्मी वहाँ खड़ा चालान का टिकट बना रहा है। अब मुझे कुछ देर पहले की गई बातचीत की कीमत चुकानी थी। मैंने पार्किंग मीटर में यह सोचते हुए एक पैनी नजर डाली थी कि मैं बारह मिनट में अपना काम पूरा करके वापस लौट आऊँगा; लेकिन पीछे हुई सुखद चर्चाओं में कुछ अधिक समय लग गया। जब मैं मीटर तक पहुँचा तो पुलिसकर्मी चालान का टिकट बनाने का काम लगभग आधा कर चुका था। वो नहीं जानता था कि यह किसकी कार है। मैं उसके सामने पहुँचा और बोला, आप नेपोलियन हिल के साथ तो ऐसा नहीं करेंगे? उसने पूछा—किसके? मैंने कहा, नेपोलियन हिल। उसने कहा—नहीं, मैं नेपोलियन हिल के साथ ऐसा नहीं करूँगा, लेकिन आपके साथ मैं ऐसा कर सकता हूँ। तब मैंने उन्हें अपना क्रेडिट कार्ड व ड्राइविंग लाइसेंस दिखाया। उसने कहा—चलिए, अब मैं आपको एक बूढ़ा बंदर दिखाता हूँ! और उसने मेरे हाथ से टिकट लिया और बंदर की तरह फाड़ डाला और कहा कि मैं इस बारे में बिल्कुल भूल जाऊँ। उसने कहा, आपको यह जानकर खुशी होगी कि आपकी पुस्तक 'थिंक एंड ग्रो रिच' पढ़ने के बाद ही मैं ग्लेनडेल पुलिस फोर्स में शामिल हो सका।

किसी भी व्यक्ति के प्रयासों में जब निश्चित उद्देश्य द्वारा सक्रिय हुई ज्वलंत इच्छा तीव्र होकर अनुप्रयुक्त आस्था के स्तर तक पहुँचकर सकारात्मक मानसिक अभिवृत्ति न बन जाए, तब तक व्यक्ति अपने प्रयासों से कुछ भी रचनात्मक या उपयोगी नहीं बना सकता।

किसी भी व्यक्ति के प्रयासों में जब निश्चित उद्देश्य द्वारा सक्रिय हुई ज्वलंत इच्छा तीव्र होकर अनुप्रयुक्त आस्था के स्तर तक पहुँचकर सकारात्मक मानसिक अभिवृत्ति न बन जाए, तब तक व्यक्ति अपने प्रयासों से कुछ भी रचनात्मक या उपयोगी नहीं बना सकता।

इन पाँच विभिन्न दिमागी स्थितियों के बाद सकारात्मक मानसिक अभिवृत्ति को प्राप्त किया जा सकता है। दूसरे शब्दों में, सकारात्मक मानसिक अभिवृत्ति के पाँच पूर्व लक्षण हैं—कामना, आशा, ज्वलंत इच्छा, अनुप्रयुक्त आस्था व क्रियाशीलता।

1. कामना से शुरुआत

सभी के मन में कामनाएँ होती हैं, एक पल में हम कुछ कामना करते हैं और वहीं दूसरे पल में कुछ और बाद में किसी और चीज की कामना करने लगते हैं।

लेकिन केवल कामना करने से ही कुछ नहीं होता। कुछ भी नहीं। तब आप एक कदम आगे बढ़ते हुए जिज्ञासु हो जाते हैं। आप बहुत सा समय इस निष्क्रिय जिज्ञासा में गुजार देते हैं। आप जानते हैं कि इस निष्क्रिय जिज्ञासा से कुछ भी सार्थक होना संभव नहीं है, लेकिन फिर भी आप इस निष्क्रिय जिज्ञासा में बहुत सा समय बिता देते हैं। कई बार आप इस अध्ययन में बहुत सा समय व्यर्थ कर देते हैं कि आपका पड़ोसी या प्रतियोगी क्या कर रहा है या नहीं कर रहा है। इससे सकारात्मक मानसिक अभिवृत्ति उत्पन्न नहीं होती।

2. कामना से ही आशा उत्पन्न होती है

कामना की अगली सीढ़ी आशा होती है, जहाँ आपकी कामना ठोस आकार ग्रहण कर लेती है। यह आशा सफलता की आशा, उपलब्धि की आशा व अपनी इच्छित वस्तुओं के संचयन की आशा का रूप धर लेती है, लेकिन आशा अपने आप में इतनी प्रभावकारी नहीं होती। हम सभी में आशाओं का अंबार लगा है, लेकिन आशा रखनेवाले सभी व्यक्ति सफल नहीं हो जाते। कुछ की सफलता केवल आशा ही रह जाती है। हालाँकि आशा करना कामना रखने से अधिक बेहतर है। कामना व आशा के बीच यह अंतर है कि आशा से ही आस्था का जन्म होता है। आशा का मुख्य कार्य यही है। आपकी कामना को रूपांतरित कर ऐसी वांछित दिमागी स्थिति में लाना, जिसे 'आस्था' कहा जाता है।

3. आशा ही ज्वलंत इच्छा का ईंधन है

एक समय पर आपकी मानसिक अभिवृत्ति एक कदम आगे बढ़कर आपकी आशा को रूपांतरित करके कुछ ऐसा बना देती है, जिसे 'ज्वलंत इच्छा' कहा जाता है। ज्वलंत इच्छा व सामान्य इच्छा के बीच अंतर है। ज्वलंत इच्छा वो तीव्र इच्छा है जिसका आधार आशा व उद्देश्य की निश्चितता है। इस तरह ज्वलंत इच्छा वह आवेशी इच्छा है, जिसका ईंधन कोई महत्त्वाकांक्षा होती है। किसी स्पष्ट या प्रच्छन्न महत्त्वाकांक्षा के अभाव में ज्वलंत इच्छा का होना संभव नहीं है। अपनी इच्छित वस्तु को पाने की आप में जितनी अधिक महत्त्वाकांक्षा होगी,

एक समय पर आपकी मानसिक अभिवृत्ति एक कदम आगे बढ़कर आपकी आशा को रूपांतरित करके कुछ ऐसा बना देती है, जिसे 'ज्वलंत इच्छा' कहा जाता है। ज्वलंत इच्छा व सामान्य इच्छा के बीच अंतर है। ज्वलंत इच्छा वो तीव्र इच्छा है जिसका आधार आशा व उद्देश्य की निश्चितता है। इस तरह ज्वलंत इच्छा वह आवेशी इच्छा है, जिसका ईंधन कोई महत्त्वाकांक्षा होती है।

उतना ही शीघ्र आप अपनी भावनाओं को ज्वलंत इच्छा का रूप दे सकेंगे। हालाँकि यही पर्याप्त नहीं है। अभी कुछ और भी करना बाकी है। सफलता हासिल करने की सुनिश्चितता पाने के लिए अभी आपको एक और मानसिक स्थिति तक पहुँचना होगा।

4. अनुप्रयुक्त आस्था

जब आप कामना, निष्क्रिय जिज्ञासा, आशा व ज्वलंत इच्छा से आगे बढ़ने पर उससे अधिक ऊँचे स्तर पर पहुँचेंगे, जिसे 'अनुप्रयुक्त आस्था' कहते हैं। लेकिन यहाँ आपको अनुप्रयुक्त आस्था व सामान्य विश्वास के बीच का अंतर पता होना चाहिए?

5. श्रम

'अनुप्रयुक्त' का पर्यायवाची शब्द 'सक्रियता' भी हो सकता है। आप इसे 'सक्रिय आस्था' भी कह सकते हैं। अनुप्रयुक्त आस्था व सक्रिय आस्था एक ही हैं : यह आपके द्वारा किए गए कर्मों से समर्थित आस्था है। उन लोगों द्वारा की गई प्रार्थनाएँ सबसे अधिक प्रभावकारी होती हैं, जिनका दिमाग सकारात्मक मानसिक अभिवृत्ति रखते हुए विचार करने में अभ्यस्त है।

> *मैंने एक बार हेनरी फोर्ड से पूछा कि क्या दुनिया में कुछ भी ऐसा है, जो वह करना चाहते हैं या न कर सके हों? तो उनका उत्तर था कि वे नहीं मानते कि ऐसा कुछ भी है। मैंने उनसे पूछा कि क्या पहले कभी ऐसा हुआ है तो उनका जवाब था कि हाँ, ऐसा तब होता था, जब वे अपने दिमाग का उपयोग करना नहीं जानते थे।*

यदि आप यह जानना चाहते हैं कि दिनभर में आप सकारात्मक की तुलना में नकारात्मक पक्ष पर कितना अधिक विचार करते हैं? ऐसा करने के लिए आगामी दो या तीन दिनों के लिए एक तालिका बनाएँ, जिसमें आप उन कार्यों को लिखें, जिन्हें करने में आप समर्थ या असमर्थ हैं या उनके सकारात्मक व नकारात्मक पक्षों को दर्ज करें। सफलतम व्यक्ति भी यह देखकर हैरान रह जाएँगे कि वे दिन के कितने अधिक घंटे नकारात्मक विचारों में गुजार देते हैं। जिन लोगों ने नकारात्मक पक्ष पर विचार करने में न्यूनतम वक्त दिया है, उन्हें ही दुनिया में विशिष्ट सफलता की प्राप्ति हुई है। सभी महान् नेता हर समय चीजों के सकारात्मक पक्ष पर ही विचार करते हैं।

मैंने एक बार हेनरी फोर्ड से पूछा कि क्या दुनिया में कुछ भी ऐसा है, जो वह करना चाहते हैं या न कर सके हों? तो उनका उत्तर था कि वे नहीं मानते कि ऐसा कुछ भी है। मैंने उनसे पूछा कि क्या पहले कभी ऐसा हुआ है तो उनका जवाब था कि हाँ, ऐसा तब होता था, जब वे अपने दिमाग का उपयोग करना नहीं जानते थे। मैंने पूछा,

इस बात से आपका क्या मतलब है? उन्होंने कहा—जब मैं कोई चीज या कुछ करना चाहता हूँ, तो पहले मैं यह समझता हूँ कि इसे कैसे किया जा सकता है और फिर मैं वही करने लगता हूँ। मुझे इस बात से कोई मतलब नहीं है कि मैं क्या नहीं कर सकता, इसलिए मैं इसकी परवाह भी नहीं करता। उनकी इस बात में दार्शनिक सार छिपा है। वह यह कि कुछ भी करते समय उनका पूरा ध्यान उन बातों पर रहता है, जिनके बारे में वे कुछ कर सकते हैं, न कि ऐसी बातों पर जहाँ वे कुछ नहीं कर सकते।

मैं जानता हूँ कि जब आप अपनी कोई समस्या, जटिल समस्या लोगों के सामने रखते हैं तो वे सभी आपको वह कारण गिनाने लगते हैं, जिनके चलते उस समस्या का समाधान नहीं निकल सकता। उस समस्या में सकारात्मक व नकारात्मक पक्ष होने के बावजूद लोगों को पहले इसका नकारात्मक पक्ष ही दिखाई देता है। मैंने आज तक ऐसी कोई समस्या नहीं देखी, जिसका कोई सकारात्मक पक्ष न हो। ऐसा कुछ न दिखने पर मैं इसके प्रति यह सकारात्मक उद्गार प्रकट करता हूँ कि यदि मैं इस समस्या को सुलझा सकता हूँ तो ऐसा अवश्य करूँगा और यदि मैं इसे सुलझा नहीं सकता तो मुझे इसकी चिंता करने की भी कोई आवश्यकता नहीं। अधिकांश लोग जब किसी ऐसी कठिन परिस्थिति या समस्या का सामना करते हैं, जिसे सुलझाना उनके वश की बात न हो तो उस चिंता से उनकी मानसिक स्थिति नकारात्मक हो जाती है। जब तक आपकी दिमागी स्थिति ऐसी रहेगी, तब तक आप कुछ भी प्राप्त नहीं कर पाएँगे।

> ***कुछ सार्थक करने के लिए आपको अपने दिमाग को हर समय सकारात्मक रखना सीखना होगा। जहाँ सकारात्मक मानसिक अभिवृत्ति नए अवसर लाती है, वहीं नकारात्मक मानसिक अभिवृत्ति इसके लिए अवरोधक साबित होती है। क्या आप भी यही मानते हैं कि हमारे हाथ से निकल जानेवाले अवसरों का हमारी पात्रता या अवसर पाने के हमारे अधिकार से कुछ लेना-देना है? बिल्कुल नहीं। संभव है कि आप जीवन में मिलनेवाली सभी अच्छी चीजों को प्राप्त करने के अधिकारी हों।***

दिमाग नकारात्मक होने से हालात और बिगड़ जाएँगे, जिससे आपको कोई लाभ नहीं होगा।

कुछ सार्थक करने के लिए आपको अपने दिमाग को हर समय सकारात्मक रखना सीखना होगा। जहाँ सकारात्मक मानसिक अभिवृत्ति नए अवसर लाती है, वहीं नकारात्मक मानसिक अभिवृत्ति इसके लिए अवरोधक साबित होती है। क्या आप भी यही मानते हैं कि हमारे हाथ से निकल जानेवाले अवसरों का हमारी पात्रता या अवसर

पाने के हमारे अधिकार से कुछ लेना-देना है ? बिल्कुल नहीं। संभव है कि आप जीवन में मिलनेवाली सभी अच्छी चीजों को प्राप्त करने के अधिकारी हों। यह भी संभव है कि आप इसके सर्वथा योग्य हों, लेकिन नकारात्मक मानसिक अभिवृत्ति होने पर आप ऐसे अवसरों को टाल जाते हैं, जिनसे आपको ये सभी अच्छी चीजें मिल सकती थीं। इसलिए आपकी सबसे बड़ी जिम्मेदारी अपने दिमाग को सकारात्मक रखना है, जिनसे आप उन चीजों को हासिल कर सकते हैं, जिनकी आप इच्छा रखते हैं या जिन्हें पाने के लिए आप प्रयासरत हैं।

क्या आपने कभी सोचा है कि प्रार्थनाओं से नकारात्मक परिणामों के अलावा कुछ और क्यों नहीं मिलता? क्या आपने कभी इस बात पर विचार किया है ? मेरा मानना है कि सभी धर्मों के ज्यादातर लोग नहीं जानते कि प्रार्थनाओं का प्रत्युत्तर प्रायः या सामान्यतः नकारात्मक ही क्यों आता है ? आपको इसके अलावा कुछ और मिल भी नहीं सकता, क्योंकि यह एक नियम के तहत काम करता है। इस नियम के मुताबिक आपके दिमाग में जो कुछ भी होता है, वह इसकी विपरीत वस्तुओं की ओर आकर्षित होता है। इस नियम का कोई अपवाद नहीं है। इसलिए यदि आप उन चीजों को आकर्षित करना (प्रार्थनाओं या किसी भी अन्य तरीके से) चाहते हैं, जो आपको पसंद हों तो आपको अपने दिमाग को हमेशा सकारात्मक रखना होगा। आपको केवल विश्वास ही नहीं रखना होगा, बल्कि आपको इस विश्वास पर कार्य करते हुए उसे आस्था या अनुप्रयुक्त आस्था में रूपांतरित करना होगा। अनुप्रयुक्त आस्था होने से आपकी दिमागी स्थिति कभी नकारात्मक नहीं होगी; ये दोनों स्थितियाँ एक साथ नहीं हो सकतीं।

क्या आपने कभी सोचा है कि प्रार्थनाओं से नकारात्मक परिणामों के अलावा कुछ और क्यों नहीं मिलता ? क्या आपने कभी इस बात पर विचार किया है ? मेरा मानना है कि सभी धर्मों के ज्यादातर लोग नहीं जानते कि प्रार्थनाओं का प्रत्युत्तर प्रायः या सामान्यतः नकारात्मक ही क्यों आता है ? आपको इसके अलावा कुछ और मिल भी नहीं सकता, क्योंकि यह एक नियम के तहत काम करता है। इस नियम के मुताबिक आपके दिमाग में जो कुछ भी होता है, वह इसकी विपरीत वस्तुओं की ओर आकर्षित होता है।

जो लोग सकारात्मक मानसिक अभिवृत्ति के निर्माण को प्रभावित करने में आसपास के माहौल की भूमिका से परिचित हैं, वे अकसर अपने रचनात्मक आदर्श वाक्यों का उपयोग करते रहते हैं। दो हजार कर्मचारियोंवाली आर.जे. लेटूरन्यो कंपनी ने इन आदर्श वाक्यों को अपने सभी विभागों में बड़े अक्षरों में लगाकर व हर हफ्ते

इनमें बदलाव से अपने पूरे इंडस्ट्रियल प्लांट को सकारात्मकता से भर दिया। वे आदर्श वाक्य वहाँ किसी प्रयोजन से लिखे गए थे। लेटूरन्यो कंपनी के उस विख्यात व विशाल प्लांट में ये आदर्श वाक्य हमेशा लगे रहते थे। इन्हें कैफेटेरिया में लगभग प्रतिदिन तथा अन्य विभागों में हर सप्ताह बदला जाता था। ये आदर्श वाक्य आधे इंच के आकार में लिखे होते थे, जिन्हें आप बिल्डिंग के किसी भी कोने से पढ़ सकते थे। अपने विभाग में प्रविष्ट होते ही कर्मचारियों की नजर सीधी इन्हीं वाक्यों पर पड़ती। इसी दौरान हमें एक दिलचस्प अनुभव हुआ। एक बार जब इस आदर्श वाक्य को लगाया जा रहा था तो मैं कैफेटेरिया में उपस्थित था। कैफेटेरिया वो स्थान है, जहाँ दोपहर में सभी कर्मचारी पंक्तिबद्ध होकर अपना भोजन लेते हैं। इसलिए उनमें से प्रत्येक व्यक्ति दिन में कम-से-कम एक बार तो वहाँ जरूर आता था। कैफेटेरिया में आदर्श वाक्य लिखा था, याद रखिए, आपका असली बॉस वही है, जिसका आपके दिमाग पर शासन है। मैं सोचता था कि यह पढ़नेवालों को आसानी से समझ आ जाएगा। इसका अर्थ था कि एक मायने में अपने बॉस आप खुद हैं, लेकिन मैंने सुना कि एक व्यक्ति जोर से कह रहा है, देखा, मैं भी हमेशा यही कहता था कि वो फोरमैन जूँ की तरह सिर पर बैठा रहता है।

लेटूरन्यो कंपनी के उस विख्यात व विशाल प्लांट में ये आदर्श वाक्य हमेशा लगे रहते थे। इन्हें कैफेटेरिया में लगभग प्रतिदिन तथा अन्य विभागों में हर सप्ताह बदला जाता था। ये आदर्श वाक्य आधे इंच के आकार में लिखे होते थे, जिन्हें आप बिल्डिंग के किसी भी कोने से पढ़ सकते थे।

रूपांतरण के सोपान

इस प्रक्रिया द्वारा कोई भी व्यक्ति अपनी असफलता को सफलता में, गरीबी को अमीरी में, दु:ख को सुख में व भय को आस्था में परिवर्तित कर सकता है। इस रूपांतरण को हमेशा सकारात्मक मानसिक अभिवृत्ति के साथ ही आरंभ करना चाहिए, क्योंकि सफलता, अमीरी व आस्था कभी भी नकारात्मक मानसिक अभिवृत्ति का साथ नहीं देते। रूपांतरण की यह प्रक्रिया बहुत सरल है। आप इसे पढ़िए, बारंबार पढ़िए और इसे आत्मसात् करते हुए इसे पूरी तरह अपना लीजिए।

1. जब आप असफल हो रहे हों तो उसे ही अपनी सफलता मान लीजिए। कई लोगों को यह मुश्किल लग सकता है, लेकिन ऐसा है नहीं। इस घटना को अपनी असफलता नहीं, बल्कि सफलता मानकर विचार करें। यहाँ स्वयं को असफल नहीं बल्कि सफल व्यक्ति के रूप में देखें। इस असफलता की परिस्थिति को अपनी

सफलता मानें। इसमें छिपे लाभ के बीज को पहचानें, जो हर असफलता में निहित होता ही है, इस तरह आप अपनी असफलता को सफलता में रूपांतरित कर सकते हैं, क्योंकि प्रत्येक आपदा, प्रत्येक असफलता व प्रत्येक हार में उतना ही महत्त्वपूर्ण लाभ का बीज छिपा रहता है। यदि आप उस बीज की खोज में लग जाएँगे, तो आप में हालात के प्रति नकारात्मक मानसिक अभिवृत्ति विकसित नहीं होगी। आपके अपनी खोज के प्रति आश्वस्त हो जाने से आप में सकारात्मक मानसिक अभिवृत्ति का उद्भव हो जाएगा। हो सकता है कि पहली बार में आप इसे न खोज पाएँ, लेकिन यदि आपने खोजना जारी रखा तो अंततः आप इसे पा ही लेंगे।

2. जब आप स्वयं को गरीबी की गिरफ्त में आता देखें या गरीबी आपको वास्तविकता में जकड़ ले, तब आप अपना ध्यान अमीरी की ओर ले जाएँ तथा अमीरी व अमीर होने पर आप जो कुछ भी करते, उसकी कल्पना करें। गरीबी में भी लाभ के बीज तलाशना आरंभ करें। मुझे आज भी वो दिन याद है, जब अपनी माँ की मृत्यु व सौतेली माँ के आने के पूर्व मैं अपने जन्मस्थान वाइस काउंटी में एक नदी के किनारे बैठा रहता था। मैं बहुत भूखा था। मेरे पास भोजन नहीं था। मैं नदी किनारे बैठा सोच रहा था कि यदि मैं एक मछली पकड़कर उसे फ्राइ कर सकूँ तो मुझे कुछ खाने को मिल जाएगा। मैंने अनजाने में ही अपनी आँखें बंद कीं और भविष्य में झाँकने लगा। मैंने देखा कि मैं बहुत बड़ा आदमी बन गया हूँ, मैं बहुत अमीर व मशहूर हूँ और मैं उसी स्थान पर घोड़े पर बैठा नदी में अठखेलियाँ कर रहा हूँ। मेरा यह मशीनी घोड़ा भाप से चलता है। मुझे उसके नथुनों से भाप निकलती दिख रही थी। मुझे चट्टानों पर उसकी घोड़े की नाल की खटखट सुनाई दे रही थी। यह दृश्य मानो मेरे सामने सजीव हो गया था। गरीबी, न्यूनता, दरिद्रता व भूख के उन क्षणों को मैंने उल्लास की स्थिति में बदल दिया था।

जब आप स्वयं को गरीबी की गिरफ्त में आता देखें या गरीबी आपको वास्तविकता में जकड़ ले, तब आप अपना ध्यान अमीरी की ओर ले जाएँ तथा अमीरी व अमीर होने पर आप जो कुछ भी करते, उसकी कल्पना करें। गरीबी में भी लाभ के बीज तलाशना आरंभ करें। मुझे आज भी वो दिन याद है, जब अपनी माँ की मृत्यु व सौतेली माँ के आने के पूर्व मैं अपने जन्मस्थान वाइस काउंटी में एक नदी के किनारे बैठा रहता था।

वर्षों बाद मैं एक दिन अपनी 22,500 डॉलर की रॉल्स रॉयस कार में बैठकर उसी स्थान पर पहुँच गया। अपनी रॉल्स रॉयस को ठीक उसी जगह ले जाकर मैंने अपने बचपन के उन गरीबी, दरिद्रता व भूख के दिनों को याद किया। मेरे मुँह से निकला, मैं

नहीं जानता कि मेरे पुराने दिनों में की गई मेरी कल्पना का इससे कोई लेना-देना है या नहीं। शायद हो। शायद मैंने उस आशा को जीवित रखकर उसे आस्था का रूप दे दिया था और अंततः वही आस्था मुझे भाप से चलनेवाले घोड़े से कहीं अधिक कीमती व मूल्यवान वस्तु तक ले आई।

अपने भविष्य पर नजर डालें! आप जो चीजें हासिल करना चाहते हैं, उनकी कल्पना करें। प्रतिकूल परिस्थितियों व कठिनाइयों को किसी सुखद स्थिति में रूपांतरित करें। मेरा कहने का अर्थ है कि अपने दिमाग से अप्रिय स्थितियों को हटाकर उसे रुचिकर चीजों में रूपांतरित कर दें।

यदि आपको गरीबी से भय लगता है, तो आप अपने पास धन की बहुतायत की कल्पना करें। पैसे कमाने के विभिन्न तरीकों व माध्यमों, उस ढंग से कमाने व उन पैसों से आप क्या करेंगे, इस पर विचार करें। इस दिवास्वप्न का कोई अंत नहीं है; तात्कालिक गरीबी के बारे में सोचने से कहीं अच्छा है कि आप उस धन की कल्पना करें, जो आपको मिलनेवाला है। अपनी गरीबी से पीड़ित या धन की कमी होने तथा पैसा कमाने का कोई जरिया न होने का विलाप करने का न तो कोई फायदा है और न ही इसमें कुछ समझदारी ही है।

3. जब भय आप पर हावी होने लगे तो ध्यान रखिए कि आस्था की विपरीतावस्था का नाम भय है। तुरंत आस्था से जुड़ें व उसी समय इस भय की स्थिति को अपने मनचाही वस्तु या परिस्थिति में बदल दें। ऐसा शायद ही कोई व्यक्ति होगा, जिसका इन सात भय में से किसी से कभी-न-कभी सामना न हुआ हो। बहुत से लोगों के लिए तो यह जीवन का हिस्सा बन जाता है, लेकिन यदि आप इस भय से दबकर इसकी पकड़ में आ गए, तो यह न केवल आपकी आदत बन जाएगा, बल्कि यह उन चीजों को भी अपनी ओर आकर्षित करने लगेगा, जो आपको पसंद न हों। भय से निपटने के लिए आपको इसका मानसिक रूपांतरण या परिवर्तन कर इसे भय की विपरीतावस्था अर्थात् आस्था में परिवर्तित कर देना होगा।

यदि आपको गरीबी से भय लगता है, तो आप अपने पास धन की बहुतायत की कल्पना करें। पैसे कमाने के विभिन्न तरीकों व माध्यमों, उस ढंग से कमाने व उन पैसों से आप क्या करेंगे, इस पर विचार करें। इस दिवास्वप्न का कोई अंत नहीं है; तात्कालिक गरीबी के बारे में सोचने से कहीं अच्छा है कि आप उस धन की कल्पना करें, जो आपको मिलनेवाला है। अपनी गरीबी से पीड़ित या धन की कमी होने तथा

पैसा कमाने का कोई जरिया न होने का विलाप करने का न तो कोई फायदा है और न ही इसमें कुछ समझदारी ही है।

दुनिया में ऐसा कुछ नहीं, जो मुझे पसंद हो और उसे मैं खरीद न सकूँ। साथ ही, ऐसा भी कुछ नहीं है, जिसे कोई दूसरा खरीद सकता हो, लेकिन चाहने पर भी मैं न खरीद सकूँ। मैं इस बात पर ध्यान नहीं देता कि मैं क्या नहीं खरीद सकता, बल्कि मैं सोचता हूँ कि मैं सबकुछ खरीद सकता हूँ और मैं ऐसा काफी समय से कर रहा हूँ। अपने दिमाग को सकारात्मकता के अनुकूल करना बेहद अच्छी बात है। इससे जब कभी आपको परिस्थितिवश सकारात्मक मानसिक अभिवृत्ति की आवश्यकता होगी, तब आपको पहले से ही नकारात्मक की जगह सकारात्मक ढंग से प्रतिक्रिया देने की आदत हो गई होगी।

केवल इच्छा करने से ही सकारात्मक मानसिक अभिवृत्ति उत्पन्न नहीं की जा सकती। आपको इस पौधे को समय लगाकर, दिनोदिन, धीरे-धीरे सींचना होगा। आप इसे रातोरात हासिल नहीं कर सकते।

अपनी कल्पना में ऐसे अदृश्य सलाहकारों की फौज तैयार करें, जो आपकी प्रत्येक जरूरत व इच्छा को पूरा करने के लिए हमेशा तत्पर रहें। आपने अकसर मुझे अपने इन अदृश्य सलाहकारों से बात करते देखा होगा। आप इस दर्शन या अध्यात्म विज्ञान को न समझते हों तो संभवतः आप कहेंगे कि मेरी बनाई यह प्रणाली बहुत अनोखी है। मैं आपको विश्वास दिलाता हूँ कि इनमें अनोखा कुछ नहीं है।

अदृश्य सलाहकार सहायक

अपनी कल्पना में ऐसे अदृश्य सलाहकारों की फौज तैयार करें, जो आपकी प्रत्येक जरूरत व इच्छा को पूरा करने के लिए हमेशा तत्पर रहें। आपने अकसर मुझे अपने इन अदृश्य सलाहकारों से बात करते देखा होगा। आप इस दर्शन या अध्यात्म विज्ञान को न समझते हों तो संभवतः आप कहेंगे कि मेरी बनाई यह प्रणाली बहुत अनोखी है। मैं आपको विश्वास दिलाता हूँ कि इनमें अनोखा कुछ नहीं है। मैं आपको विश्वास दिलाता हूँ कि आज तक मेरी सभी इच्छा व कामनाएँ इसी ने पूरी की हैं। मैं मानता हूँ कि पिछले हफ्ते मैं बहुत लापरवाह रहा, सो मेरे उत्तम स्वास्थ्य सलाहकार ने एक-दो दिन के लिए मेरी सेहत को बिगाड़ दिया, लेकिन मैं चुप होकर नहीं बैठा रहा। मैं उसके बचाव में आगे आया। मैंने उसे थपेड़कर जगाया और विश्वास कीजिए, उसके बाद से ही मुझमें इस कोर्स की शुरुआत से भी अधिक ऊर्जा भर गई है। इस तरह ठंड खाकर बीमार पड़ने का वो समय भी मेरे लिए अच्छा रहा। इससे मुझे अपने इस उत्तम स्वास्थ्य सलाहकार की उपेक्षा करने की जगह

उसके प्रति आभार जताने का मौका मिल सका।

मैं अच्छी तरह से जानता हूँ कि यह सलाहकार मेरी कल्पना की उपज है। मैं इस मामले में दूसरों से या अपने साथ कोई खेल नहीं खेल रहा, लेकिन व्यावहारिक उद्देश्यों में यह सभी असली लोगों व असली व्यक्तियों की तरह काम करते हैं। मैं जिसे जो काम सौंपता हूँ, वह वही करता है और वे ऐसा हमेशा से करते आए हैं।

उत्तम स्वास्थ्य सलाहकार

इन सलाहकारों में प्रथम है उत्तम स्वास्थ्य सलाहकार। मैंने इसे सबसे पहला स्थान क्यों दिया है? दिमाग को ऐसे शरीर की कोई जरूरत नहीं है, जिसे हर समय सहारे की आवश्यकता हो। दिमाग के लिए स्वस्थ व मजबूत शरीर मंदिर के समान है। इसलिए इसे हमेशा मजबूत, स्वस्थ व ऊर्जा से भरपूर रखना चाहिए। उत्साह जाग्रत् होने पर जब ऊर्जा का अभाव हो तो आप फर्श से अर्श पर नहीं पहुँच सकते। इसलिए आप में ऊर्जा का संचयन होना जरूरी है। ऊर्जा शारीरिक व मानसिक दोनों तरह की होती है। मैंने आज तक ऐसा कोई व्यक्ति नहीं देखा जो कष्ट व पीड़ा से भरा शरीर होने के बाद भी भरपूर उत्साह का प्रदर्शन कर सके।

मैं अच्छी तरह से जानता हूँ कि यह सलाहकार मेरी कल्पना की उपज है। मैं इस मामले में दूसरों से या अपने साथ कोई खेल नहीं खेल रहा, लेकिन व्यावहारिक उद्देश्यों में यह सभी असली लोगों व असली व्यक्तियों की तरह काम करते हैं। मैं जिसे जो काम सौंपता हूँ, वह वही करता है और वे ऐसा हमेशा से करते आए हैं।

अपने शरीर को स्वस्थ रखना आपका अपने प्रति सबसे पहला कर्तव्य है। शरीर का काम आपकी हर जरूरत को पूरा करने में आपका साथ देते हुए अपनी भूमिका निभानी है। दिन भर की कड़ी मेहनत के बाद इसे मदद की आवश्यकता होती है। जब आप रात को सोते हैं, तब प्रकृति इसे सुधारने व मजबूत करने का अपना काम शुरू कर देती है। इस काम की निगरानी व इसे ठीक से करने के लिए आपको यह जिम्मेदारी इस प्रशिक्षित अस्तित्व, उत्तम स्वास्थ्य सलाहकार को सौंप देनी चाहिए।

वित्तीय समृद्धि का सलाहकार

दूसरा महत्त्वपूर्ण सलाहकार है—वित्तीय समृद्धि का सलाहकार। क्या आप किसी ऐसे व्यक्ति को जानते हैं, जो बिना पैसे लिये दूसरों की सेवा करता हो? बिना पैसे के आपका काम कितने दिनों तक चल सकता है? इसलिए धन बहुत बड़ी जरूरत है।

पैसे कमाने के लिए आर्थिक चेतना होना आवश्यक है और इन निर्देशों द्वारा निर्मित यह अस्तित्व आपको यही आर्थिक चेतना प्रदान करेगा।

मेरा यह सलाहकार स्वयं पैसे न लेते हुए भी पैसों के मामले में बहुत कंजूस है, लेकिन मैं ऐसा नहीं करता! मैं स्वयं को लालची, अधिक पैसा पाने को आतुर या धन के लिए कोई भी कीमत चुकाने को तैयार नहीं हूँ। मैं इसकी उचित कीमत चुकाता हूँ, पर अधिक कतई नहीं। मैं ऐसे बहुत से लोगों को जानता हूँ, जिन्होंने इसकी बड़ी कीमत चुकाई है। वे इतना अधिक पैसा जोड़ने में लगे रहे, जिसकी न तो उन्हें आवश्यकता थी और न ही वे उसे भोग सके और कम ही आयु में काल के गाल में समा गए। यह हानि यहीं नहीं रुकी, इस पैसे ने उनकी मृत्यु के बाद उनके वारिसों के बीच झगड़ा करवा दिया। मेरे साथ ऐसा नहीं होगा। मुझे अकूत संपदा नहीं, केवल अपनी जरूरत भर का धन चाहिए। यह ध्यान रखना मेरे सलाहकार का काम है कि मैं अधिक धन का लालच न करते हुए पर्याप्त धन होने पर वहीं ठहर जाऊँ।

दूसरा महत्त्वपूर्ण सलाहकार है—वित्तीय समृद्धि का सलाहकार। क्या आप किसी ऐसे व्यक्ति को जानते हैं, जो बिना पैसे लिये दूसरों की सेवा करता हो? बिना पैसे के आपका काम कितने दिनों तक चल सकता है? इसलिए धन बहुत बड़ी जरूरत है। पैसे कमाने के लिए आर्थिक चेतना होना आवश्यक है और इन निर्देशों द्वारा निर्मित यह अस्तित्व आपको यही आर्थिक चेतना प्रदान करेगा।

धन-प्राप्ति के इस दुष्चक्र में बहुत से लोग फँस जाते हैं। वे कहते हैं, मैं एक करोड़ रुपए कमा लूँ, तब इस दौड़ से बाहर हो जाऊँगा। मुझे याद है कि बिंग क्रॉस्बे ने अपने भाई (जो उनका मैनेजर भी था) से कहा था कि जब मैं अपने पहले 50,000 डॉलर कमा लूँगा तो वह मेरे लिए काफी होंगे और मैं तब यह सब छोड़ दूँगा। आज वे हर वर्ष कई मिलियन डॉलर कमाने के बाद भी इसी चूहा-दौड़ का हिस्सा बनकर कड़ी मेहनत कर रहे हैं। मैं उनकी बुराई नहीं कर रहा। बिंग मेरे मित्र हैं और मैं उनका बहुत सम्मान करता हूँ। मैं यहाँ उन लोगों की बात कर रहा हूँ, जो बड़ी कीमत चुकाकर ऐसी चीजें प्राप्त करते हैं, जिनकी उन्हें कोई जरूरत नहीं होती।

आर्थिक सफलता के दर्शन को समझने का यही तरीका है। सफलता का यह अर्थ नहीं है कि आप बहुत कुछ पाने की चाह में अपना जीवन तबाह कर दें या युवावस्था में ही काल का ग्रास बन जाएँ। पर्याप्त पैसा होते ही वहीं ठहर जाएँ। अपने पास जमा हुए धन का बेहतर ढंग से उपयोग करें। बजाय इसके कि ऐसी चीजें पाने के लिए संघर्ष

करते रहें, जिनका आप उपभोग भी न कर सकें। बाइबिल में एक शानदार उक्ति है। यह शब्दश: वर्णन नहीं, वरन् उसका निहितार्थ है—आपके पास कुछ भी न बहुत ज्यादा होना चाहिए और न बहुत ही कम, बस सबके लिए पूरा पड़ जाए। इस दर्शन की सबसे बड़ी खूबसूरती यह है कि इससे आप यह जान सकते हैं कि आपके लिए कितना धन पर्याप्त है और कब आपको और अधिक की आवश्यकता नहीं है। इससे आपका जीवन संतुलित हो जाता है। आप भी अपने लिए पर्याप्त व अत्यधिक धन की सीमा अवश्य जानिए।

मन की शांति का सलाहकार

मन की शांति न होने पर दुनिया में सब सहज सुलभ होने या दूसरों से अधिक राजसी जीवन जीने से भी कोई आनंद नहीं मिलता। मुझे इस देश में अब तक हुए सबसे अप्रतिम, सफल व अमीर लोगों को नजदीक से देखने का मौका मिला। मैं उनके घरों में सोया हूँ, उनके साथ खाना खाया है, मैं उनके परिवारों को जानता हूँ, उनकी पत्नियों व बच्चों सबसे परिचित हूँ। साथ ही यह भी जानता हूँ कि उनकी मृत्यु के उपरांत उनके बच्चे क्या करते हैं। मैं संतुलित जीवन व्यतीत करना सीखने का महत्त्व बखूबी समझता हूँ। इसी के द्वारा आप अपने दैनिक कार्यों (आपकी दिनचर्या या आप जिन भी कामों से आनंदित होते हों) को करते हुए मन की शांति प्राप्त कर सकते हैं। यह कोई ऐसी चीज नहीं, जिससे घृणा की जाए या जो भयप्रद हो। बल्कि यह तो ऐसा खेल है, जिसे उतने ही उत्साह से खेलना चाहिए, जितना गोल्फ या किसी भी अन्य खेल को खेला जाता है।

बाइबिल में एक शानदार उक्ति है। यह शब्दश: वर्णन नहीं, वरन् उसका निहितार्थ है—आपके पास कुछ भी न बहुत ज्यादा होना चाहिए और न बहुत ही कम, बस सबके लिए पूरा पड़ जाए। इस दर्शन की सबसे बड़ी खूबसूरती यह है कि इससे आप यह जान सकते हैं कि आपके लिए कितना धन पर्याप्त है और कब आपको और अधिक की आवश्यकता नहीं है। इससे आपका जीवन संतुलित हो जाता है। आप भी अपने लिए पर्याप्त व अत्यधिक धन की सीमा अवश्य जानिए।

मैं हमेशा से कहता आया हूँ कि सभ्य होने का सबसे बड़ा पाप यह है कि अब लोग मेहनत करना पसंद नहीं करते, जो पहले आम बात हुआ करती थी। अधिकांश लोगों के काम करने का कारण केवल रोटी, कपड़ा और मकान प्राप्त करना ही है। मेरा मानना है कि वास्तविकता में केवल उन्हीं लोगों को भाग्यशाली कहा जा सकता है, जो

या तो अपनी पसंद का काम कर रहे हों या जिन्हें अपने काम से प्रेम हो। इस दर्शन द्वारा आप भी ऐसा ही कर सकते हैं, लेकिन आप ऐसा तब तक नहीं कर सकते, जब तक आप कार्य के दौरान अधिकांश समय अपनी सकारात्मक मानसिक अभिवृत्ति को बनाए रखना नहीं सीख लेते।

इस दर्शन के निर्माण में मेरे साथ रहे व्यक्ति ने अपने काल में हर क्षेत्र में अप्रतिम प्रदर्शन किया है। मैं मानता हूँ कि उस समय के सभी सफल लोगों में से केवल जॉन बुराग्स ही ऐसे व्यक्ति हैं, जिन्हें सफलताओं के अलावा मन की शांति भी प्राप्त हो सकी। इसमें कोई संदेह नहीं कि वे इसके अति निकट पहुँच गए थे, उनके अलावा जो दूसरा व्यक्ति इसके निकट पहुँचा उनका नाम श्री एडिसन है। मैं यहाँ श्री कारनेगी को तीसरा स्थान दूँगा, मैं बताता हूँ क्यों। अपने जीवन के अंतिम वर्षों में वे यह सोच-सोचकर परेशान थे कि वे अपनी संपत्ति को किस तरह बाँटें, जिससे वह किसी तरह का नुकसान न पहुँचा सके। वे दीवाने-से हो गए थे। अपने अंतिम दिनों में उन्हें धुन सवार थी कि वे अपने जीते-जी अपना दर्शन तैयार कर उसे लोगों के हाथों सौंप सकें। वे चाहते थे कि इस दर्शन द्वारा सभी लोग सीख सकें कि दूसरों का हक मारे बिना धन जैसी भौतिक वस्तुएँ किस तरह प्राप्त की जा सकती हैं। उनके लिए दुनिया का सबसे जरूरी काम यही था। दुर्भाग्यवश, मेरे इस दर्शन को विधिवत् तैयार करने व इस पर पहली पुस्तक लिखने के पहले ही श्री कारनेगी की 1919 में मृत्यु हो गई। तब तक उन्होंने मेरे लिखे पंद्रह या शायद सत्रह सिद्धांतों की एक (व पुनः एक और बार) जाँच कर ली थी।

इस दर्शन के निर्माण में मेरे साथ रहे व्यक्ति ने अपने काल में हर क्षेत्र में अप्रतिम प्रदर्शन किया है। मैं मानता हूँ कि उस समय के सभी सफल लोगों में से केवल जॉन बुराग्स ही ऐसे व्यक्ति हैं, जिन्हें सफलताओं के अलावा मन की शांति भी प्राप्त हो सकी। इसमें कोई संदेह नहीं कि वे इसके अति निकट पहुँच गए थे, उनके अलावा जो दूसरा व्यक्ति इसके निकट पहुँचा उनका नाम श्री एडिसन है। मैं यहाँ श्री कारनेगी को तीसरा स्थान दूँगा, मैं बताता हूँ क्यों।

दो ऐसे लोग हैं, जिनके मेरी सफलता न देख पाने का दुःख मुझे हमेशा सालता रहेगा, क्योंकि ये ही वे लोग हैं, जिन्होंने मेरे विरोध व निराशा भरे दिन देखे थे। इन दो लोगों में एक मेरी सौतेली माता हैं व दूसरे मेरे प्रवर्तक श्री एंड्रयू कारनेगी। यदि मुझे प्रेरणा व जरूरत पड़ने पर निर्देश देनेवाले ये दोनों व्यक्ति मुझ पर की गई अपनी मेहनत का परिणाम देख पाते तो यह मेरे लिए बेहद आनंददायक व जीवन भर के प्रयासों की प्रतिपूर्ति पाने जैसा होता। मुझे लगता है कि वे आज भी मेरे कंधों पर से मुझे देख रहे हैं।

कई बार मुझे निश्चित तौर पर लगता है कि कोई मेरे कंधों पर से झाँक रहा है। उस दौरान मैं अपनी तार्किक बुद्धि से कहीं आगे की बातें व कार्य कर जाता हूँ। गत वर्षों से मुझे बराबर यह एहसास हो रहा है कि मैं जो उत्कृष्ट या अप्रतिम कहे जानेवाले कार्य करता हूँ, इन्हें मेरे कंधे पर से झाँकनेवाला वही आदमी अंजाम देता है। जब कभी किसी आपातकाल में मुझे कोई आवश्यक निर्णय लेना होता है तो मुझे स्पष्ट महसूस होता है कि वह आदमी मुझे बता रहा है कि मुझे क्या निर्णय लेना चाहिए। मैं पीछे मुड़कर देखता हूँ तो वह मुझे कल्पना की दृष्टि में साकार दिखता है। निस्संदेह कोई तो है, इसका और कोई कारण नहीं हो सकता। यदि ये पाँच या छह सौ लोग मेरा सहयोग नहीं करते तो मैं इस दर्शन को यह रूप कभी नहीं दे पाता। यह यहीं तक नहीं रुका। मेरा विश्वास कीजिए, मुझे इससे भी अधिक सहयोग मिला है। मैंने यह बात आज तक केवल इसलिए उजागर नहीं की, क्योंकि मैं नहीं चाहता कि लोगों को यह महसूस हो कि मुझपर कुछ अधिक कृपा की गई है या मेरे पास कुछ ऐसा है, जो अन्य लोगों के पास नहीं है।

आपको कोई ऐसी प्रणाली विकसित करनी होगी, जिससे आपका दिमाग आपकी आशा व आस्था को खत्म करनेवाली किसी भी वस्तु का प्रतिकार कर सके। जीवन में ऐसे लोग, परिस्थितियाँ या अन्य चीजें निरंतर आती रहती हैं। इन्हें निष्क्रिय करने के लिए आपको एक ऐसी प्रतिरोधक प्रणाली विकसित करनी होगी, जिसमें आप अपनी आवश्यकतानुसार निर्माण व बदलाव कर सकें।

मेरा स्पष्ट रूप से मानना है कि मुझमें ऐसा कुछ नहीं है, जो आपके पास न हो। मुझे जिस स्त्रोत से प्रेरणा मिल रही है, वह आपके लिए भी खुला है। यह जैसे मेरे लिए उपलब्ध है, वैसे ही आपके लिए भी है। मैं इस बात पर पूरे दिल से भरोसा करता हूँ।

आशा व आस्था का सलाहकार

मैं आशा व आस्था के सलाहकारों को जुड़वाँ मानता हूँ। यदि आपकी आत्मा में आशा व आस्था की इन नित्य ज्वलंत इच्छाओं का अभाव हो तो आप जीवन में बहुत आगे नहीं जा सकते। चूँकि तब आपके पास काम करने या जीवन जीने का कोई कारण नहीं होता।

आपको कोई ऐसी प्रणाली विकसित करनी होगी, जिससे आपका दिमाग आपकी आशा व आस्था को खत्म करनेवाली किसी भी वस्तु का प्रतिकार कर सके। जीवन में ऐसे लोग, परिस्थितियाँ या अन्य चीजें निरंतर आती रहती हैं। इन्हें निष्क्रिय करने के

लिए आपको एक ऐसी प्रतिरोधक प्रणाली विकसित करनी होगी, जिसमें आप अपनी आवश्यकतानुसार निर्माण व बदलाव कर सकें। मैं आठ सलाहकारोंवाली इस प्रणाली का ही अनुमोदन करूँगा, क्योंकि मेरे लिए यही ठीक रही है। इसके अलावा मैंने इसे जिन सैकड़ों लोगों को सिखाया है, इसने उनके लिए भी ऐसा ही उत्तम कार्य किया है।

प्रेम व रोमांस के सलाहकार

प्रेम व रोमांस के सलाहकार इसी श्रेणी के एक और जुड़वाँ सलाहकार हैं। जब तक आप अपने काम से प्रेम नहीं करते, तब तक आप इससे कुछ भी सार्थक नहीं प्राप्त कर सकते। जिस काम से प्रेम न हो, उसमें आनंद भी नहीं मिल सकता। यदि आपके हृदय में प्रेम नहीं तो आप मनुष्य नहीं हैं। पशुओं व मनुष्यों में यही अंतर है कि मनुष्य अपनी प्रेम की भावना व्यक्त करने की क्षमता रखता है। प्रेम से ही व्यक्ति प्रतिभावान व नेतृत्व गुण युक्त बनता है, साथ ही यह स्वास्थ्य के निर्माण व देखरेख का भी अहम कारक है। यह अपवादरहित सत्य है कि प्रेम करने की अधिक क्षमता व प्रतिभावान होने में चोली-दामन का साथ है। प्रेम व रोमांस के इन दो सलाहकारों की बदौलत ही मैं अपने काम से दोस्ताना बनाकर खुद को मन व शरीर से युवा महसूस करता हूँ। विश्वास करिए, यह इनका ही काम है। यह मुझे शरीर व मन से युवा रखने के साथ ही विशुद्ध रूप से उत्साहित व अपने काम के प्रति समर्पित भी बनाते हैं। दूसरे शब्दों में, मेरे लिए कोई कार्य इसलिए कठिन नहीं है, क्योंकि मैं इसे काम नहीं समझता। मेरे लिए मेरा हर काम एक खेल है। मेरे लिए यह मात्र श्रम से प्रेम करना है।

> *प्रेम व रोमांस के सलाहकार इसी श्रेणी के एक और जुड़वाँ सलाहकार हैं। जब तक आप अपने काम से प्रेम नहीं करते, तब तक आप इससे कुछ भी सार्थक नहीं प्राप्त कर सकते। जिस काम से प्रेम न हो, उसमें आनंद भी नहीं मिल सकता। यदि आपके हृदय में प्रेम नहीं तो आप मनुष्य नहीं हैं।*

मुझे लगता है कि जब तक आप रोजाना की जरूरतें पूरी करने के लिए धन कमाने से ऊपर की स्थिति में नहीं आ जाते, तब तक आप काम से आनंद लेने के बारे में सोच भी नहीं सकते। हालाँकि आप ऐसी प्रणाली जरूर विकसित कर सकते हैं, जो कुछ समय के लिए आपके हर कार्य को श्रम के प्रति प्रेम का रूप दे दे। फिर चाहे वो बरतन धोना हो, गड्ढे खोदना हो या कुछ भी कार्य हो। घर जाकर मैं एनी लॉउ की बरतन धोने में मदद करता हूँ। मैं ऐसा इसलिए नहीं करता कि वे इस कार्य में अक्षम हैं, बल्कि मैं यह महसूस करता हूँ कि संभवत: मैं ही बरतन धोने में उनकी मदद न

में बहुत अच्छा नहीं हूँ। मुझे यह काम करने में बहुत आनंद आता है। मैं अपने गार्डन की देखरेख भी खुद ही करता हूँ, क्योंकि मैं जानता हूँ, यदि मैंने ऐसा नहीं किया तो मेरे बाहर जाते ही एनी लॉउ इसे कर देंगी और मैं इसे करने के आनंद से वंचित रह जाऊँगा। इस कार्य को करने से मेरा शरीर टैन (चुस्त-दुरुस्त) हो जाता है, वहीं मेरे स्वास्थ्य में भी सुधार होता है।

साधारण जीवन बिताते हुए मनुष्य के रूप में रहना सीखें, न कि कोई कड़वा करेला या ऐसा कुछ बनकर जो आप नहीं बनना चाहते (जैसा कोई भी नहीं बनना चाहता)। अपने जीवन में प्रेम व रोमांस के लिए जगह बनाएँ व एक ऐसी प्रणाली विकसित करें, जिसके द्वारा आप अपने प्रत्येक कार्य में प्रेम व रोमांस को प्रकट कर सकें।

समग्र ज्ञान का सलाहकार

समग्र ज्ञान का सलाहकार बाकी सभी सात सलाहकारों पर नियंत्रण रखता है। इसका कार्य इन्हें हमेशा सक्रिय रखते हुए आपकी सेवा में लगाए रखना है। यह सलाहकार आपको अपने जीवन की प्रत्येक अच्छी-बुरी परिस्थिति के हिसाब से तैयार करता है। मैं पूरे विश्वास से कहता हूँ कि मुझे जीवन में हमेशा इससे फायदा ही हुआ है। मैंने हर चीज से फायदा उठाया है। जो चीज जितनी अरुचिकर होती, मैं उससे उतना ही बड़ा फायदा उठाता। जिसके लिए मैं उनका दुगना दोहन करता और उसमें फिर फायदे के अलावा कुछ नहीं बचता।

साधारण जीवन बिताते हुए मनुष्य के रूप में रहना सीखें, न कि कोई कड़वा करेला या ऐसा कुछ बनकर जो आप नहीं बनना चाहते (जैसा कोई भी नहीं बनना चाहता)। अपने जीवन में प्रेम व रोमांस के लिए जगह बनाएँ व एक ऐसी प्रणाली विकसित करें, जिसके द्वारा आप अपने प्रत्येक कार्य में प्रेम व रोमांस को प्रकट कर सकें।

याद रखिए, जीवन में अच्छा या बुरा कोई अनुभव बेकार नहीं जाता। जिस भी अनुभव से आपने कुछ सीख लिया, वह सार्थक हो गया। कोई निश्चित परिपाटी तैयार करने से आप अपने जीवन के प्रत्येक अनुभव से लाभ ले सकते हैं। साथ ही यह भी सत्य है कि यदि इन भावनाओं ने बेकाबू होकर अरुचिकर अनुभवों को मजबूत कर दिया तो यह अपने ही समान अरुचिकर अनुभवों को आकर्षित करने लगेंगे। इन अरुचिकर परिस्थितियों में एक बात निश्चित है कि यह कायरता उत्पन्न करती हैं। जब भी आप उनसे कहेंगे, यहाँ आओ बेटा, आज मैं तुम्हारे लिए लगाम ले आया हूँ, चलो अब जुट जाओ काम पर। जैसे ही उन्हें पता

चलता है कि आप उन्हें काम पर लगानेवाले हैं, वे तुरंत भागकर कोना पकड़ लेती हैं और फिर वह प्राय: अपना सिर नहीं उठाती।

यदि आप अरुचिकर परिस्थितियों से घबराएँगे, तो ये झुंड बनाकर आपकी ओर दौड़ी आएँगी। यह प्रत्यक्ष–अप्रत्यक्ष हर ढंग से आपकी ओर आएँगी। ये आपके सामने तब प्रकट होंगी जब आपने सोचा भी नहीं होगा या आप इनका सामना करने के लिए तैयार नहीं होंगे। मैं सामान्यत: अरुचिकर अनुभवों को आमंत्रित नहीं करता, लेकिन यदि वह मेरे सामने आने की गलती कर बैठते हैं, तो मैं उन्हें अपने जीवन की चक्की में पीस देता हूँ। तत्पश्चात् मैं उनसे भी फायदा उठा लेता हूँ, लेकिन मैं कभी उनसे हार नहीं मानता।

यदि आप अरुचिकर परिस्थितियों से घबराएँगे, तो ये झुंड बनाकर आपकी ओर दौड़ी आएँगी। यह प्रत्यक्ष–अप्रत्यक्ष हर ढंग से आपकी ओर आएँगी। ये आपके सामने तब प्रकट होंगी जब आपने सोचा भी नहीं होगा या आप इनका सामना करने के लिए तैयार नहीं होंगे।

सकारात्मक विचारों की बाधाएँ

सकारात्मक मानसिक अभिवृत्ति बनाए रखने की चुकौती निरंतर निगरानी के तौर पर की जाती है, क्योंकि इन अरुचिकर अनुभवों व अन्य नैसर्गिक प्रतिरोध के कारण ही सकारात्मक विचारों में बाधाएँ आती हैं।

1. अपने नकारात्मक स्वरूप के युद्धकौशल के आगे घुटने टेक देना। आपके अंदर कई अस्तित्व हर क्षण कार्यरत रहते हैं, वहीं आपके जीवन का नकारात्मक पक्ष आप पर दबाव बनाने के लिए अपने युद्धकौशल का निरंतर उपयोग करता रहता है। इन अस्तित्वों को अपने पर हावी होने से रोकने के लिए आपको निरंतर सचेत रहना होता है।
2. एकत्रित भय, संदेह व स्व–आरोपित सीमाएँ। यदि आप निरंतर इनसे मुकाबला नहीं करेंगे तो यह मजबूत होकर आपके दिमाग पर मुख्य रूप से हावी रहने लगेंगी।
3. नकारात्मक प्रभाव जिनमें नकारात्मक लोगों का प्रभाव प्रमुख है। नकारात्मक प्रभाव डालनेवालों में वे लोग शामिल होते हैं, जो स्वयं भी नकारात्मक होते हैं। ये लोग आपके साथ काम करनेवालों या आपके साथ रहने वालों में से कोई भी हो सकते हैं, हो सकता है, इनमें कोई आपका पारिवारिक सदस्य भी हो। यदि आप इसके प्रति सचेत न रहते हुए सोए रहे तो बदले में आप भी वैसे ही नकारात्मक हो जाएँगे, जितने वे लोग हैं। संभव है कि ऐसा कोई नकारात्मक व्यक्ति आपके घर में आपके साथ रहता हो, लेकिन नकारात्मक

लोगों के साथ एक ही घर में रहने पर यह जरूरी नहीं कि आपको भी नकारात्मक बनना होगा। मैं मानता हूँ, ऐसी स्थिति में स्वयं को उन प्रभावों से पूरी तरह बचाए रखना सरल नहीं होता, लेकिन आप ऐसा कर सकते हैं। मैंने ऐसा किया है। महात्मा गांधी ने ऐसा कर दिखाया है। जरा देखिए, जो लोग उन्हें पसंद नहीं थे, गांधीजी ने उनके साथ क्या किया।

4. जन्मजात नकारात्मकता—ये वो विशेषताएँ होती हैं, जो आप जन्म से ही साथ लेकर पैदा होते हैं। इन्हें पहचान कर चिह्नित करने के बाद इन्हें सकारात्मक विशेषताओं में रूपांतरित किया जा सकता है। मेरा मानना है कि नकारात्मक प्रकृति की इस नैसर्गिक त्रुटि के साथ जन्म लेनेवालों की संख्या कम नहीं है। जैसे कि ऐसे व्यक्ति की कल्पना कीजिए, जो गरीबी में पैदा हुआ है। जहाँ उसके सभी रिश्तेदार व पड़ोसी गरीबी से पीड़ित हैं। उसने जन्म से ही गरीबी के अतिरिक्त और कुछ भी न देखा और न ही अनुभव किया। उसने गरीबी के अलावा और कोई बात नहीं सुनी। मैं ऐसी ही परिस्थिति में पैदा हुआ था और संभव है कि आप भी ऐसे ही हालातों में पैदा हुए हों। इस गरीबी के जन्मजात भय को दूर करना मेरे लिए सबसे कठिन रहा।

5. धन की कमी व व्यापारिक, पेशेवर या जीवन के अन्य क्षेत्र में कमी का भय। आपके पास दो रास्ते हैं, या तो अपना अधिकतर समय इस चीजों की चिंता में गुजार दें या अपने दिमाग को इस तरह रूपांतरित करें, जिससे वह इन चिंताओं से पार पाने का कोई रास्ता निकाल सके। नकारात्मक पक्ष की जगह हमेशा सकारात्मक पक्ष पर विचार करें। नकारात्मक पक्ष पर चिंता करने का केवल एक ही परिणाम होता है, आप इसमें और अधिक गहरे में डूबते चले जाते हैं। इसका यही अंजाम होता है।

6. विपरीत लिंग से एकतरफा प्रेम व असंतुलित भावनात्मक कुंठा। अपने अनुत्तरित प्रेम संबंधों द्वारा कभी भी अपना दिमागी संतुलन मत बिगाड़ने दीजिए जैसा वह आमतौर पर दूसरों के साथ करता है। अपनी सकारात्मक मानसिक अभिवृत्ति को बनाए रखते हुए यह ध्यान रखिए कि आप सबसे पहले अपने प्रति जवाबदेह हैं। अपने आप पर नियंत्रण रखें और किसी को भी भावनात्मक या किसी भी अन्य तरीके से आपका दिमागी संतुलन न बिगाड़ने दें। ईश्वर इसकी अनुमति नहीं देते और न ही आपको ऐसा करना चाहिए।

7. शारीरिक अस्वस्थता, सत्य या कल्पना—संभव है कि आप स्वास्थ्य को

लेकर निरंतर वह चिंताएँ करते रहते हों, जो वास्तव में कभी नहीं होतीं। मैटिरिया मेडिका में इसे 'रोगभ्रम' या 'हाइपोकॉन्ड्रिया' कहते हैं—डॉक्टरों के लिए इस शब्द का अर्थ डेढ़ सौ रुपए है। पहले यह डेढ़ सौ रुपए था, अब तो शायद यह तीन सौ रुपए हो गया होगा और कई लोगों के लिए यह तीन सौ रुपए से भी ज्यादा है!

यदि आप स्वास्थ्य के प्रति सकारात्मक मानसिक अभिवृत्ति नहीं रखेंगे या स्वास्थ्य चेतना का निर्माण व विकास नहीं करेंगे तो आपका ज्यादातर समय स्वास्थ्य से जुड़े नकारात्मक विचारों में ही बीतेगा। स्वस्थ रहने पर विचार करें। आपके शारीरिक स्वास्थ्य पर आपकी मानसिक अभिवृत्ति का जबरदस्त प्रभाव पड़ता है। इसमें कोई संदेह नहीं है। आप जब चाहें तब इसकी जाँच कर सकते हैं। क्या आपको कभी ऐसा अनुभव हुआ, जहाँ बीमारी के दौरान एक अच्छी खबर मिलते ही आपकी बीमारी एकदम से ठीक हो गई हो। शायद आप उतने बीमार नहीं थे, इसीलिए खुशी की इस खबर से आपकी बीमारी उड़न-छू हो गई।

मेरा मानना है कि नकारात्मक प्रकृति की इस नैसर्गिक त्रुटि के साथ जन्म लेनेवालों की संख्या कम नहीं है। जैसे कि ऐसे व्यक्ति की कल्पना कीजिए, जो गरीबी में पैदा हुआ है। जहाँ उसके सभी रिश्तेदार व पड़ोसी गरीबी से पीड़ित हैं। उसने जन्म से ही गरीबी के अतिरिक्त और कुछ भी न देखा और न ही अनुभव किया। उसने गरीबी के अलावा और कोई बात नहीं सुनी। मैं ऐसी ही परिस्थिति में पैदा हुआ था और संभव है कि आप भी ऐसे ही हालातों में पैदा हुए हों। इस गरीबी के जन्मजात भय को दूर करना मेरे लिए सबसे कठिन रहा।

8. असहिष्णुता व उदारता की कमी। इन दोनों के कारण अधिकांश लोगों को सकारात्मक मानसिक अभिवृत्ति बनाए रखने में परेशानी होती है।
9. आवश्यकता से अधिक का लालच करना। एक बार फिर इसमें वे सभी चीजें आती हैं, जो आपके पास हैं, जिनके लिए आपने कीमत चुकाई है तथा सकारात्मक मानसिक अभिवृत्ति पाने के लिए आपको जिन चीजों को काबू में रखना होगा।
10. निश्चित मुख्य उद्देश्य न होना।
11. जीवन जीने व निर्देश पाने में किसी निश्चित दर्शन का अभाव। क्या आप

जानते हैं, ज्यादातर लोग अपना जीवन बिना किसी दर्शन के बिताते हैं ? कोई दर्शन न होने से वे लोग जोड़-तोड़, संयोग व हालातों के अनुसार अपना जीवन गुजारते हैं। वो हवाओं पर तैरते उस सूखे पत्ते जैसा होता है, जिसे हवाएँ अपनी मरजी से जहाँ चाहे ले जाती हैं। वे इस बारे में कुछ नहीं कर सकते, क्योंकि उनके पास कोई जीवन दर्शन नहीं है। उनके पास ऐसे कोई नियम नहीं होते, जिनका वे पालन कर सकें। वे भाग्य व दुर्भाग्य के भरोसे रहते हैं, जिनमें दुर्भाग्य का पलड़ा हमेशा भारी रहता है। जीवन बिताने के लिए आपको किसी दर्शन को अपनाना ही होगा। ऐसे बहुत से दर्शन हैं, जो मृत्यु की बात करते हैं, लेकिन मेरा जोर उस दर्शन पर है, जो आपको जीना सिखा सके और यहाँ हम उसी का अध्ययन कर रहे हैं।

इस दर्शन को अपनाकर आप अपने जीवन को ऐसा बना सकते हैं कि आपके पड़ोसी भी आपसे प्रेरणा लेकर आप जैसा ही बनना चाहेंगे। आप वहाँ होने से तथा वे लोग आपके वहाँ होने से प्रसन्न होंगे। यह सफलता, संतुष्टि व मन की शांति से केवल आप ही आनंदित नहीं होंगे, बल्कि आपके संपर्क में आनेवाले सभी लोगों में दिखाई देगी। लोगों को इसी तरह जीना चाहिए। लोगों को इसी सकारात्मक मानसिक अभिवृत्ति के साथ जीना चाहिए।

12. अपने फैसले दूसरों को लेने देना। जब तक अन्य लोग आपके लिए फैसले लेते रहेंगे, तब तक आपकी मानसिक अभिवृत्ति कभी सकारात्मक नहीं हो सकेगी, क्योंकि यहाँ ये फैसले आपने अपने दिमाग से नहीं लिये हैं।

अमीरी के बारह महान् व चिरस्थायी लक्षण

प्रत्येक व्यक्ति अमीर होना चाहता है, लेकिन लोग यह नहीं जानते कि चिरस्थायी अमीरी क्या होती है। अमीरी के बारह प्रसिद्ध व चिरस्थायी लक्षण होते हैं। मैं चाहता हूँ कि आप इन सबके बारे में जानें। अमीर बनने से पहले व्यक्ति को अमीरी के इन बारह महान् लक्षणों के बीच बेहतरीन संतुलन स्थापित कर लेना चाहिए। यहाँ इस बात पर ध्यान अवश्य दें कि मैंने महत्त्व के आधार पर पैसे को अन्य सभी के बीच कहाँ स्थान दिया है। यह बारहवें स्थान पर है, क्योंकि एक संतुलित व परिपूर्ण जीवन जीने के लिए ग्यारह ऐसी चीजें हैं, जो पैसे से भी कहीं अधिक महत्त्वपूर्ण हैं—

1. सकारात्मक मानसिक अभिवृत्ति
2. अच्छा स्वास्थ्य
3. मानवीय रिश्तों में समरसता
4. हर प्रकार के भय से मुक्ति

5. भविष्य में उपलब्धियों के प्रति आशा
6. अनुप्रयुक्त आस्था
7. अपनी सुविधाओं को दूसरे के साथ बाँटने की इच्छा रखना
8. श्रम से प्रेम करना
9. हर विषय पर उदार रहना, लोगों के प्रति सहिष्णु होना
10. पूर्ण आत्मानुशासन
11. लोगों को समझने का विवेक होना

□

8

आत्मानुशासन

'क्या आप अमीर बनना चाहते हैं?' का आठवाँ सिद्धांत है—'आत्मानुशासन'। लेकिन यह वो आत्मानुशासन नहीं है, जैसा आप समझते हैं। इस महत्त्वपूर्ण गुण को आपके दिमाग में ठीक ढंग से बैठाने के लिए डॉ. हिल ने इसे बहुत विशिष्ट व सार्थक अर्थ प्रदान किया है। आपका अपने विचारों की शक्ति पर संपूर्ण व निर्विवाद नियंत्रण है। सफलता पाने के लिए अपने पर नियंत्रण बनाना, अपने दिमाग पर नियंत्रण हासिल करना, अपनी इच्छाओं पर ध्यान केंद्रित करना और अपने लिए अवांछित वस्तुओं पर से ध्यान हटाना आवश्यक है। यदि आप अपने विचारों को नियंत्रित नहीं कर सके तो आप अपने कार्यों को भी नियंत्रित नहीं कर पाएँगे।

सरल भाषा में कहें तो इस सिद्धांत के उपयोग से इस दर्शन के अन्य सभी सिद्धांतों को और अधिक संक्षिप्त व केंद्रित होकर दैनिक जीवन में उपयोग की शक्ति मिलती है। इससे आप जिस शक्ति का निर्माण करेंगे, उससे आप असीमित लाभ प्राप्त कर सकते हैं। जब आप इस आत्मानुशासन के सिद्धांतों को समझकर इसे जीवन में उतार लेंगे, तब डॉ. हिल आपको अपनी वास्तविक क्षमता से रूबरू होने में सहायता देंगे।

'सक्सेस, अनलिमिटेड' पुस्तक के पहले संस्करण में मेरा एक लेख, 'ए चैलेंज ऑफ लाइफ' शामिल था। अपने कॅरियर में मुझे मिली सबसे बड़ी हार के प्रतिक्रियास्वरूप मैंने जीवन की चुनौती को लिखा था। इसमें मैंने दरशाया था कि कैसे मैंने एक अप्रिय स्थिति को रूपांतरित कर उपयोगी बनाया था। यह परिस्थिति सामने आने पर मुझे आगे बढ़कर लड़ने का वास्तविक कारण मिला, यहाँ मेरा आशय

मानसिक या शाब्दिक संघर्ष से नहीं, बल्कि शारीरिक संघर्ष से है। हालात ऐसे थे कि यदि मैं छिपकर निशाना लगाता तो वो वह भी गलत नहीं होता, लेकिन इसकी जगह मैंने वो माध्यम चुना, जिससे किसी को नुकसान पहुँचाए बिना मैं अपना काम निकाल सकूँ। तब मैंने अपने उद्‌गार इस लेख द्वारा प्रकट करने का विचार बनाया, मैंने लिखा—

जीवन, तुम मुझे हरा नहीं सके, क्योंकि मैंने कभी तुम्हारे अनुशासन को गंभीरता से नहीं लिया। तुम्हारे दिए हर कष्ट को मैंने हँसी में उड़ा दिया और हँसी हर कष्ट की दवा है। मुझे तुम में जहाँ भी खुशी मिली, मैंने उसे हाथोहाथ बटोर लिया। मैं तुम्हारे दुःखों से न तो कभी हतोत्साहित हुआ और न ही वे मुझे डरा सके, क्योंकि मेरी आत्मा उल्लास से परिपूर्ण थी। मैं कभी किसी क्षणिक हार से उदास नहीं हुआ। मैंने हार की उस रुदाली को संगीत देकर गीत बना दिया। तुम्हारे आँसू मुझपर बेअसर रहे। मुझे हास्य प्यारा है और चूँकि वह मुझे पसंद है, इसलिए मैं उसे हर विषाद, दुःख, दर्द व निराशा के विकल्प के तौर पर उपयोग करता हूँ। जीवन, तुम एक मदारी हो, देखो इनकार मत करना। तुमने मेरे दिल को प्रेम की भावना से भर दिया, ताकि तुम इसे काँटा बनाकर मेरी आत्मा में चुभो सको, लेकिन मैं तुम्हारे जाल से हँसते हुए बच निकलना सीख गया। तुमने मुझे सिक्के दिखाकर ललचाना चाहा, लेकिन मैं तुम्हें मूर्ख बनाकर उस राह पर चल दिया, जो ज्ञान की ओर जाती थी। तुमने चाहा कि मैं गहरी मित्रता बनाऊँ और फिर तुम मेरे उन्हीं मित्रों को मेरा शत्रु बना दो, जिससे मेरा दिल कठोर हो जाए, लेकिन मैंने तुम्हारी इस चपलता को हँसते हुए किनारे लगाया और अपने मार्ग पर चलते हुए नए मित्र बनाता गया। तुमने चाहा कि लोग मुझे व्यापार में धोखा दें, जिससे मैं किसी पर विश्वास न कर सकूँ, लेकिन इस बार फिर जीत मेरी ही हुई, चूँकि मेरे पास एक ऐसा गुण है, जिसे कोई चुरा नहीं सकता। यह शक्ति है मेरा अपनी वास्तविकता को पहचानते हुए अपने फैसले खुद लेना। तुमने मुझे मृत्यु से डराया, लेकिन मेरी नजर में मृत्यु एक लंबी व शांति देनेवाली नींद से अधिक कुछ नहीं और यह नींद मनुष्य के लिए हँसी के बाद सबसे खूबसूरत एहसास है। तुमने मेरे दिल में आशा की ज्योति जलाई और फिर उस पर पानी छिड़क दिया, लेकिन तुम्हें मात देते हुए मैंने उस अग्नि को एक बार पुनः सुलगा लिया और एक बार फिर तुम्हारी

जीवन, तुम मुझे हरा नहीं सके, क्योंकि मैंने कभी तुम्हारे अनुशासन को गंभीरता से नहीं लिया। तुम्हारे दिए हर कष्ट को मैंने हँसी में उड़ा दिया और हँसी हर कष्ट की दवा है। मुझे तुम में जहाँ भी खुशी मिली, मैंने उसे हाथोहाथ बटोर लिया। मैं तुम्हारे दुःखों से न तो कभी हतोत्साहित हुआ और न ही वे मुझे डरा सके, क्योंकि मेरी आत्मा उल्लास से परिपूर्ण थी।

खिल्ली उड़ाई। जीवन लगता है कि तुम मुझसे भर पाए, क्योंकि तुम्हारे पास ऐसा कुछ नहीं है, जिसका लालच देकर तुम मुझसे मेरी हँसी छीन सको, तुममें इतनी शक्ति नहीं कि तुम मुझे डराकर घुटनों पर ले आओ। मैं हँसी से भरपूर अपने इस जीवन को सलाम करता हूँ।

सकारात्मक प्रतिक्रिया द्वारा आत्मानुशासन

जिस व्यक्ति को आपके प्रति निष्ठावान रहना था, उससे मिली किसी भी हानि या कष्ट के अप्रिय अनुभव की भावनात्मक प्रतिक्रिया के चलते प्रतिशोध से भर जाना बहुत सहज बात है, लेकिन अपने को चोट पहुँचाने या चोट पहुँचाने का प्रयास करनेवालों से प्रतिशोध लेने की कोशिश आत्मानुशासन की कमी की परिचायक है। अपनी मानहानि, तिरस्कार या धोखा देनेवालों से बदला लेने के लिए उनके समान निचले स्तर पर उतर आने का निहितार्थ है कि न तो आप अपनी शक्तियों से परिचित हो पाएँगे और न ही यह उनके उपयोग या उनका लाभ लेने का सही तरीका है। ऐसा कभी न करें, क्योंकि ऐसा करने से आप अपनी व ईश्वर दोनों की नजरों में छोटे हो जाएँगे।

> ***जिस व्यक्ति को आपके प्रति निष्ठावान रहना था, उससे मिली किसी भी हानि या कष्ट के अप्रिय अनुभव की भावनात्मक प्रतिक्रिया के चलते प्रतिशोध से भर जाना बहुत सहज बात है, लेकिन अपने को चोट पहुँचाने या चोट पहुँचाने का प्रयास करनेवालों से प्रतिशोध लेने की कोशिश आत्मानुशासन की कमी की परिचायक है।***

चोट पहुँचानेवालों से अपनी सुरक्षा करने का एक अधिक बेहतर तरीका भी है। मैं इस बेहतरीन हथियार को आपको सौंपना चाहता हूँ। मेरी बात मानते हुए यदि आप किसी को भी स्वयं को उसके समान निचले स्तर पर उतरने की अनुमति नहीं देंगे, तब आप आत्मानुशासन के उस स्तर पर होंगे, जिसे आप पाना चाहते थे। यदि वे आपके स्तर तक उठना चाहें तो उनका स्वागत है। यदि नहीं, तो उन्हें उनके निचले स्तर पर रहने दें। इसमें कोई पाप नहीं है। अपना स्तर ऊँचा रखें और फिर चाहे जो हो जाए, वहीं पर टिके रहें। मेरे पास अपनी रक्षा करने का एक बेहतरीन तरीका है : मैं अपने दिमाग का उपयोग करता हूँ। मैं जानता हूँ कि मैं अपने इस दिमाग से क्या कर सकता हूँ, इसलिए मैं कभी असुरक्षित नहीं होता।

जब संपादक महोदय ने पहले संस्करण में छापने के लिए मेरी एक पुस्तक से 'ए चैलेंज ऑफ लाइफ' लेख को चुना तो मैंने कहा—ठीक है, मैं अपने प्रत्येक विद्यार्थी को इसकी एक कॉपी दूँगा, क्योंकि मैं उन सभी को इस लेख के पीछे की कहानी सुनाना

चाहता हूँ। आपको यह जानकर अवश्य आश्चर्य होगा कि स्वर्गीय महात्मा गांधी उस समय मेरे इस लेख को पढ़कर मेरे दर्शन की ओर आकर्षित हुए और इसे पूरे भारत में प्रकाशित करवाया। इस लेख ने अब तक करोड़ों लोगों को प्रेरित किया है और समय के साथ यह लोगों पर प्रत्यक्ष रूप से सकारात्मक प्रभाव डालते हुए उन्हें अप्रत्यक्ष रूप से लाभ पहुँचाएगा। इसमें वास्तविक बुद्धिमत्ता इस लेख की नहीं, बल्कि इसके पीछे के विचार की है।

जीवन की अप्रिय स्थितियों को इस ढंग से जवाब देने पर न तो जीवन और न ही कोई और आपको जीत पाएगा और जब आपकी आत्मा उल्लास से परिपूर्ण हो जाएगी तो आप उस स्तर के निकट पहुँच जाएँगे, जहाँ आपकी आत्मिक हँसी की लगाम स्वयं ईश्वर सँभाल लेंगे। अपनी आत्मा व अपने चेहरे दोनों जगह प्रसन्नता को स्थान देना बहुत अच्छी बात है। इससे आप कभी मित्रहीन नहीं होंगे, अवसर रहित नहीं होंगे और न ही आपको ऐसे लोगों के सामने अपना बचाव करना होगा, जो उल्लास के बारे में कुछ नहीं जानते।

जीवन की अप्रिय स्थितियों को इस ढंग से जवाब देने पर न तो जीवन और न ही कोई और आपको जीत पाएगा और जब आपकी आत्मा उल्लास से परिपूर्ण हो जाएगी तो आप उस स्तर के निकट पहुँच जाएँगे, जहाँ आपकी आत्मिक हँसी की लगाम स्वयं ईश्वर सँभाल लेंगे। अपनी आत्मा व अपने चेहरे दोनों जगह प्रसन्नता को स्थान देना बहुत अच्छी बात है।

स्व-सुझाव से आत्मानुशासन

स्व-सुझाव, अपने को दी गई ऐसी राय है, जिसके द्वारा प्रमुख विचारों व कार्यों को अवचेतन मन तक पहुँचाया जाता है, जिससे वे इस आत्मानुशासन का माध्यम बन सकें।

आत्मानुशासन के विकास की शुरुआत उद्देश्य की निश्चितता से होती है। आपने ध्यान दिया होगा कि इन सभी अध्यायों में कहीं-न-कहीं उद्देश्य की निश्चितता का उल्लेख आ ही जाता है। यह उस चोटिल अँगूठे जैसा है, जिसे आप नजरअंदाज नहीं कर सकते, क्योंकि आपकी अब तक मिली हर उपलब्धि व हर कार्य की शुरुआत इसी से होती है। यह निश्चित उद्देश्य चाहे अच्छा हो या बुरा, लेकिन वास्तविकता यही है कि हर एक शुरुआत इसी से होती है।

इस विचार का बार-बार उल्लेख क्यों होता है? ऐसा क्यों है कि आपको अपने मुख्य निश्चित उद्देश्य को न केवल लिखना होगा, बल्कि इसे याद रखते हुए इसे दिन में कई बार मंत्र की तरह दोहराना भी होगा? इसका कारण यह है कि आपको इसे अपने

अवचेतन मन तक पहुँचाना है। अवचेतन मन की आदत है, वो जो कुछ भी बार-बार सुनता है, उसी पर विश्वास करने लगता है। जब आप किसी झूठ को इतनी बार बोल लेंगे कि आपको भी उस पर विश्वास आने लगे, तो आपका अवचेतन मन भी इसे सच मान बैठेगा। मैं ऐसे बहुत से लोगों को जानता हूँ, जिन्होंने ऐसा कर दिखाया है।

प्रबल इच्छा से आत्मानुशासन

जीवन व किसी भी कार्य को निश्चित उद्देश्य देनेवाले डायनमो का नाम 'प्रबल इच्छा' है। किसी भी इच्छा को प्रबल करने के लिए आपको सबसे पहले उसे अपने दिमाग में जगह देनी होगी। उसका दिमाग में बारंबार उच्चारण करना होगा तथा इसे अपने जीवन में वास्तविक होते देखने की कल्पना करनी होगी।

जीवन व किसी भी कार्य को निश्चित उद्देश्य देनेवाले डायनमो का नाम 'प्रबल इच्छा' है। किसी भी इच्छा को प्रबल करने के लिए आपको सबसे पहले उसे अपने दिमाग में जगह देनी होगी। उसका दिमाग में बारंबार उच्चारण करना होगा तथा इसे अपने जीवन में वास्तविक होते देखने की कल्पना करनी होगी।

मान लीजिए कि आपके मन में एक कैडिलैक कार खरीदने की प्रबल इच्छा है। फिलहाल आपके पास फोर्ड या उससे निचले स्तर की कोई कार है। आप चाहते हैं कि आपके पास एक नई-नवेली कैडिलैक हो, लेकिन आपके पास इसे खरीदने के पैसे नहीं हैं तो आप क्या करेंगे? आपको यह करना होगा कि सबसे पहले तो कैडिलैक एजेंसी के शो-रूम जाकर उनका नए मॉडलोंवाला कैटलॉग ले आएँ। उसे अच्छी तरह देखें व उसमें से कार का अपना मनपसंद मॉडल चुन लें। इसके बाद जब भी आप अपनी फोर्ड कार में सड़क पर निकलें, तो कार स्टार्ट करने से पहले, एक क्षण के लिए अपनी आँखें बंद करें और कल्पना करें कि आप अपनी नई-नवेली कैडिलैक में बैठे हैं। जब आप उसे सड़क पर चला रहे हों या पेट्रोल भरवाते समय भी कल्पना करें कि आपको आपकी कैडिलैक मिल गई है। उसे अपनी कैडिलैक मानिए। हालाँकि अभी आपके पास वो नहीं है, लेकिन उस क्षण आपके हाथ में जो स्टेयरिंग है, वह आपकी कैडिलैक का ही है। भले ही यह सुनने में मूर्खतापूर्ण लगे, लेकिन मैं आपको विश्वास दिलाता हूँ कि इसमें मूर्खतापूर्ण कुछ भी नहीं है। मैंने अपनी पहली रॉल्स रॉयस ऐसे ही ली थी।

मैं आपको बताता हूँ कि मैंने अपनी पहली रॉल्स रॉयस कैसे ली। एक शाम वेलफोर्ड एस्टोरिया होटल में अपने व्याख्यान के दौरान मैंने उसी सप्ताह इसे खरीदने के अपने विचार को प्रकट किया। (हालाँकि उस समय मेरे बैंक में इतने रुपए नहीं थे

कि मैं इसे खरीद सकूँ)। मेरे सामने बैठे श्रोताओं में से मेरे एक छात्र के पास नारंगी रंग की वायर व्हीलवाली बिल्कुल वैसी ही कार थी, जिसका मैंने वर्णन किया था। अगले दिन सुबह उसने मुझे होटल में फोन किया और बोला, हिल साहब, जरा नीचे आइए, मैं आपकी कार लाया हूँ। मैं नीचे गया, वो हस्तांतरण के सभी दस्तावेज बनवाकर लाया था, मैंने उनपर दस्तखत किए और चाभी मेरे हाथ में थी। इसके बाद वह मुझे रॉल्स रॉयस के अधिकतम उपयोग की जानकारी देनेवाली कुछ बातें बताने के लिए कार में लेकर चल दिया। वह कार को रिवरसाइड ड्राइव पर थोड़ी दूर लेकर गया, बाहर निकला और मुझसे हाथ मिलाते हुए बोला—हिल साहब, मुझे आपको यह शानदार कार सौंपने का मौका पाकर बहुत प्रसन्नता हो रही है। यह किसी के भी द्वारा मुझसे कही सबसे ख़ूबसूरत बात थी। उसने पैसे के बारे में कोई बात नहीं की। उसने यह नहीं कहा कि मैंने इसे जितने में खरीदा था, उसके आधार पर इसकी कीमत तय कर लेते हैं। इसकी जगह वह बोला—आपको इसकी मुझसे ज्यादा जरूरत है। सच तो यह है कि मुझे इसकी कोई जरूरत ही नहीं, लेकिन आपको है और मैं चाहता हूँ कि यह आपके पास ही रहे।

अपने दिल में छिपी इन प्रबल इच्छाओं के प्रति सचेत रहें, क्योंकि आपका अवचेतन मन इन्हीं इच्छाओं को वास्तविक बनाने पर काम शुरू कर देता है। आत्मानुशासन रातोरात प्राप्त नहीं किया जा सकता। इसे निश्चित विचार करने की आदत व भौतिक प्रयासों द्वारा चरणबद्ध ढंग से विकसित किया जाता है। इसे पाने के लिए आपको अपनी ओर से प्रयास करने होंगे।

अपने दिल में छिपी इन प्रबल इच्छाओं के प्रति सचेत रहें, क्योंकि आपका अवचेतन मन इन्हीं इच्छाओं को वास्तविक बनाने पर काम शुरू कर देता है। आत्मानुशासन रातोरात प्राप्त नहीं किया जा सकता। इसे निश्चित विचार करने की आदत व भौतिक प्रयासों द्वारा चरणबद्ध ढंग से विकसित किया जाता है। इसे पाने के लिए आपको अपनी ओर से प्रयास करने होंगे।

उत्साहित होने के लिए आपको उत्साहित होने का अभिनय करना सीखना होगा, यही सच है।

अपनी इच्छा चुनने से आत्मानुशासन

अपने दिल में किसी भी चीज को स्थान देने में पूरी तरह से सचेत रहें। आप जिस भी चीज को अपने दिल में जगह देकर अपना ध्यान उसी पर केंद्रित रखेंगे तो वो आपको जरूर मिलेगी। इसलिए किसी भी इच्छा को प्रबल करने से पहले वह

मिलने पर उसके संग जीवन गुजारने पर ठीक से सोच-विचार कर लें (विवाहित लोग मेरी बात को अच्छे से समझ रहे होंगे)। अपने दिमाग में किसी ऐसी चीज को स्थान देना, जिसे आप किसी भी अन्य वस्तु से अधिक चाहते हों, कुछ ऐसा जिसका मिलना लगभग नामुमकिन है और जब आप इसे दिल में जगह दे देते हैं, तब पता चलता है कि यही वह है, जिसके साथ आप अपना पूरा जीवन गुजारना चाहते हैं, लेकिन अपने दिल में जगह देने से पहले आपको अपनी इस इच्छा की पूरी सावधानी से पड़ताल करनी चाहिए।

आपके लिए यह जानना दिलचस्प होगा कि इस दर्शन के निर्माण के दौरान मेरे साथ जो पाँच सौ या उससे अधिक व्यक्ति थे, वे सभी अत्यधिक अमीर थे। मैंने इसमें अन्य श्रेणी के लोगों की ओर कोई ध्यान नहीं दिया। मैंने केवल उन्हीं लोगों को इसमें जोड़ा, जिन्होंने आर्थिक पैमाने पर बेहतरीन प्रदर्शन किया हो। मुझे नौसिखियों में कोई दिलचस्पी नहीं थी। हालाँकि अब ऐसा नहीं है, लेकिन तब ऐसा ही था। आपको यह जानकर अजीब लगेगा कि उनमें से प्रत्येक व्यक्ति के पास अकूत धन-संपदा थी, लेकिन उनमें से किसी के पास मन की शांति नहीं थी। इस धन कमाने की कोशिश में उन्होंने उन सभी परिस्थितियों की अवहेलना की, जिससे वे अपने जीवन में पैसे के पुजारी बनने से बच पाते, इसे अपने लिए बोझ बनाने से बच पाते और जिसके द्वारा वे अपने साथियों के साथ ऐसे रिश्ते बना पाते, जहाँ उन्हें मन की शांति मिल सके। उन्होंने अपने हिस्से का पाठ नहीं पढ़ा। इस मंच पर आने के बाद मैंने अपने व्याख्यान के पहले पाँच मिनट में जो कुछ भी कहा, यदि उन लोगों ने अपने बेहद अमीर बनने के शुरुआती दिनों में इसे सुना होता तो वे भी अपने को संतुलित रखना सीख जाते। इससे उनका पैसा उनपर इतना बुरा असर नहीं कर पाता। मेरे लिए दुनिया का सबसे दु:खद दृश्य वह है, जहाँ एक अत्यंत अमीर व्यक्ति के पास उसके पैसे के अतिरिक्त और कुछ न हो। ऐसे लोग दुनिया में भरे पड़े हैं।

आपके लिए यह जानना दिलचस्प होगा कि इस दर्शन के निर्माण के दौरान मेरे साथ जो पाँच सौ या उससे अधिक व्यक्ति थे, वे सभी अत्यधिक अमीर थे। मैंने इसमें अन्य श्रेणी के लोगों की ओर कोई ध्यान नहीं दिया। मैंने केवल उन्हीं लोगों को इसमें जोड़ा, जिन्होंने आर्थिक पैमाने पर बेहतरीन प्रदर्शन किया हो। मुझे नौसिखियों में कोई दिलचस्पी नहीं थी।

दूसरी दयनीय स्थिति वह होती है, जहाँ एक बालक या बालिका को बिना कमाए विशाल धन-संपदा मिल जाए। आपकी विचार करने की शक्ति ही ऐसी एकमात्र चीज

है, जिसपर आपको संपूर्ण व निर्विवाद नियंत्रण हासिल है। मनुष्यों के हाथ में एकमात्र चीज का नियंत्रण देते हुए ईश्वर ने सभी चीजों में से संभवत: सबसे महत्त्वपूर्ण चीज को चुना है, जिसे इच्छाशक्ति द्वारा नियंत्रित किया जा सकता है। यह ऐसा विस्मयकारी तथ्य है, जो आपके सबसे गंभीर विचार को प्रमुख बना देता है। इसपर ध्यान देने से आप भी समृद्धि के उस वचन को पा जाएँगे, जो आत्मानुशासन जिससे आपने अपनी दिमागी शक्ति के उपयोग में महारत हासिल की है। आत्मानुशासन से स्वास्थ्य में सुधार तो होता ही है, साथ ही इसके द्वारा अपने दिमाग के साथ सामंजस्य विकसित कर मन की शांति तक भी पहुँचा जा सकता है।

दूसरी दयनीय स्थिति वह होती है, जहाँ एक बालक या बालिका को बिना कमाए विशाल धन-संपदा मिल जाए। आपकी विचार करने की शक्ति ही ऐसी एकमात्र चीज है, जिसपर आपको संपूर्ण व निर्विवाद नियंत्रण हासिल है। मनुष्यों के हाथ में एकमात्र चीज का नियंत्रण देते हुए ईश्वर ने सभी चीजों में से संभवत: सबसे महत्त्वपूर्ण चीज को चुना है, जिसे इच्छाशक्ति द्वारा नियंत्रित किया जा सकता है।

संतुलन व शांति द्वारा आत्मानुशासन

मेरे ज्यादातर छात्र मेरी पृष्ठभूमि से परिचित हैं, जब वो मेरे साथ काम करने लगते हैं, तब लगभग सभी मेरे बारे में सब कुछ जान जाते हैं। यदि मैंने आत्मानुशासन सीखने के बाद उसके बल पर यह सबकुछ न पाया होता, तो अपनी इस पृष्ठभूमि के रहते हुए मैं कभी भी गंभीर चेहरा बनाकर यह नहीं कह सकता था, आज मेरे पास मेरी आवश्यकता भर का या सभी संभावित उपयोगी या जिनकी मैं इच्छा रख सकता था, वे सभी चीजें प्रचुर मात्रा में मौजूद हैं। एक समय ऐसा भी था, जब मेरे एक बैंक खाते में इतना पैसा था, जितना आज कई बैंकों में है..., बल्कि उससे भी कहीं अधिक। लेकिन तब मैं इतना अमीर नहीं था, जितना आज हूँ। आज मैं इसलिए अधिक अमीर हूँ, क्योंकि आज मेरा दिमाग संतुलित है। मुझे किसी से कोई शिकायत नहीं है। मुझे कोई चिंता नहीं है और न ही मुझे किसी बात का भय है।

आत्मानुशासन द्वारा ही मैंने अपने जीवन तथा अपनी पुस्तकों को संतुलित बनाना सीखा है। संभव है कि आज भी मैं आयकर कर्मचारियों के साथ सहज नहीं हूँ, लेकिन आकाश में कहीं रहनेवाला वह तगड़ा व्यक्ति, जो हमेशा मेरे कंधे पर से झाँकता रहता है, वह इस बात का पूरा ध्यान रखता है कि मैं हमेशा शांत रहूँ। यदि मैंने आत्मानुशासन की कला या जीवन की अप्रिय स्थितियों पर नकारात्मक की जगह सकारात्मक ढंग से प्रतिक्रिया देने की कला न सीखी होती तो आज मेरे इस व्यक्ति के साथ भी अच्छे

संबंध नहीं होते। मैं नहीं जानता कि यदि कोई व्यक्ति बिना किसी बात के गुस्से में मेरे मुँह पर जोरदार चाँटा जड़ दे तो मुझे क्या करना होगा। मैं नहीं जानता कि मैं क्या कर बैठूँगा। मुझे लगता है कि मानवीय कमियाँ मुझ में अभी भी मौजूद हैं। फिर चाहे यह सही लगे या गलत, यदि वह व्यक्ति मेरे निकट होगा तो मैं उसके पेट पर दोगुनी तेजी से इतना जोरदार घूँसा मारूँगा कि वह वहीं लेट जाएगा, लेकिन यदि ऐसा करने से पहले मैं दो क्षण विचार करने को रुक गया तो मैं उससे घृणा करने की जगह उस पर दया दिखाऊँगा। उसकी इस हरकत के लिए मुझे उस पर तरस आएगा।

आत्मानुशासन द्वारा कार्य-पद्धति का चयन

ऐसी बहुत सी चीजें हैं, जिन्हें मैं पहले गलत ढंग से करता था, लेकिन अब उन्हें सही तरीके से कर रहा हूँ, क्योंकि आत्मानुशासन द्वारा मैंने उन्हें करने का सही तरीका जान लिया है। मैं अब दूसरों के प्रति शांत रहता हूँ, मैं दुनिया के प्रति शांत रहता हूँ और इन सबसे बढ़कर मैं अपने व ईश्वर के प्रति शांत रहता हूँ। यह मेरे लिए सबसे शानदार बात है। आप चाहे हर तरह से अमीर हों, लेकिन यदि आप अपने, अपने साथियों व अपने सहकर्मियों के प्रति शांति का अनुभव नहीं करते तो आप सही मायने में अमीर नहीं हैं। जब तक आप सभी लोगों, सभी प्रजातियों, व सभी संप्रदायों के प्रति शांत रहने का अनुशासन नहीं पा जाते, तब तक आपको अमीर नहीं माना जा सकता। मेरे श्रोताओं में कैथोलिक, प्रोटेस्टेंट, यहूदी, जेंटिल जैसे भिन्न रंगों व जातियों के लोग होते हैं। मेरे लिए वे सभी एक ही धर्म व रंग के हैं। मैं उनके बीच विभेद नहीं कर पाता और न ही मैं उनके बीच के इस भेद को जानना चाहता हूँ, क्योंकि मेरा दिमाग किसी भेद को स्वीकार नहीं करता। मैं जातीय भेद से क्रोधित होने व अपने लोगों से दूर होने जैसी छोटी बातों से ऊपर उठ गया हूँ। मैं नहीं चाहता कि आज ऐसा कुछ भी हो, लेकिन एक समय था, जब ऐसा होता था।

ऐसी बहुत सी चीजें हैं, जिन्हें मैं पहले गलत ढंग से करता था, लेकिन अब उन्हें सही तरीके से कर रहा हूँ, क्योंकि आत्मानुशासन द्वारा मैंने उन्हें करने का सही तरीका जान लिया है। मैं अब दूसरों के प्रति शांत रहता हूँ, मैं दुनिया के प्रति शांत रहता हूँ और इन सबसे बढ़कर मैं अपने व ईश्वर के प्रति शांत रहता हूँ। यह मेरे लिए सबसे शानदार बात है।

दुनिया व अमेरिका जैसे सर्वधर्म समभाववाले देश के लिए यह सबसे बड़ा श्राप है कि हम आज भी यह नहीं समझ पाए कि हमें एक-दूसरे के साथ कैसे रहना

है। अभी हम इसे सीख रहे हैं और जब हम इस दर्शन को पूरी तरह समझ जाएँगे तो अमेरिका का माहौल सबसे बेहतरीन हो जाएगा। मैं आशा करता हूँ कि यह दर्शन अन्य देशों तक भी पहुँचे।

एकाग्र मन से आत्मानुशासन

आत्मानुशासन द्वारा हम अपने मन को अपनी इच्छित वस्तुओं पर एकाग्र करते हुए अवांछित वस्तुओं से हटा लेते हैं। इस अध्याय द्वारा आप कम-से-कम अपने मन को अपनी मनचाही वस्तुओं पर एकाग्र करने व अपने लिए अवांछित चीजों से मन हटाने की आदत या योजना बनाना सीख जाएँगे। अगर आप इसके द्वारा नया जन्म, नया अवसर व नया जीवन न पा सके तो इस कोर्स के लिए आपसे लिया गया पूरा पैसा व समय सौ गुना सूद के साथ आपको वापस लौटा दिया जाएगा। आत्मानुशासन से आप सीखेंगे कि आपको अपने मन में उन चीजों को जगह नहीं देनी जो आपको पसंद नहीं, जो दरिद्रता दर्शक हों, जिनमें निराशा का भाव हो तथा जो उन लोगों से संबंधित हों, जिन्होंने आपको चोट पहुँचाई।

> *दुनिया व अमेरिका जैसे सर्वधर्म समभाववाले देश के लिए यह सबसे बड़ा श्राप है कि हम आज भी यह नहीं समझ पाए कि हमें एक-दूसरे के साथ कैसे रहना है। अभी हम इसे सीख रहे हैं और जब हम इस दर्शन को पूरी तरह समझ जाएँगे तो अमेरिका का माहौल सबसे बेहतरीन हो जाएगा। मैं आशा करता हूँ कि यह दर्शन अन्य देशों तक भी पहुँचे।*

मैं जानता हूँ कि मेरे लिए आपसे यह कहना बड़ा सरल है कि आपको क्या करना है। मैं यह भी जानता हूँ कि अभी आपके पास जो पैसे नहीं हैं, वे जब आपको मिल जाएँगे तो आपके लिए उनसे अपना मन हटाना बहुत कठिन होगा। मुझे यह सब कैसे पता ? मैं इसके बारे में सब जानता हूँ। मुझे पता है कि भूख क्या होती है। मैं जानता हूँ कि बेघर होना क्या है। मैं जानता हूँ कि मित्रों के न होने पर कैसा लगता है। मैं जानता हूँ कि अनपढ़ व जाहिल होना क्या होता है। मैं इन सब बातों के बारे में अच्छी तरह जानता हूँ। मैं जानता हूँ कि एक जाहिल, अशिक्षित व दरिद्रता पीड़ित व्यक्ति के लिए प्रसिद्ध दर्शनशास्त्री बनकर अपने विचारों को दुनिया में फैलाने के बारे में सोचना कैसा लगता है। मैं इन सबसे गुजरा हूँ। मैं अब यह भूतकाल में कह रहा हूँ, लेकिन मैं ऐसा कर चुका हूँ। यदि आप भी वह सब पा सके, जो मैंने पाया है तो मैं समझ जाऊँगा कि आपने भी मेरे जितना ही बढ़िया काम किया है।

आपको यह जिम्मेदारी लेनी ही होगी। आपको नेतृत्व अपने हाथ में लेना होगा। अपने दिमाग को नियंत्रण में लीजिए व इसे व्यस्त रखिए, इसमें वही विचार रखें, जिन्हें आप पाना या करना चाहते हैं, या जिन लोगों को आप पसंद करते हैं, इससे यह उन चीजों या लोगों पर विचार नहीं कर सकेगा, जो आपके लिए अवांछनीय हैं।

सबमें अच्छाई देखने का आत्मानुशासन

क्या आपने न पसंद आनेवाले लोगों का कभी भी विचारपूर्वक (तथा जितना संभव हो उतना निकट से) अध्ययन किया है? यहाँ मुख्य बात यह है कि आपको केवल उनके दोषों की चर्चा करते हुए अपने मत को पुष्ट नहीं करना है। किसी भी कमजोर व्यक्ति के लिए यह बहुत सहज व सरल विकल्प होगा। वहीं एक मजबूत व्यक्ति दूसरे की पसंद के चलते अपने को नापसंद व्यक्ति के जीवन में झाँकने के लिए आत्मानुशासन का उपयोग करेगा। निष्पक्ष व निरपेक्ष होकर देखने पर ऐसी त्रुटियाँ आपको हर व्यक्ति में मिल जाएँगी। दुनिया में कोई भी इतना बुरा नहीं कि उसमें अच्छाई बिल्कुल भी न हो। खोजने पर आपको यह जरूर दिख जाएँगी, लेकिन यदि आप इसे खोजेंगे नहीं तो आपको कभी नहीं दिखेंगी।

आपको यह जिम्मेदारी लेनी ही होगी। आपको नेतृत्व अपने हाथ में लेना होगा। अपने दिमाग को नियंत्रण में लीजिए व इसे व्यस्त रखिए, इसमें वही विचार रखें, जिन्हें आप पाना या करना चाहते हैं, या जिन लोगों को आप पसंद करते हैं, इससे यह उन चीजों या लोगों पर विचार नहीं कर सकेगा, जो आपके लिए अवांछनीय हैं।

यह इस सदी या संभवतः प्रत्येक सदी के लिए सबसे बड़ा अभिशाप है। किसी से मिलने पर उसमें जरा सी भी कमी दिखाई देने पर हम उसमें और अधिक खामियाँ खोजने लगते हैं। धीरे-धीरे इन खामियों को हम कई गुणा बढ़ाकर इतना विशाल कर देते हैं कि वह अपने वास्तविक स्वरूप से भी बड़ी नजर आती हैं। किसी भी व्यक्ति को कम करके आँकना उसके अपमान व अपकार का द्योतक है। यदि आप अपने शत्रुओं को कमतर मानेंगे तो वो आपको हरा देंगे, लेकिन यदि आप अपने आप में बदलाव करें तो चाहे आपके जितने भी शत्रु हों, आप उनमें से कुछ को अपना मित्र अवश्य बना लेंगे।

परिवर्तन की शुरुआत दूसरों से न करें, बल्कि अपने विचारों में बदलाव लाकर दूसरों में परिवर्तन लाने का प्रयास करें। अपने आपको और अधिक उदार बनाएँ, तालमेल बढ़ाएँ व अधिक क्षमाशील बनें। यदि किसी व्यक्ति ने आपको कोई नुकसान पहुँचाया है (बिना उकसाए जाने-अनजाने में), तो यह आपके लिए एक बेहतरीन अवसर है।

बल्कि, वह विशेषाधिकार मिल जाता है, जो पहल करने के कारण सामनेवाले के पास नहीं है। यदि कोई बिना कारण या कारण होने पर भी आपको हानि पहुँचाता है, तो उसने अगला कदम उठाने में पहल करने का अपना अधिकार खो दिया। अब पहल का यह अधिकार आपके पास है। यह पहल क्या है? वह अगला कदम क्या है, जो आप तो उठा सकते हैं, लेकिन वह नहीं? यह पहल है कि आपके पास अभी भी उसे माफ करने व उसपर दया दिखाने का मार्ग है। आप अभी भी ऐसा कर सकते हैं।

सुरक्षा की मानसिक दीवार

मैं चाहता हूँ कि आप किसी भी बाहरी आक्रमण से रक्षा करनेवाली इस मानसिक दीवार को हमेशा याद रखें, क्योंकि यह जरूरी है कि आप स्वयं को बाहरी प्रभावों से इस तरह अछूता रखें, जिससे यह आपकी मानसिक क्षमता को प्रभावित न कर सके, आपको गुस्सा न दिलाए, आपको अप्रसन्न न करे, भयभीत न करे और न ही कोई आपका किसी भी तरह फायदा उठा सके। मैंने इस प्रणाली का उपयोग किया और इसने खूब अच्छी तरह काम किया। जब आपको भी दुनिया भर में इतने लोग जानते होंगे, जितना मुझे जानते हैं और उसमें से आपके बहुत गहरे मित्र आपसे मिलने के लिए समय निश्चित करने पर जोर दें तो मेरी तरह आपको भी ऐसी प्रणाली बनानी होगी जिससे आप स्वयं से मिलने या न मिलनेवाले लोगों का चयन कर सकें। आप इसे नकार नहीं सकते। शायद शुरुआत में आप ऐसा न करें, पहले मैं भी ऐसा नहीं करता था, लेकिन अब करता हूँ। यदि मैंने इस प्रणाली द्वारा उन्हें रोका नहीं होता तो मेरा सारा समय दुनिया भर में फैले मेरे सभी प्यारे मित्रों के बीच ही बँट गया होता। मैंने उनमें से बहुत से लोगों से अपनी पुस्तकों द्वारा संपर्क बनाने का प्रयास किया। इस तरह मेरी पहुँच करोड़ों लोगों तक हो गई। लेकिन अब वो मुझसे निजी मुलाकात करना चाहते हैं तो मुझे सीमित समय में निश्चित लोगों से मिलने के लिए इस प्रणाली की जरूरत पड़ी। इस प्रणाली में तीन काल्पनिक दीवारें हैं। यद्यपि ये पूरी तरह काल्पनिक नहीं, कुछ हद तक वास्तविक भी हैं।

> ***मैं चाहता हूँ कि आप किसी भी बाहरी आक्रमण से रक्षा करनेवाली इस मानसिक दीवार को हमेशा याद रखें, क्योंकि यह जरूरी है कि आप स्वयं को बाहरी प्रभावों से इस तरह अछूता रखें, जिससे यह आपकी मानसिक क्षमता को प्रभावित न कर सके, आपको गुस्सा न दिलाए, आपको अप्रसन्न न करे, भयभीत न करे और न ही कोई आपका किसी भी तरह फायदा उठा सके।***

पहली दीवार सबसे बड़ी है। यह मुझसे बहुत दूर बनी है। यह बहुत ऊँची तो नहीं, लेकिन इतनी ऊँची जरूर है कि यदि कोई बिना उचित कारण मुझसे संपर्क क

चाहे तो यह उसे रोक सकती है, लेकिन इससे मेरे छात्रों को कोई समस्या नहीं होती, क्योंकि उनके पास इसे पार करने के लिए सीढ़ी है। वो जब चाहें तब बिना परेशानी इस दीवार को पार कर सकते हैं; उन्हें ऐसा करने के लिए मुझसे पूछने की भी आवश्यकता नहीं है, लेकिन बाकी सभी लोग जो मेरे छात्र नहीं हैं, उन्हें उस दीवार से पार पाकर मुझसे संपर्क स्थापित करने का कोई औपचारिक मार्ग खोजना ही होगा। वो मेरे दरवाजे या फोन की घंटी बजाकर ऐसा नहीं कर सकते, क्योंकि मेरा नाम किसी भी टेलीफोन बुक में दर्ज नहीं है। इसलिए उन्हें किसी औपचारिकता से गुजरना ही होगा। मुझे इस दीवार की जरूरत क्यों पड़ी? मैं क्यों नहीं इसे ध्वस्त कर सभी से मिलने लगता, या दुनिया भर से मुझे पत्र लिखनेवालों को स्वयं ही उत्तर क्यों नहीं देता? मैं ऐसा क्यों नहीं करता, आप क्या जानते हैं? आपको यह जानकर आश्चर्य होगा कि मुझे प्रतिदिन पूरी तरह से भरे पाँच बोरे पत्र आते हैं। मैं उनमें भरे सभी पत्रों को नहीं खोल पाता, बल्कि मैं तो उन सबके लिफाफे भी नहीं देख पाता। मेरे पास इतने सहायक नहीं हैं, जो उन सभी पत्रों को खोल सकें, इसलिए उनमें से बहुत से ऐसे ही बंद पड़े रह जाते हैं। ये पत्र देश के अलग-अलग हिस्सों से आए होते हैं। पहले स्थिति इतनी जटिल नहीं थी, लेकिन जैसे ही मुझे थोड़ी लोकप्रियता मिली, मेरे पास देशभर से पत्र आने शुरू हो गए। प्रिंटर्स इंक के पिछले संस्करण में मेरे बारे में एक लेख लिखा गया था। उसके बाद से मुझे ऐसे लोगों के भी पत्र आने लगे जो मुझे शायद पैंतीस या अड़तीस वर्ष पहले शिकागो से जानते हैं, लेकिन उन्हें मेरे यहाँ होने की कोई जानकारी नहीं थी। इसलिए हमारे पास एक प्रणाली होनी आवश्यक है।

आपको यह जानकर आश्चर्य होगा कि मुझे प्रतिदिन पूरी तरह से भरे पाँच बोरे पत्र आते हैं। मैं उनमें भरे सभी पत्रों को नहीं खोल पाता, बल्कि मैं तो उन सबके लिफाफे भी नहीं देख पाता। मेरे पास इतने सहायक नहीं हैं, जो उन सभी पत्रों को खोल सकें, इसलिए उनमें से बहुत से ऐसे ही बंद पड़े रह जाते हैं। ये पत्र देश के अलग-अलग हिस्सों से आए होते हैं। पहले स्थिति इतनी जटिल नहीं थी, लेकिन जैसे ही मुझे थोड़ी लोकप्रियता मिली, मेरे पास देशभर से पत्र आने शुरू हो गए।

इस दीवार को पार करने के बाद अगली दीवार इतनी विशाल या लंबी-चौड़ी तो नहीं, लेकिन ऊँची बहुत है। यही मायनों में यह दीवार बहुत अधिक ऊँची है। इस दीवार को किसी सीढ़ी द्वारा पार नहीं किया जा सकता, यह मेरे छात्रों के लिए भी संभव नहीं, लेकिन इसे पार करने का एक रास्ता है, जो मैं आपको बताऊँगा। इस दीवार को

पार करने के लिए आपके पास कुछ ऐसा होना चाहिए, जो मुझे पसंद हो या आपके व मेरे बीच कोई समानता होनी चाहिए। इससे पहले कि आप मुझे लालची या स्वार्थी समझें, मैं अपनी इस बात को स्पष्ट कर देना चाहता हूँ। इस बात का केवल इतना अर्थ है कि यदि आपको समय देने में मुझे अपना व आपका दोनों का फायदा नजर आएगा तो ऐसा सरलता से हो सकेगा। लेकिन यदि कुछ ऐसा हुआ, जिसमें मेरा नहीं, केवल आपका ही फायदा है, तो संभव है कि आप मुझसे न मिल सकें। इसमें अपवाद है, लेकिन बहुत-बहुत कम और मैं निर्णय लेते समय इन सभी अपवादों को ध्यान में रखता हूँ। विश्वास रखिए, यह स्वार्थ नहीं, बल्कि आवश्यकता है।

इस दूसरी दीवार को पार करने के बाद आप जिस दीवार का सामना करेंगे वह और भी अधिक पतली, लेकिन अनंत ऊँचाईवाली है। कोई भी जीवित वस्तु इस दीवार के पार नहीं आ सकती। मेरा अपनी पत्नी से बेहद प्रेम व अपनेपन के बावजूद वह भी इसे पार नहीं कर सकती। वह न तो कभी ऐसा कर पाई और न ही उसने कभी इसकी कोशिश की, क्योंकि वह जानती है कि यह मेरी आत्मा का अभयारण्य है, जहाँ मैं व मेरे ईश्वर के अतिरिक्त और कोई नहीं आ सकता। कोई भी नहीं। यहीं मैं सबसे बेहतरीन कार्य कर पाता हूँ। किसी भी पुस्तक की रचना से पहले, मैं अपने इस आंतरिक अभयारण्य में जाता हूँ और ईश्वर से अपनी उस पुस्तक पर चर्चा करते हुए निर्देश प्राप्त करता हूँ। जीवन के किसी भी दोराहे पर सही मार्ग तलाशने के लिए मैं अपने इसी आंतरिक अभयारण्य का सहारा लेता हूँ। मैं निर्देश माँगता हूँ और मुझे वो मिल जाते हैं, हमेशा।

आपने देखा कि प्रतिरक्षण की यह व्यवस्था कितनी उत्तम है? आपने देखा कि इसमें लेशमात्र भी स्वार्थ नहीं है? आपकी सबसे पहली जिम्मेदारी स्वयं अपनी ओर है। शेक्सपीयर ने अपनी पद्यात्मक शैली में यही बात बहुत खूबसूरती से कही है—यदि आप अपने लिए सच्चे रहेंगे तो आप दूसरों को भी धोखा नहीं देंगे, यह बात उतनी ही सच्ची व निश्चित है, जितना रात के बाद दिन का आना। इन पंक्तियों को पहली बार पढ़ते ही मैं अंदर तक रोमांचित हो उठा।

आपने देखा कि प्रतिरक्षण की यह व्यवस्था कितनी उत्तम है? आपने देखा कि इसमें लेशमात्र भी स्वार्थ नहीं है? आपकी सबसे पहली जिम्मेदारी स्वयं अपनी ओर है। शेक्सपीयर ने अपनी पद्यात्मक शैली में यही बात बहुत खूबसूरती से कही है—यदि आप अपने लिए सच्चे रहेंगे तो आप दूसरों को भी धोखा नहीं देंगे, यह बात उतनी ही सच्ची व निश्चित है, जितना रात के बाद दिन का आना। इन पंक्तियों को पहली बार पढ़ते ही मैं अंदर तक रोमांचित हो उठा। इसके बाद मैंने इसे सैकड़ों बार पढ़ा व इसे

हजारों बार उच्चारित किया। कितनी सच्ची बात है, आपकी सबसे पहली जिम्मेदारी आपकी अपनी ओर है। अपने आप से सच्चे रहें। अपने विचारों को सुरक्षित रखें। अपनी आंतरिक चेतना को बचाए रखें। आत्मानुशासन द्वारा अपने दिमाग को नियंत्रित कर इसे अपनी नापसंद वस्तुओं की जगह अपनी मनचाही वस्तुओं की ओर बढ़ाते रहें। ईश्वर ने यह विशेषाधिकार केवल आपको सौंपा है। यह ईश्वर का मनुष्यों को सबसे बेहतरीन तोहफा है। इस उपहार की सराहना करने के लिए इसे स्वीकार करें व इसका पूरी तरह उपयोग करें।

सुधार द्वारा आत्मानुशासन

अपनी उन पाँच आदतों की सूची बनाएँ, जिनमें आप आत्मानुशासन द्वारा सुधार करना चाहते हैं। आप चाहे जितने भी योग्य हों, ऐसा कोई व्यक्ति नहीं है, जिसे पूरी ईमानदारी से उपयोग करने पर इससे कोई लाभ न हुआ हो। यदि आप अपने बारे में ऐसा कुछ नहीं जानते तो अपनी पत्नी से पूछें। आपको उनसे अवश्य कुछ ऐसा पता लगेगा, जिसे आप इस सूची में दर्ज करना चाहेंगे। यही काम आपके पति भी कर सकते हैं। कुछ मामलों में हो सकता है कि आपको अपने पति या पत्नी से यह पूछने की जरूरत भी न पड़े! (क्योंकि वो बिना पूछे ही आपको ऐसी कई बातें बता देंगे) जो भी हो, आपको अपने व्यक्तित्व में से छाँटकर ऐसी पाँच बातें लिखनी हैं, जिनमें आप बदलाव करना चाहते हों। अभी के लिए आपके दिमाग में जो भी पहली बात आए, उसे लिख डालें। सभी को अपने व्यक्तित्व में परिवर्तन करने लायक किसी एक विशेषता की अवश्य जानकारी होती है।

> ***अपनी उन पाँच आदतों की सूची बनाएँ, जिनमें आप आत्मानुशासन द्वारा सुधार करना चाहते हैं। आप चाहे जितने भी योग्य हों, ऐसा कोई व्यक्ति नहीं है, जिसे पूरी ईमानदारी से उपयोग करने पर इससे कोई लाभ न हुआ हो। यदि आप अपने बारे में ऐसा कुछ नहीं जानते तो अपनी पत्नी से पूछें। आपको उनसे अवश्य कुछ ऐसा पता लगेगा, जिसे आप इस सूची में दर्ज करना चाहेंगे।***

यह सूची तैयार किए बिना इन कमियों को दूर करना संभव नहीं है। उन्हें खोजें और नजर आते ही उन्हें कागज पर उतार लें और तब उनमें सुधारने की काररवाई शुरू कर दें। इन सुधार लायक पाँच विशेषताओं को खोजने के बाद आप फौरन इनकी विपरीत विशेषताओं को विकसित करना आरंभ कर सकते हैं। यदि आप अपनी सुविधाएँ व सहूलियत दूसरों के साथ नहीं बाँटते तो ऐसा करना आरंभ कर दें, फिर चाहे

इसमें आपको कितना भी नुकसान क्यों न हो। आप इस कार्य को अपनी वर्तमान स्थिति में ही आरंभ कर दें। यदि आप लोभी हैं तो बाँटना आरंभ करें। यदि आपको दूसरों के बारे में छोटी-मोटी अफवाह उड़ाने की आदत है तो इसे तुरंत बंद कर दें। इसे बंद करके इसकी जगह दूसरों की सराहना करने लगें। जब आप किसी व्यक्ति से उसकी अच्छी बातों पर बात करने लगेंगे तो जल्द ही आप देखेंगे कि वह व्यक्ति प्रफुल्लित होकर बिल्कुल नया इनसान बन जाएगा।

ऐसा बहुत अधिक न करें अन्यथा उसे आप पर संदेह होने लगेगा। इसे सीमा में रहकर ही करें। यदि कोई अचानक मेरे पास आकर मुझसे हाथ मिलाते हुए कहे, नेपोलियन हिल, मैं हमेशा से आपसे मिलना चाहता हूँ। मैं आपकी पुस्तकों का बड़ा प्रशंसक हूँ और मैं आपको बताना चाहूँगा कि इनके द्वारा मैंने अपने आप को खोज लिया है। आज मुझे अपने व्यापार या पेशे में जो सफलता मिली है, उसके लिए मैं 'थिंक एंड ग्रो रिच' और 'द लॉ ऑफ सक्सेस' का ऋणी रहूँगा। मैं जानता हूँ कि वह व्यक्ति सच बोल रहा है। मैं उसकी आवाज के उतार-चढ़ाव, उसकी आँखें व उसके मेरा हाथ पकड़ने का ढंग देखकर यह बता सकता हूँ। मैं उसे धन्यवाद दूँगा। लेकिन यदि वह मेरी बढ़ा-चढ़ाकर तारीफ करने लगे तो मैं तुरंत समझ जाऊँगा कि उसका मकसद मेरा कोई फायदा उठाना है। यहाँ आपको अपने विवेक का उपयोग करना होगा।

आज मुझे अपने व्यापार या पेशे में जो सफलता मिली है, उसके लिए मैं 'थिंक एंड ग्रो रिच' और 'द लॉ ऑफ सक्सेस' का ऋणी रहूँगा। मैं जानता हूँ कि वह व्यक्ति सच बोल रहा है। मैं उसकी आवाज के उतार-चढ़ाव, उसकी आँखें व उसके मेरा हाथ पकड़ने का ढंग देखकर यह बता सकता हूँ। मैं उसे धन्यवाद दूँगा। लेकिन यदि वह मेरी बढ़ा-चढ़ाकर तारीफ करने लगे तो मैं तुरंत समझ जाऊँगा कि उसका मकसद मेरा कोई फायदा उठाना है। यहाँ आपको अपने विवेक का उपयोग करना होगा।

इसके बाद आप अपने निकट के लोगों के व्यक्तित्व में आत्मानुशासन द्वारा सुधरने लायक ऐसी ही विशेषताओं की सूची बनाएँ। आपके लिए ऐसी सूची बनाना बहुत सरल है। यह कार्य करते समय आप देखेंगे कि आपको अपनी सूची बनाने में जितनी कठिनाई आई थी, दूसरों के लिए सूची बनाना उतना ही सरल रहेगा। स्व-परीक्षण सरल कार्य नहीं है? अपना विषय आने पर हम पक्षपात करने लगते हैं। हम मानते हैं कि हमारे काम का चाहे जो परिणाम हो, लेकिन उसके सही होने के लिए यही काफी है कि उसे हमने किया है। वहीं जब इसका उलटा परिणाम निकलता है तो हम इसे हमेशा दूसरों की गलती मानते हैं, अपनी नहीं। हमेशा ऐसा ही होता है।

एक बार किसी ने मुझे बताया कि उसके किसी अन्य व्यक्ति से लंबे समय से खराब रिश्ते चल रहे थे, इस दर्शन का अध्ययन करके वो जान सका कि समस्या का कारण दूसरा व्यक्ति नहीं, बल्कि वह स्वयं है। उसने आत्मानुशासन द्वारा अपने आप में सुधार किया और यह लो! दूसरे का घर अपने आप साफ हो गया। यह इसी तरह काम करता है।

यह बहुत आश्चर्य की बात है कि व्यक्ति को दूसरों की आँखों का मैल तो दिख जाता है, लेकिन अपनी आँख का नहीं दिखता। जब भी कोई व्यक्ति किसी की आलोचना करे तो उसे सबसे पहले अपना चेहरा शीशे में देखते हुए पूछना चाहिए कि देखो दोस्त, दूसरों की आलोचना करने से पहले, उनके बारे में अफवाह फैलाने के पूर्व, मैं चाहता हूँ कि तुम एक बार अपनी आँखों में झाँकते हुए देखो कि तुम्हारा अपना दामन साफ है या नहीं। बाइबल का कथन है—पहला पत्थर वो मारे जिसने कभी पाप न किया हो। किसी की भी आलोचना के पूर्व एक बार अपने गिरेबान में अवश्य झाँक लें। इसे अपनी आदत बना लेने पर आप ऐसे बिंदु पर पहुँच जाएँगे, जहाँ आप लोगों को उनकी हर त्रुटि के लिए माफ कर सकेंगे।

वैचारिक नियंत्रण द्वारा आत्मानुशासन

विशेष सफलता पाने के लिए आत्मानुशासन के इस अति महत्त्वपूर्ण रूप—वैचारिक नियंत्रण का अभ्यास करना आवश्यक है। अपने दिमाग को नियंत्रित करने से अधिक महत्त्वपूर्ण कुछ नहीं है। यदि आप अपने विचारों को नियंत्रित करने में सक्षम हो जाएँगे तो आप अपने संपर्क में आनेवाली सभी चीजों को नियंत्रित कर सकेंगे। यही सत्य है। जब तक आप अपने दिमाग को नियंत्रित करना नहीं सीख लेते तब तक आप न तो परिस्थितियों पर नियंत्रण हासिल कर सकते हैं और न ही दुनिया में अपनी जगह बनाए रख सकते हैं।

विशेष सफलता पाने के लिए आत्मानुशासन के इस अति महत्त्वपूर्ण रूप—वैचारिक नियंत्रण का अभ्यास करना आवश्यक है। अपने दिमाग को नियंत्रित करने से अधिक महत्त्वपूर्ण कुछ नहीं है। यदि आप अपने विचारों को नियंत्रित करने में सक्षम हो जाएँगे तो आप अपने संपर्क में आनेवाली सभी चीजों को नियंत्रित कर सकेंगे। यही सत्य है। जब तक आप अपने दिमाग को नियंत्रित करना नहीं सीख लेते तब तक आप न तो परिस्थितियों पर नियंत्रण हासिल कर सकते हैं और न ही दुनिया में अपनी जगह बनाए रख सकते हैं।

निश्चित रहने से आत्मानुशासन

आपने मेरे मुँह से महात्मा गांधी का नाम सैकड़ों बार सुना होगा। इन्हीं सिद्धांतों का उपयोग करते हुए उन्होंने भारत को स्वतंत्र करवाया। वो जानते थे कि वे क्या चाहते हैं, इसलिए उनका उद्देश्य निश्चित था। अपने साथियों से इस पर काररवाई करने की बात करते समय उनके मन में आस्था के बीज बोने में वे दूसरे सिद्धांत, अनुप्रयुक्त आस्था का उपयोग कर रहे थे। उन्होंने अनैतिक रास्ता नहीं पकड़ा। उन्होंने न तो उत्पात मचाया और न ही हत्याएँ कीं। तीसरा, उन्होंने आवश्यकता से अधिक कार्य करने के सिद्धांत का उपयोग किया। चौथा, उन्होंने समान सोचवाले इतने सारे लोगों का मास्टरमाइंड बनाया जैसा दुनिया में आजतक नहीं हुआ था। उनके मास्टरमाइंड गठबंधन में उनके साथ 20 करोड़ लोग थे, जिनका केवल एक लक्ष्य था—अपने को अंग्रेजों के अत्याचारों से मुक्त करवाना। उन्होंने पाँचवें सिद्धांत आत्मानुशासन का वो पैमाना स्थापित किया जिसके मुकाबले का आज भी कुछ नहीं है। महात्मा गांधी की इन्हीं विशेषताओं के आगे ब्रिटिश साम्राज्य ने घुटने टेक दिए। इसमें कोई संदेह नहीं कि यह सब आत्मानुशासन के द्वारा ही संभव हो सका। दुनिया में ऐसा कोई व्यक्ति नहीं है, जो महात्मा गांधी की तरह अपनी बात पर निश्चित होकर इस मजबूती से खड़ा रह सके। अपमान व जेल भेजे जाने के बावजूद वे अपनी बात पर टिके रहे, पर किसी तरह का प्रतिरोध नहीं किया। वे अपने हथियार अहिंसा के साथ अपने पक्ष में डटे रहे।

किसी से युद्ध होने पर कोशिश करें कि युद्धस्थल व हथियार आपकी अपनी मरजी के हों, यदि आप तब भी जीत हासिल नहीं कर सके तो यह आपका अपना दोष होगा। जीवन संघर्ष का नाम है। इस संघर्ष के लिए योजना बनाएँ व उसके अनुसार काररवाई करें और शत्रु को अपने रास्ते से हटा दें। आपको अपने विरोधियों व शत्रुओं से अधिक चतुर होना होगा, यह तभी संभव है, जब यह युद्ध आपके इच्छित हथियार व स्थान पर लड़ा जाए।

किसी से युद्ध होने पर कोशिश करें कि युद्धस्थल व हथियार आपकी अपनी मरजी के हों, यदि आप तब भी जीत हासिल नहीं कर सके तो यह आपका अपना दोष होगा। जीवन संघर्ष का नाम है। इस संघर्ष के लिए योजना बनाएँ व उसके अनुसार काररवाई करें और शत्रु को अपने रास्ते से हटा दें। आपको अपने विरोधियों व शत्रुओं से अधिक चतुर होना होगा, यह तभी संभव है, जब यह युद्ध आपके इच्छित हथियार व स्थान पर लड़ा जाए।

एक समय ऐसा भी आएगा, जब यह आपके लिए मददगार सिद्ध होगा। जब भी

कभी आपको किसी समस्या का समाधान करना हो, कोई आपका विरोध करने लगे या आपको किसी से निपटना पड़ गया तो आपको इससे मदद मिलेगी। तब आपको याद आएगा कि मैंने आपको युद्ध के समय अपनी मरजी की भूमि व हथियार चुनने की हिदायत दी थी। सबसे पहले, खुद को इस युद्ध के लिए तैयार करें, अपने दिमाग में यह बैठा लें कि जब तक बात अपनी सुरक्षा की नहीं आती, तब तक आप किसी भी अवस्था में न तो कुछ नष्ट करेंगे और न ही किसी पर प्रहार करेंगे। ऐसा दृष्टिकोण रखने पर आप युद्ध शुरू होने से पहले ही उसे जीत लेंगे। हालात कितने भी खराब हों, शत्रु कितना ही मजबूत या चतुर हो, इस रणनीति का पालन करने पर जीत हमेशा आपकी ही होगी।

मेरे पास ऐसा कुछ नहीं था, जो आपके पास नहीं है, बल्कि आपके पास जितना है, मेरे पास इसका आधा भी नहीं था। मैंने अपने भूतकाल में आप में से अधिकांश लोगों से कहीं अधिक कठिनाइयों को झेला है। इसलिए मैं जानता हूँ कि यदि मैं ऐसा कर सका तो निश्चित है कि आप भी ऐसा कर सकेंगे। आपको नियंत्रण अपने हाथ में लेते हुए संपूर्ण व्यवस्था व अभियान को सँभालना ही होगा।

कोई ऐसी प्रणाली विकसित करें, जिससे आपका दिमाग पूरी तरह आपके नियंत्रण में रहे। इसे हमेशा अपनी मनचाही चीजों व हालातों की कल्पना में व्यस्त रखें। अपने लिए अवांछित चीजों को इससे पूरी दृढ़ता से दूर रखें। क्या आप जानते हैं कि आप इन अवांछित चीजों को अपने दिमाग से दूर कैसे रख सकते हैं? यह साधारण प्रश्न पूछने के पीछे मेरी मंशा आपकी चतुराई का अपमान करना नहीं है। मैं इस बात पर केवल इसलिए जोर दे रहा हूँ, जिससे कि आप इसपर विचार करना शुरू कर दें।

नियंत्रण प्राप्त करने में आत्मानुशासन

मेरे पास ऐसा कुछ नहीं था, जो आपके पास नहीं है, बल्कि आपके पास जितना है, मेरे पास इसका आधा भी नहीं था। मैंने अपने भूतकाल में आप में से अधिकांश लोगों से कहीं अधिक कठिनाइयों को झेला है। इसलिए मैं जानता हूँ कि यदि मैं ऐसा कर सका तो निश्चित है कि आप भी ऐसा कर सकेंगे। आपको नियंत्रण अपने हाथ में लेते हुए संपूर्ण व्यवस्था व अभियान को सँभालना ही होगा। आप अपने आप में एक व्यवस्था व अभियान हैं। आपको नियंत्रण अपने हाथ में लेकर कोशिश करते हुए कामयाब होना होगा। इसके लिए आपको आत्मानुशासन की आवश्यकता होगी। अपने दिमाग से अवांछित चीजों को दूर करने के लिए आपको अपने दिमाग पर नियंत्रण

रखते हुए अपने दिमाग में उन चीजों की कल्पना करनी होगी, जिन्हें आप पसंद करते हैं। भौतिक रूप से भले ही ये आपके पास न हों, पर आप मानसिक तौर पर तो इन्हें पा ही सकते हैं। यह तय मानिए कि जब तक किसी वस्तु को आप मानसिक रूप से प्राप्त नहीं कर लेते, तब तक वह आपको भौतिक रूप से नहीं मिल सकती। अपवादस्वरूप यह तभी संभव है, जब या तो कोई अन्य व्यक्ति इसे आपके दिमाग में बैठा दे, जहाँ यह अचानक यूँ ही आपकी कल्पना में शीर्ष स्थान पर काबिज हो जाए। अपनी किसी भी इच्छा को साकार करने के लिए आपको सबसे पहले उसका मानसिक चित्रण करना होना। आपको दिमागी तौर पर यकीन करना होगा कि वह आपको अवश्य मिलेगी। इसे अपने पास देखने के लिए आपको आत्मानुशासन की आवश्यकता होगी।

अपने दिमाग को नियंत्रित करने के पुरस्कारस्वरूप आपको अपने भविष्य पर अधिकार मिल जाएगा। अपने दिमाग पर नियंत्रण हासिल करने से आपका संपर्क सीधे अनंत बुद्धिमत्ता के साथ जुड़ जाएगा। तत्पश्चात् यह अनंत बुद्धिमत्ता आपको समय-समय पर निर्देशित करती रहेगी। इसमें कोई संदेह नहीं है। मैंने आपको अपने कंधे पर से किसी के देखने व मुझे निर्देशित करने की बात बताई थी, दरअसल यह वो वास्तविकता है, जिसे मैंने बाधाओं के दौरान अकसर महसूस किया है।

अपने दिमाग को नियंत्रित करने के पुरस्कारस्वरूप आपको अपने भविष्य पर अधिकार मिल जाएगा। अपने दिमाग पर नियंत्रण हासिल करने से आपका संपर्क सीधे अनंत बुद्धिमत्ता के साथ जुड़ जाएगा। तत्पश्चात् यह अनंत बुद्धिमत्ता आपको समय-समय पर निर्देशित करती रहेगी। इसमें कोई संदेह नहीं है। मैंने आपको अपने कंधे पर से किसी के देखने व मुझे निर्देशित करने की बात बताई थी, दरअसल यह वो वास्तविकता है, जिसे मैंने बाधाओं के दौरान अकसर महसूस किया है। जैसे ही मैं उसे याद करता हूँ, वह झट से आ जाता है। मैं जब भी जीवन में दोराहे पर आकर भ्रमित हो जाता हूँ कि बाएँ जाऊँ या दाएँ, आगे बढ़ूँ या पीछे हट जाऊँ, तो मुझे केवल उस अदृश्य शक्ति को याद करना होता है। वो तुरंत मेरे कंधे पर से देखते हुए मुझे सही मार्ग की ओर इशारा कर देती है, बस मुझे केवल उसपर विश्वास रखते हुए उन संकेतों का ध्यान रखना होता है। मैं यह बात कैसे कह सकता हूँ? इसका केवल एक ही तरीका है और वो है इसे अपनाना। मुझे सिर्फ इसी तरह यह ज्ञात हो सकता है। मुझे आपको कुछ भी बताने में तब कोई झिझक नहीं होती, जब मैं खुद ऐसा कर चुका हूँ और साथ ही आपको यह भी बता सकूँ कि इसे कैसे किया जा सकता है।

अपने दिमाग को काबू न करनेवाले लोग प्रायः जिस बात का दंड जीवन भर भुगतते रहते हैं, वह यह है कि आप निरंतर बदलती हवाओं का कभी भी शिकार बन सकते हैं, जिसके बाद चीजें आपके हाथ से हमेशा के लिए निकल जाएँगी। आप अपने शत्रु, संपर्क में रहनेवालों या अन्य किसी भी व्यक्ति के प्रभाव का शिकार बन जाते हैं। जब तक आप अपने दिमाग पर पूर्ण नियंत्रण हासिल नहीं कर लेते, तब तक ऐसी बातें आपको सूखे पत्ते की तरह हवा में इधर से उधर उड़ाती रहती हैं। यह दंड आपको भरना ही होगा। यही सच्चाई है।

आपको ऐसी चीज दी गई है, जिसके द्वारा आप इस धरती पर आने के अपने कारण को पहचान व व्यक्त कर सकते हैं। यदि आपने इस सामग्री को अंगीकार कर इसका उपयोग नहीं किया तो आपको बड़ा जुरमाना भरना पड़ सकता है। वहीं यदि आप इस सामग्री को अपनाते हुए इसका उपयोग करने लगते हैं तो इसके बदले में आपको शानदार वस्तुएँ व पुरस्कार प्राप्त होगा।

आपको ऐसी चीज दी गई है, जिसके द्वारा आप इस धरती पर आने के अपने कारण को पहचान व व्यक्त कर सकते हैं। यदि आपने इस सामग्री को अंगीकार कर इसका उपयोग नहीं किया तो आपको बड़ा जुरमाना भरना पड़ सकता है। वहीं यदि आप इस सामग्री को अपनाते हुए इसका उपयोग करने लगते हैं तो इसके बदले में आपको शानदार वस्तुएँ व पुरस्कार प्राप्त होगा।

यदि मेरे पास ईश्वर के ही प्रथम निमित्त होने का और कोई प्रमाण न भी हो और यदि मेरे पास इस दर्शन के अतिरिक्त अन्य कोई प्रमाण न हो तो भी मैं जान सकता हूँ कि वही प्रथम निमित्त है, क्योंकि किसी भी मनुष्य के लिए इतनी गहराई से सोचना संभव ही नहीं है!

इस बात का सार व सारांश यह है कि जब आप आत्मानुशासन द्वारा अपने दिमाग को नियंत्रित कर उसे अपनी इच्छाओं की ओर मोड़ेंगे तो उस श्रम व प्रयास में इस दी गई सामग्री का उपयोग करने पर इनाम व न करने पर जुरमाना भरना होगा। अपनी इच्छा पर कभी संकोच न करें, क्योंकि इससे किसी अन्य व्यक्ति को कोई प्रयोजन नहीं है। अपनी इच्छा के विपरीत किसी की भी बात को स्वीकार न करें। मैं क्या चाहता हूँ या मुझे क्या करना चाहिए, इससे किसी और को कोई मतलब नहीं, क्योंकि यह उनका नहीं, मेरा जीवन है!

जैसा आज है, वैसा हमेशा से नहीं था। आज मुझे कोई नहीं बताता कि मुझे क्या करना है। मैं सब कुछ अपने आप करता हूँ। यदि मैं किसी और को ऐसा करने की इजाज़त दूँ तो मेरे विचार से यह मुझे बनानेवाले मेरे ईश्वर का अपमान होगा, क्योंकि

वे चाहते हैं कि इस व्यक्ति (अपने) के बारे में अंतिम निर्णय मैं खुद लूँ। विश्वास कीजिए, मैं ऐसा ही करता हूँ।

मैं ऐसा कुछ नहीं करता, जिससे किसी दूसरे को चोट पहुँचे। मैं इस दुनिया में, किसी भी परिस्थिति में ऐसा कुछ नहीं करना चाहता, जिससे किसी भी हालत में किसी को भी चोट पहुँचे।

क्या आप जानते हैं किसी दूसरे के लिए कुछ करते समय वास्तव में आप वो अपने लिए ही कर रहे होते हैं? यह एक शाश्वत नियम है। कोई भी इस नियम का उल्लंघन नहीं कर सकता। इसी कारण मैंने वकालत का पेशा नहीं अपनाया और मुझे अपने वकील न बनने के फैसले पर गर्व है। एक बार मैं अपने भाई विवियन के साथ लंबे समय तक रहा। वह पेशे से वकील है, जिसे तलाक संबंधी मामलों और वह भी बेहद रईस लोगों के तलाक के मुकदमों में महारत हासिल है। अब मैं आपको बताता हूँ कि घरेलू रिश्तों के बुरे पक्ष से जुड़ी अत्यधिक जानकारी होने की उसने क्या कीमत चुकाई। सबसे बड़ी कीमत यह थी कि उसने कभी विवाह नहीं किया, क्योंकि अपने अनुभव के आधार पर वो मानता था कि सभी महिलाएँ बुरी होती हैं। उसे मुझ जैसा पत्नी सुख कभी नहीं मिला। उसने तलाक के मुकदमे करनेवाली महिलाओं को देखा था, उन्हीं के आधार पर वह सबको बुरा समझता था। हम सभी ऐसा करते हैं। हम अपने द्वारा देखे गए सबसे बेहतरीन व्यक्ति के पैमाने पर दूसरों का आकलन करते हैं। सामान्यत: बातों में ऐसा करना ठीक है, लेकिन इस मामले में नहीं।

क्या आप जानते हैं किसी दूसरे के लिए कुछ करते समय वास्तव में आप वो अपने लिए ही कर रहे होते हैं? यह एक शाश्वत नियम है। कोई भी इस नियम का उल्लंघन नहीं कर सकता। इसी कारण मैंने वकालत का पेशा नहीं अपनाया और मुझे अपने वकील न बनने के फैसले पर गर्व है। एक बार मैं अपने भाई विवियन के साथ लंबे समय तक रहा। वह पेशे से वकील है, जिसे तलाक संबंधी मामलों और वह भी बेहद रईस लोगों के तलाक के मुकदमों में महारत हासिल है।

यह जीवन की उन कुछ महत्त्वपूर्ण जिम्मेदारियों में से है, जिन्हें आपको उठाना ही होगा। आपको खुद को समझना होगा, लोगों को समझना होगा तथा यह समझना होगा कि अपने आसपास के जटिल लोगों के साथ कैसे तालमेल बैठाएँ। आपके व मेरे जाने के बाद भी इस दुनिया में हमेशा ही ऐसे जटिल लोग रहेंगे, जिनके साथ जिंदगी गुजारना सरल नहीं होगा। हम उन जटिल लोगों में कोई बदलाव नहीं ला सकते, लेकिन हम अपने में बदलाव लाकर उन्हें अवश्य बदल सकते हैं।

आत्मानुशासन : मन व शरीर पर पूर्ण नियंत्रण

आत्मानुशासन का अर्थ है—अपने शरीर व मन पर पूरी तरह नियंत्रण स्थापित करना। इसका अर्थ अपने दिमाग या शरीर में परिवर्तन करना नहीं; बल्कि उन्हें नियंत्रित करना है। सेक्स की भावना व्यक्ति को जितना पीड़ित करती है, उतना अन्य सभी भावनाएँ मिलकर भी नहीं कर पातीं। बावजूद इसके सेक्स किसी भी अन्य भावना से अधिक रचनात्मक, गूढ़ व अति दिव्य भाव है। लोगों की समस्या का कारण भावनाएँ नहीं, बल्कि इनका नियंत्रण, निर्देशन व रूपांतरण होता है। आत्मानुशासित व्यक्ति इन्हें सरलता से काबू कर सकता है। ये शरीर या मन की किसी भी अन्य क्रिया के जैसी ही हैं। आपको इन्हें पूरी तरह बदलना नहीं है। आपको इनपर केवल काबू पाना है। आपको केवल उन चीजों को पहचानना व नियंत्रित करना है जिससे आप अच्छा स्वास्थ्य व मन की शांति पा सकें। दिमाग को अपनी इच्छित चीजों व हालातों के बारे में निरंतर सोचते रहने व अवांछित से दूर रखना अपनी दैनिक आदतों में शुमार कर लें। अपने को पसंद न आनेवाली कोई भी चीज या परिस्थिति का अपने पर बिल्कुल प्रभाव न पड़ने दें। उसे नजरअंदाज करें, या उसके होने की जानकारी के बाद भी उसके सामने घुटने न टेकें। अपने लिए अवांछित वस्तु के सामने स्वयं को कमजोर मानकर उसे खुद पर हावी न होने दें। बल्कि हार न मानते हुए स्वयं को उससे अधिक मजबूत साबित करें। जिन चीजों से आपको निपटना है, उनके संबंध में अपने कल्पना के घोड़े दौड़ाएँ, लेकिन हार कभी न मानें।

अपने आसपास तीन दीवारोंवाली सुरक्षा रखें, जिससे कोई भी आपके बारे में सबकुछ या आपके दिमाग में क्या चल रहा है, इसे न जान सके। कोई नहीं चाहता कि उसके दिमाग में जो चल रहा है, इसकी जानकारी सभी व्यक्ति को हो जाए। वहीं दूसरी ओर आप यह भी नहीं चाहते कि आप दूसरों के बारे में जो सोचते हैं, वो भी किसी को पता चल सके। दुर्भाग्यवश, ऐसे बहुत से लोग हैं, जो हर किसी को अपने दिमाग में जो भी चल रहा है, उससे परिचित कराने की गलती करते रहते हैं।

अपने आसपास तीन दीवारोंवाली सुरक्षा रखें, जिससे कोई भी आपके बारे में सबकुछ या आपके दिमाग में क्या चल रहा है, इसे न जान सके। कोई नहीं चाहता कि उसके दिमाग में जो चल रहा है, इसकी जानकारी सभी व्यक्ति को हो जाए। वहीं दूसरी ओर आप यह भी नहीं चाहते कि आप दूसरों के बारे में जो सोचते हैं, वो भी किसी को पता चल सके। दुर्भाग्यवश, ऐसे बहुत से लोग हैं, जो हर किसी को अपने दिमाग में जो

भी चल रहा है, उससे परिचित कराने की गलती करते रहते हैं। आप बिना किसी कारण उन्हें सबकुछ बताने लगते हैं। मैं किस तरह के लोगों की बात कर रहा हूँ, आप समझ ही रहे होंगे! बस उन्हें बोलना शुरू करने दीजिए, वो आपको अपने बारे में अच्छी-बुरी सारी बातें बता देंगे।

मैंने बहुत बार जे. एडगर होवर के साथ पेशेवर रूप से काम किया है और आज भी करता हूँ। उन्होंने एक बार मुझे अपने ऐसे मरीज के बारे में बताया, जो उनके लिए बहुत मददगार साबित हुआ। उसने उन्हें अपने बारे में इतनी जानकारी दे दी, जितनी उन्हें कहीं और से नहीं मिल पाती। मैंने पूछा, ऐसा क्यों? उन्होंने सपाट जवाब दिया, क्योंकि वह बोलता बहुत था।

आप मुझे किसी व्यक्ति के डर के बारे में बताइए, मैं आपको उसपर काबू पाने का तरीका बता दूँगा। जब आप दूसरे व्यक्ति के डर को समझ जाएँगे तो आप उसे नियंत्रित करने का तरीका भी समझ जाएँगे (वो भी यदि आप किसी को भी इस आधार पर नियंत्रित करने की मूर्खता करना चाहें)। मैं किसी को उसके डर द्वारा नियंत्रित करने की इच्छा नहीं रखता, बिल्कुल नहीं। मैं चाहता हूँ कि लोगों को प्रेम द्वारा अपने वश में करूँ। किसी भी सामान्य व्यक्ति का अपने बारे में अधिक बात करना अच्छा नहीं है।

□

9

रचनात्मक दृष्टिकोण या कल्पना-शक्ति

आज हम जानते हैं कि जिन भी स्त्री-पुरुषों ने उपहार में मिले रचनात्मक दृष्टिकोण या कल्पना-शक्ति को विकसित व उपयोग किया, उसका फायदा सारे समाज को हुआ है। ऐसे बहुत से उदाहरण हमारे चारों ओर बिखरे पड़े हैं। इसका सबसे स्पष्ट चित्रण 2001 में आई फिल्म : 'ए स्पेस ओडिसी' में किया गया है। फिल्म के शुरुआती दृश्यों में बंदरनुमा प्राणी आकाश में एक हड्डी उछालता है, वह हड्डी हवा में चक्र की तरह घूमती है और इसी के साथ फिल्म दसियों हजार वर्ष आगे पहुँच जाती है। इस हड्डी पर पड़ती सूर्य की चमक, धरती से आकाश की ओर उड़ान भरते अंतरिक्ष यान की प्रक्षेपण अग्नि में बदल जाती है।

आपने इस फिल्म को परदे पर देखा हो, अपने घर के वीडियो प्लेयर पर या टेलीविजन पर देखा हो, इसे आप तक पहुँचाने में भी रचनात्मक दृष्टिकोण की भूमिका रही है। इस रचनात्मक दृष्टिकोण में अभिनेताओं के वस्त्र, अंतरिक्ष यान के मॉडल, सेट, माइक्रोफोन व कैमरा आदि सभी शामिल हैं। निस्संदेह, यह उपन्यासकार आर्थर सी. क्लार्क का लिखित रचनात्मक दृष्टिकोण ही है, जिसे स्टेनली क्यूब्रिक ने अपने रचनात्मक दृष्टिकोण द्वारा पुस्तक से युगांतकारी फिल्म में तब्दील कर दिया है।

जिस तरह यह एक दृश्य रचनात्मक दृष्टिकोण के सिद्धांत की शक्ति का सार रूप है, वैसे ही इस व्याख्यान में अपने रचनात्मक दृष्टिकोण को हमारे साथ बाँटने वाले नेपोलियन हिल के महान् दर्शन का सार मौजूद है।

कल्पना-शक्ति वो कार्यशाला है, जहाँ दिमाग का उद्देश्य व आत्मा का आदर्श मिल-जुलकर आकार लेते हैं। मुझे किसी के द्वारा कही गई इस बात से बेहतर कोई परिभाषा ज्ञात नहीं है।

कल्पना-शक्ति के दो प्रकार

कल्पना-शक्ति दो प्रकार की होती है। पहली कृत्रिम कल्पना, जिसमें स्मृति में रहे पुराने विचार, मनोभाव, योजनाएँ व तथ्य आपस में जुड़ जाते हैं। ऐसी नई चीजें अधिक नहीं होतीं। बल्कि तथ्य तो यह है कि आप जब भी किसी दूसरे से किसी नए विचार पर बात करते हैं तो हजारों में से एक संभावना होती है कि उसमें कुछ भी नया न हो, बल्कि वो किसी पुरानी चीज के सदृश ही होती है। दूसरी तरह की कल्पना-शक्ति है रचनात्मक कल्पना-शक्ति। यह छठी इंद्रिय द्वारा संचालित होती है, जिसका आधार दिमाग के अवचेतन हिस्से में निहित होता है। इसके द्वारा बिल्कुल नवीन तथ्य व विचार प्रकट होते हैं।

चेतन मन में उभरनेवाले जिस भी नवीन विचार, योजना व उद्देश्य को भावनात्मक अनुभूतियों का अटूट साथ मिल जाता है, अवचेतन मन स्वत: ही उसे अपनाकर, मौजूदा वास्तविक व उचित व्यावहारिक माध्यमों द्वारा संभावित तार्किक परिणाम तक पहुँचा देता है।

चेतन मन में उभरनेवाले जिस भी नवीन विचार, योजना व उद्देश्य को भावनात्मक अनुभूतियों का अटूट साथ मिल जाता है, अवचेतन मन स्वत: ही उसे अपनाकर, मौजूदा वास्तविक व उचित व्यावहारिक माध्यमों द्वारा संभावित तार्किक परिणाम तक पहुँचा देता है।

आपको इस कथन के अति महत्त्वपूर्ण बिंदु से परिचित करवाने के लिए मैं इस कथन के उस भाग को एक बार पुन: दोहराता हूँ, चेतन मन में उठनेवाला कोई भी विचार, योजना या उद्देश्य जिसे निरंतर भावनात्मक अनुभूतियों का साथ मिले। दूसरे शब्दों में कहा जाए तो आपके दिमाग के जिन विचारों को आपकी भावनाओं, उत्साह या आस्था का साथ नहीं मिलता, उनसे किसी परिणाम के मिलने की संभावना बहुत कम होती है। किसी काम को करने के लिए आपके उस विचार को अपनी भावना व उत्साह के साथ जोड़ते हुए उसके प्रति आस्था रखनी होगी।

कृत्रिम कल्पना-शक्ति

यहाँ हम कृत्रिम कल्पना-शक्ति से जुड़े कुछ उदाहरण देखेंगे। सबसे पहले हम एडीसन के बनाए प्रकाश देनेवाले इलेक्ट्रिक लैंप की बात करेंगे। आपको यह जानकर आश्चर्य होगा कि एडीसन के इलेक्ट्रिक लैंप में कुछ भी नया नहीं था। प्रकाश देनेवाले

लैंप को बनाने में इस्तेमाल होनेवाले दोनों घटकों के बारे में दुनिया एडीसन के काल से बहुत पहले से जानती थी। इन दो विचारों के मिश्रण से नया संयोजन बनाने से पहले थॉमस ए. एडीसन को दस हजार बार असफलता का सामना करना पड़ा।

जैसा कि आप में से अधिकांश लोग जानते हैं कि इन्हीं विचारों में से एक था कि तारों में से बिजली दौड़ाकर फ्रिक्शन को इतना अधिक बढ़ाया जाए कि वह गरम होकर रोशनी देने लगे। एडीसन से पहले बहुत से लोग यह जानते थे। एडीसन की खोज केवल इतनी थी कि तार में विद्युत् के प्रवाह को किस तरह नियंत्रित किया जाए, जिससे कि वो गरम होने पर जलने की जगह रोशनी देने लगे।

उन्होंने कई कोशिशें कीं, गिनें तो उन्होंने पूरी दस हजार कोशिशें कीं, लेकिन उन्हें कामयाबी नहीं मिली। एक बार हमेशा की तरह झपकी लेते समय उन्होंने यह समस्या अपने अवचेतन मन को सौंप दी और नींद में ही उनके अवचेतन मन ने उन्हें इसका उत्तर बता दिया। मैं सोचता हूँ कि उन्होंने दस हजार बार असफल होने की जगह पहली बार में ही अपने अवचेतन मन से इसका उत्तर क्यों नहीं ले लिया? आधी बात तो वह जानते ही थे, उस झपकी से जागने के बाद वह समझ गए थे, इस समस्या का बाकी समाधान काठकोयला सिद्धांत में ही मिलेगा।

उन्होंने कई कोशिशें कीं, गिनें तो उन्होंने पूरी दस हजार कोशिशें कीं, लेकिन उन्हें कामयाबी नहीं मिली। एक बार हमेशा की तरह झपकी लेते समय उन्होंने यह समस्या अपने अवचेतन मन को सौंप दी और नींद में ही उनके अवचेतन मन ने उन्हें इसका उत्तर बता दिया।

काठकोयले के निर्माण हेतु लकड़ी के लट्ठे को भूमि पर रखकर उसमें आग लगा दी जाती है। तत्पश्चात् उसे मिट्टी से इतना ढक देते हैं कि ऑक्सीजन अंदर जाकर लकड़ी को सुलगाए तो, लेकिन उसे जलने न दे। इससे लकड़ी का कुछ हिस्सा जल जाएगा और बाकी बचा हिस्सा काठकोयले का रूप ले लेगा। आप शायद जानते ही होंगे कि ऑक्सीजन के अभाव में आग नहीं जल सकती। एडीसन इस प्रक्रिया को पहले से ही भली-भाँति जानते थे। वो अपनी लेबोरेटरी में गए, तार लिया, उसे विद्युत् से गरम करते हुए उसे एक बोतल में डाल दिया। फिर उन्होंने उस बोतल से सारी ऑक्सीजन बाहर निकाली और बोतल को सीलबंद कर दिया। बोतल में ऑक्सीजन नहीं घुस सकती थी। इस तरह चिनगारी को ऑक्सीजन मिलने की सभी संभावनाएँ समाप्त हो गईं। इसके बाद जब उन्होंने बिजली जलाई तो वो लगातार साढ़े आठ घंटे तक जलती रही। उस दिन के बाद से इसी सिद्धांत पर तापदीप्त इलेक्ट्रिक लैंपों का निर्माण होने लगा। क्या आपने कभी नोटिस किया है कि बल्ब को नीचे गिराने पर वह गोली जैसी आवाज के साथ फूटता है। क्या आप

जानते हैं कि ऐसा क्यों होता है? इसका कारण यह है कि फूटते ही उसमें एकत्रित सारी हवा एकदम से बाहर निकल जाती है। बल्ब के अंदर ऑक्सीजन नहीं होती, यदि ऐसा होता तो उसका फिलामेंट तुरंत फुँक जाता। यह कृत्रिम कल्पना-शक्ति की मदद से दो प्राचीन व सरल सिद्धांतों को मिलाने का उत्तम उदाहरण है।

अपनी कल्पना-शक्ति व सफल लोगों की कल्पना-शक्ति की पड़ताल करें। अधिकांश मामलों में आप पाएँगे कि उन्होंने रचनात्मक कल्पना-शक्ति का नहीं, बल्कि कृत्रिम कल्पना-शक्ति का उपयोग किया है। इस तरह पुराने विचारों व सिद्धांतों को पुनः व्यवस्थित करना बहुत फायदेमंद साबित हो सकता है।

आपने देखा होगा आप जिस दर्शन को सीख रहे हैं, इसमें केवल एक ही नया सिद्धांत है (ब्रह्मांडीय नियमितता शक्ति का नियम)। दूसरे शब्दों में, यहाँ सभी कुछ उतना ही पुराना है, जितनी मानवजाति और मैं जो आपको बता रहा हूँ, वो नया नहीं, बल्कि केवल कुछ ऐसा है, जिससे आप अब तक परिचित नहीं थे। मैंने क्या किया? मैंने केवल अपनी कृत्रिम कल्पना-शक्ति के उपयोग से इन पूर्व-उपलब्ध विचारों को व्यवस्थित किया है। दूसरे शब्दों में, मैंने सफलता दिलानेवाली मुख्य बातों को चुनकर उन्हें ऐसे व्यवस्थित किया जैसा आज से पहले दुनिया में कभी किसी ने नहीं किया। मैंने उन्हें इतने सरल रूप में व्यवस्थित किया है कि आप या कोई भी व्यक्ति इन पर अपनी पकड़ बनाते हुए इनका व्यावहारिक उपयोग कर सकता है।

अपनी कल्पना-शक्ति व सफल लोगों की कल्पना-शक्ति की पड़ताल करें। अधिकांश मामलों में आप पाएँगे कि उन्होंने रचनात्मक कल्पना-शक्ति का नहीं, बल्कि कृत्रिम कल्पना-शक्ति का उपयोग किया है। इस तरह पुराने विचारों व सिद्धांतों को पुनः व्यवस्थित करना बहुत फायदेमंद साबित हो सकता है।

मुझे कई बार आश्चर्य होता है कि भूतकाल में मुझसे अधिक चतुर किसी व्यक्ति के मन में ऐसा करने का विचार क्यों नहीं आया? अकसर जब हमें कोई शानदार विचार आता है तो हम सहसा कह उठते हैं कि हमने यह पहले क्यों नहीं सोचा? या जब आप अच्छे पैसे कमा लेते हैं, तो आप सोचते हैं कि मुझे यह पहले क्यों नहीं मिल गए, जब मुझे पैसों की सबसे ज्यादा जरूरत थी?

हेनरी फोर्ड का घोड़ों द्वारा खींची जानेवाली बग्घी व स्टीम चालित थ्रेशिंग मशीन को एक साथ जोड़ने का विचार उनकी कृत्रिम कल्पना-शक्ति के उपयोग के अलावा कुछ नहीं था। जब उन्होंने पहली बार थ्रेशिंग मशीन को खींचनेवाले स्टीम चालित इंजन को देखा तो उनके दिमाग में तुरंत ही ऑटोमोबाइल के निर्माण का विचार कौंध गया।

एक बार जब उन्होंने हाई-वे पर स्टीम इंजन युक्त थ्रेशर को देखा तो श्री फोर्ड को तत्काल यह विचार आया कि इसी सिद्धांत को बग्घी (घोड़ा रहित) में लगाना चाहिए। अपनी इस अश्वहीन बग्घी को उन्होंने अंततः ऑटोमोबाइल का नाम दिया।

रचनात्मक कल्पना-शक्ति

चलिए, अब रचनात्मक कल्पना-शक्ति का भी एक उदाहरण देख लेते हैं। मूलतः सभी नए विचार किसी मौजूदा विचार या रचनात्मक दृष्टिकोण के मास्टरमाइंड उपयोग द्वारा जन्म लेते हैं। इसका क्या अर्थ है?

इसका यह अर्थ है कि जब दो या दो से अधिक लोग सामंजस्य (विचार का विश्लेषण करते समय उस समूह में शामिल सभी लोगों में जाग्रत् होनेवाला एक प्रकार का उत्साह) रखते हुए एक साथ किसी एक बिंदु पर विचार करने लगते हैं, तो वह समूह अपने विचारार्थ विषय से जुड़े किसी अंतिम विचार तक पहुँच ही जाता है। दूसरे शब्दों में, यदि वह किसी बड़ी समस्या के समाधान हेतु चर्चा कर रहे हों, तो उनमें से किसी-न-किसी को उत्तर अवश्य मिल जाएगा। यह इसपर निर्भर करता है कि किसका अवचेतन मन सबसे पहले उस अनंत भंडारण तक पहुँचकर उत्तर निकाल पाता है। जरूरी नहीं कि यह उत्तर हमेशा समूह के सबसे चतुर, सबसे बुद्धिमान या सबसे अधिक शिक्षित व्यक्ति को ही प्राप्त हो। वास्तविकता यह है कि प्रायः यह उत्तर समूह के सबसे कम शिक्षित या सबसे कम बुद्धिमान व्यक्ति को ही प्राप्त होता है।

इसका यह अर्थ है कि जब दो या दो से अधिक लोग सामंजस्य (विचार का विश्लेषण करते समय उस समूह में शामिल सभी लोगों में जाग्रत् होनेवाला एक प्रकार का उत्साह) रखते हुए एक साथ किसी एक बिंदु पर विचार करने लगते हैं, तो वह समूह अपने विचारार्थ विषय से जुड़े किसी अंतिम विचार तक पहुँच ही जाता है। दूसरे शब्दों में, यदि वह किसी बड़ी समस्या के समाधान हेतु चर्चा कर रहे हों, तो उनमें से किसी-न-किसी को उत्तर अवश्य मिल जाएगा।

चलिए, अब रचनात्मक कल्पना-शक्ति के मैडम क्यूरी की वैज्ञानिक खोज का उदाहरण देखते हैं। मैडम क्यूरी ने केवल यही पढ़ा था कि इस ब्रह्मांड में कहीं-न-कहीं रेडियम जैसी कोई धातु मौजूद है। वह मानती थीं कि यह संभवतः उस मिट्टी के ढेर में ही कहीं है, जिसे हम धरती के नाम से जानते हैं। देखिए, उनके पास एक निश्चित उद्देश्य था। साथ ही उनके पास एक निश्चित विचार भी था। उन्होंने गणित किया और पाया कि रेडियम वहीं कहीं मौजूद है। तब तक उसे न तो किसी ने देखा था, न निर्माण

किया था और न ही वह किसी को मिला था।

मैडम क्यूरी द्वारा की जा रही रेडियम की खोज कुछ वैसी ही काल्पनिक थी, जैसी एक लोक–प्रसिद्ध कहानी में वह व्यक्ति भूसे के ढेर में सूई ढूँढ़ता है। मैं उनके इस कार्य की तुलना भूसे के ढेर में सूई ढूँढ़ने से ही करता हूँ। अब तक आप समझ ही गए होंगे कि उन्होंने यह खोज किस तरह आरंभ की। संभवत: आप यह तो नहीं सोच रहे होंगे कि वह तलवार लेकर मिट्टी खोदने में जुट गई होंगी। नहीं, वे इतनी मूर्ख नहीं थीं।

वे अपने दिमाग का निरंतर अनंत बुद्धिमत्ता से सामंजस्य बैठाने का प्रयास करती रहीं, जिससे वह अनंत बुद्धिमत्ता उन्हें राह दिखा सके। इसी प्रक्रिया से आप समृद्धि या अपनी किसी भी मनचाही चीज को आकर्षित कर सकते हैं। सबसे पहले, आपको अपने दिमाग में अपनी मनचाही चीज की निश्चित तसवीर बनानी होगी। इसे बनाने के बाद आपको स्वयं में यह आस्था व भरोसा जगाना होगा कि आपको अपनी मनचाही वस्तु अवश्य मिलेगी। इस दौरान जब समय कठिन हो, तब आप अपनी इस इच्छा के प्रति और अधिक दृढ़ हो जाएँ।

सैकड़ों वर्षों में पहली बार घटनेवाली इस महत्त्वपूर्ण घटना को देखने के लिए वहाँ किसी एक अखबार का प्रतिनिधि भी मौजूद नहीं था। ये अखबारवाले चतुर व ढीठ लोग थे, जो सबकुछ जानने का दम भरते थे। जब भी कोई व्यक्ति किसी नए विचार को पेश करता है तो अकसर ऐसा ही होता है। ऐसे लोग हमेशा होते हैं जो उस काम को केवल इसलिए असंभव मानते हैं, क्योंकि यह पहले कभी नहीं किया गया।

एक और उदाहरण लीजिए, रडार और रेडियो दोनों ही राइट बंधुओं की हवाई मशीन के आनुषंगिक उत्पाद हैं। जब तक राइट बंधुओं ने ऐसा नहीं किया, उससे पहले किसी ने इतनी भारी हवाई मशीन को उड़ाकर नहीं दिखाया था। जब राइट बंधुओं ने मशीन को उड़ाने की बात कही तो लोगों से उन्हें कोई प्रोत्साहन नहीं मिला, लेकिन जब उन्होंने इसे सफलतापूर्वक उड़ाकर दिखा दिया तो स्थिति बिल्कुल उलट हो गई। उन्होंने इस प्रदर्शन की तैयारी नॉर्थ कैरोलिना के किटी हॉक क्षेत्र में की थी। उनकी इस घोषणा के प्रति अखबार इतने आशंकित थे कि वे वहाँ गए ही नहीं। सैकड़ों वर्षों में पहली बार घटनेवाली इस महत्त्वपूर्ण घटना को देखने के लिए वहाँ किसी एक अखबार का प्रतिनिधि भी मौजूद नहीं था। ये अखबारवाले चतुर व ढीठ लोग थे, जो सबकुछ जानने का दम भरते थे। जब भी कोई व्यक्ति किसी नए विचार को पेश करता है तो अकसर ऐसा ही होता है। ऐसे लोग हमेशा होते हैं जो उस काम को केवल इसलिए असंभव मानते हैं, क्योंकि यह पहले कभी नहीं किया गया।

रचनात्मक दृष्टिकोण को उपयोग करने की कोई निश्चित सीमा नहीं है। जो व्यक्ति अनंत बुद्धिमत्ता के साथ अपने दिमाग का सामंजस्य बैठा लेता है तो वो उन सभी चीजों के उत्तर दे सकता है, जिनके उत्तर देना संभव हो। ये प्रश्न किसी भी विषय से हों, उनके उत्तर मिल जाएँगे।

मार्कोनी के आविष्कार वायरलेस संचार व एडीसन के बातचीत के यंत्र पर नजर डालें। थॉमस एडीसन से पहले किसी ने कभी भी किसी ध्वनि को रिकॉर्ड या प्रसारित नहीं किया था। किसी ने भी ऐसा या इससे मिलता-जुलता कुछ कभी नहीं किया था। जहाँ तक मैं जानता हूँ, इस तरह की न तो कोई बात उठी और न ही इस पर कभी कोई कहानी ही लिखी गई। फिर भी एडीसन के दिमाग में यह विचार आया और वह भी अचानक। उन्होंने पेंसिल उठाई और एक कागज या शायद अपनी जेब में रखे लिफाफे पर एक कच्चा चित्र बनाया, जो आगे चलकर एडीसन की आश्चर्यजनक बोलती मशीन के रूप में सामने आया। इसमें एक सिलेंडर लगा था और क्या आप जानते हैं, यह चीज पहले ही प्रयास में काम करने लगी?

यह उनके पिछले अनुभवों के बिल्कुल उलट था। देखिए, प्रतिपूर्ति के नियम ने बिजली के बल्ब के निर्माण में मिली दस हजार असफलताओं की कैसे भरपाई की। आपने देखा, प्रतिपूर्ति का यह नियम कितना उदार व निष्पक्ष है। एक बार कहीं ठगे जाने पर आपने वहाँ जितनी मेहनत की होगी, उसी की समतुल्य प्राप्ति कहीं और से हो जाएगी। दंड के मामले में भी ऐसा ही होता है। संभव है कि एक बार लाल बत्ती पार करने पर आप पुलिसकर्मी की नजरों में आने से बच जाएँ, हो सकता है, दोबारा फिर ऐसा हो जाए, लेकिन अगली बार जब आपका चालान होगा तो आपको उसमें पिछली बार से शायद दो या तीन गुना रकम चुकानी पड़ सकती है। अंततः आप पकड़े ही जाएँगे, क्योंकि प्रकृति में कहीं-न-कहीं एक चुस्त पुलिसकर्मी व बेहतरीन रिकॉर्डिंग व्यवस्था मौजूद रहती है। जहाँ हमारे अच्छे व बुरे सभी तरह के कर्म व हमारी सभी सफलताएँ व असफलताएँ रिकॉर्ड होती रहती हैं। जो देर-सवेर हमारे सामने आ जाती हैं।

यह उनके पिछले अनुभवों के बिल्कुल उलट था। देखिए, प्रतिपूर्ति के नियम ने बिजली के बल्ब के निर्माण में मिली दस हजार असफलताओं की कैसे भरपाई की। आपने देखा, प्रतिपूर्ति का यह नियम कितना उदार व निष्पक्ष है। एक बार कहीं ठगे जाने पर आपने वहाँ जितनी मेहनत की होगी, उसी की समतुल्य प्राप्ति कहीं और से हो जाएगी। दंड के मामले में भी ऐसा ही होता है।

चलिए, अब महान् अमेरिकी जीवनशैली का रचनात्मक दृष्टिकोण से आकलन करते हैं। आज हमारे पास मनुष्य को कभी भी मिली अधिकतम स्वतंत्रता व अमीर बनने के अधिकतम संभावित अवसर मौजूद हैं। हमें इन उपहारस्वरूप मिले अवसरों को निरंतर जारी रखने के लिए आगे बढ़ाते रहना होगा। इन गुणों को देखकर आप अंदाजा लगा सकते हैं कि हमारा देश किस तरह से इतना महान् बना है। सबसे पहले तो अमेरिकी जीवनशैली को कामयाब बनानेवाले सभी नेताओं ने इन ग्यारह सिद्धांतों का पूरी तरह से उपयोग किया है। जिनमें निम्न छह सुझाव के विज्ञान पर विशेष रूप से जोर दिया जाता है। उस समय इन सिद्धांतों को नाम नहीं दिया गया था। फिर भी वह इनका उपयोग बहुत ध्यानपूर्वक करते थे। मैंने आज तक जितने भी सफल लोगों के साथ काम किया है, उनमें से कोई भी आज तक मुझे अपने अमीर होने के नुस्खे चरणबद्ध ढंग से नहीं बता सका है। ध्यान रखिए कि ये लोग सूची में शामिल इन सिद्धांतों पर अनजाने में ही चल पड़े थे।

मैं तो यह भी कहता हूँ कि आप इन छह सिद्धांतों के पैमाने पर वर्षों पहले आजादी की घोषणा पर हस्ताक्षर करनेवाले छप्पन लोगों का आकलन कीजिए। देखिए, क्या ये लोग इन सिद्धांतों पर खरे उतरते हैं : 1. निश्चित उद्देश्य, 2. कुछ अधिक करना, 3. मास्टरमाइंड, 4. रचनात्मक दृष्टिकोण, 5. अनुप्रयुक्त आस्था, 6. व्यक्तिगत पहल। अमेरिकी जीवनशैली की शुरुआत उन्हीं लोगों ने की थी। उन्होंने कोई भी चीज मुफ्त पाने की उम्मीद नहीं रखी। उन्होंने काम के घंटे तय करने का काम घड़ी को नहीं सौंपा। उन्होंने कठिन समय होने पर भी नेतृत्व की पूरी जिम्मेदारी निभाई।

चलिए, अब महान् अमेरिकी जीवनशैली का रचनात्मक दृष्टिकोण से आकलन करते हैं। आज हमारे पास मनुष्य को कभी भी मिली अधिकतम स्वतंत्रता व अमीर बनने के अधिकतम संभावित अवसर मौजूद हैं। हमें इन उपहारस्वरूप मिले अवसरों को निरंतर जारी रखने के लिए आगे बढ़ाते रहना होगा। इन गुणों को देखकर आप अंदाजा लगा सकते हैं कि हमारा देश किस तरह से इतना महान् बना है।

यदि हम गत पचास वर्षों के रचनात्मक दृष्टिकोण पर नजर डालें तो हमें ज्ञात होगा कि थॉमस ए. एडीसन के रचनात्मक दृष्टिकोण व व्यक्तिगत पहल ने हमें विद्युत् युग में पहुँचा दिया। उन्होंने हमें ऊर्जा के उस स्रोत से परिचित करवाया, जिसे इससे पहले दुनिया में कोई नहीं जानता था। जरा सोचिए, यदि वह विद्युत् युग न आया होता तो हम इस नवीन युग को कभी नहीं देख पाते, क्योंकि तब रडार, टेलीविजन व रेडियो जैसी चीजों का औद्योगिक विकास संभव नहीं होता। उस अकेले व्यक्ति ने

दुनिया भर की सभ्यताओं को सकारात्मक ढंग से प्रभावित किया। इसी तरह श्री फोर्ड ने ऑटोमोबाइल पेश करके शानदार काम किया। वो जंगल व शहर को एकसाथ ले आए, उन्होंने दूरियाँ घटा दीं, उन्होंने वाहनों के लिए अच्छी सड़कों का निर्माण करवा जमीन का मूल्य संवर्धन कर दिया। उन्होंने प्रत्यक्ष व अप्रत्यक्ष रूप से ऐसे लाखों लोगों को काम दिया, जिनके पास रोजगार का कोई और साधन नहीं था। विल्बर व ओलिवर राइट के लिए कहना होगा कि उन्होंने दुनिया के बीच की दूरियाँ घटाकर पृथ्वी का आकार छोटा कर दिया। केवल दो लोगों की मेहनत से मानवता को इतना लाभ पहुँचा। एंड्रयू कारनेगी ने अपने रचनात्मक दृष्टिकोण व व्यक्तिगत पहल से ऐसे महान् इस्पात युग की शुरुआत की, जिसने पूरे औद्योगिक जगत् में क्रांतिकारी परिवर्तन कर ऐसे बेशुमार उद्योगों के जन्म का रास्ता खोला, जिनका अस्तित्व इस्पात के बिना संभव नहीं था। वे केवल स्वयं अमीर होकर संतुष्ट नहीं हुए। उन्होंने अपने सहयोगी कर्मचारियों को भी अमीर बनने का मौका दिया, जो कारनेगी की मदद के बिना ऐसा कभी नहीं कर पाते। उन्होंने सफलता पाने की तकनीकी जानकारी देनेवाले दुनिया के सबसे पहले दर्शन—व्यक्तिगत उपलब्धि को छोटे-से-छोटे व्यक्ति तक पहुँचाने हेतु संस्थान बनाने में अपना सारा जीवन गुजार दिया। एक व्यक्ति दूसरों के साथ जुड़कर कितने शानदार काम को अंजाम दे सकता है।

एंड्रयू कारनेगी ने अपने रचनात्मक दृष्टिकोण व व्यक्तिगत पहल से ऐसे महान् इस्पात युग की शुरुआत की, जिसने पूरे औद्योगिक जगत् में क्रांतिकारी परिवर्तन कर ऐसे बेशुमार उद्योगों के जन्म का रास्ता खोला, जिनका अस्तित्व इस्पात के बिना संभव नहीं था। वे केवल स्वयं अमीर होकर संतुष्ट नहीं हुए। उन्होंने अपने सहयोगी कर्मचारियों को भी अमीर बनने का मौका दिया, जो कारनेगी की मदद के बिना ऐसा कभी नहीं कर पाते।

जब आप इस बात का आकलन करेंगे तो समझ सकेंगे कि एक व्यक्ति का जब दूसरे के साथ जुड़कर मास्टरमाइंड गठबंधन बनाता है तो वह क्या नहीं कर सकता। वह कुछ बेहद उपयोगी कर दिखाते हैं। मास्टरमाइंड सिद्धांत के अंतर्गत दो लोगों के पूर्ण सामंजस्य सहित काम करने से कुछ भी असंभव नहीं रहता। यदि मैंने ऐसा गठबंधन न किया होता तो मैं सौ जन्म लेकर भी इस दर्शन का निर्माण नहीं कर पता। हालाँकि प्रेरणा, आस्था, आत्मविश्वास व आगे बढ़ने के जोश जैसे गुण मुझ में श्री कारनेगी जैसे महान् व्यक्ति से मिलने के बाद ही जाग्रत् हुए। मैं इस कार्य को मास्टरमाइंड सिद्धांत व रचनात्मक दृष्टिकोण द्वारा उनके स्तर पर पहुँचने के बाद ही अंजाम दे पाया। एक समय ऐसा भी आया जब मैं यदि तर्क

व दलीलों पर ध्यान देता तो इस दर्शन का निर्माण छोड़कर कोई नौकरी कर लेता। मेरी एक भूतपूर्व रिश्तेदार के अनुसार मुझे यही करना चाहिए था। मुझे मुनीम का काम मिल सकता था, जहाँ मुझे प्रति सप्ताह पचहत्तर रुपए मिल जाते। इससे मैं सुरक्षित रहते हुए प्रत्येक रात (कम-से-कम कुछ रातें) अपने घर में बहुत बढ़िया से गुजार पाता व सब अच्छा रहता। आप विश्वास नहीं करेंगे, उनसे मेरी बड़ी भारी बहस हुई, लेकिन इस बहस को मैं सफलतापूर्वक जीत गया।

मैं जीवन में कुछ बड़ा करना चाहता था। इसलिए मैं अपनी कृत्रिम कल्पना-शक्ति के साथ-साथ रचनात्मक कल्पना-शक्ति (मुख्य रूप से) का भी उपयोग करने लगा। इसी से मैं उदासी व निराशा का परदा हटाकर भविष्य में झाँकने में सक्षम हो सका, जहाँ मैंने वह देखा जिसे आज मैं पूरी दुनिया में अपने ज्ञान का प्रसार करना चाहता हूँ। यह सब केवल रचनात्मक दृष्टिकोण के कारण ही हो सका! रचनात्मक दृष्टिकोण नामक चीज को अपनाकर इसके द्वारा ब्रह्मांड की शक्ति से सामंजस्य बैठाना बहुत अद्‌भुत बात है। यह कोई शेखचिल्ली का किस्सा नहीं बल्कि विज्ञान है, क्योंकि मैं जो कुछ भी कह रहा हूँ, वो ऐसी व्यावहारिक बात है, जिसे कई लोगों ने कर दिखाया है और आप भी ऐसा कर सकते हैं।

रचनात्मक दृष्टिकोण नामक चीज को अपनाकर इसके द्वारा ब्रह्मांड की शक्ति से सामंजस्य बैठाना बहुत अद्‌भुत बात है। यह कोई शेखचिल्ली का किस्सा नहीं बल्कि विज्ञान है, क्योंकि मैं जो कुछ भी कह रहा हूँ, वो ऐसी व्यावहारिक बात है, जिसे कई लोगों ने कर दिखाया है और आप भी ऐसा कर सकते हैं।

यहाँ हम इस बात पर विहंगम दृष्टि डालेंगे कि रचनात्मक दृष्टिकोण व व्यक्तिगत पहल करनेवाले स्त्री व पुरुषों ने हमें क्या दिया है। सबसे पहले, ऑटोमोबाइल, जिसने हमारी जीवनशैली को पूरी तरह से बदल दिया है। आप में से जो लोग भी गत पच्चीस, तीस या चालीस वर्ष पहले जन्मे होंगे, उन्हें बिल्कुल अंदाजा नहीं होगा कि आज के मुकाबले उस घोड़ा-बग्घी युग में देश के क्या हालात थे। उन दिनों सड़क पर पैदल चलना या वाहन चलाना पूरी तरह सुरक्षित था। जबकि जहाँ कोई पुलिसकर्मी सड़क की सुरक्षा का ध्यान रख रहा होता वहाँ बिना सचेत रहे सड़क पार करना समस्या बन जाता। इस ऑटोमोबाइल ने यात्रा व व्यापार करने के ढंग में आमूल-चूल परिवर्तन कर दिया। आज वायुयान ध्वनि से भी तेज गति से उड़ने लगे हैं, जिससे दुनिया इतनी सिकुड़ गई है कि सभी देशों के लोग एक-दूसरे को और अधिक अच्छी तरह समझने लगे हैं।

शायद ईश्वर की यही इच्छा थी। भूतकाल में हमने जो भी परेशानियाँ व चीजें

देखी हैं, उसके बाद संभव है कि इस यात्रा दूरी के घटने से निरंतर छोटे होते विश्व व निकट आते राष्ट्रों से लोगों के बीच अधिक सौहार्द कायम हो सके और अंततः वे प्रत्यक्ष व अप्रत्यक्ष दोनों ही ढंग से अच्छे पड़ोसियों या भाइयों की तरह रह सकें। यदि मनुष्यों में कभी भी भाईचारा बन सका तो इसका कारण केवल यही शानदार चीजें होंगी, जिनकी खोज या आविष्कार इन कल्पनाशील लोगों ने किया है। इनके द्वारा हम सब इतना निकट हो जाएँगे कि दुनिया में किसी से भी जुड़कर उसे अच्छी तरह समझ सकेंगे।

क्या आपने कभी रेडियो या टेलीविजन पर विचार किया है, जो हमें दुनिया की हर खबर से जल्दी-से-जल्दी परिचित करवा देते हैं। कैसे वो सुदूर एकांत में बसे घरों से लेकर शहरी मकानों तक सब जगह बिना किसी अतिरिक्त खर्च के बेहतरीन मनोरंजन उपलब्ध करवाते हैं। हम आज उन दिनों को बहुत पीछे छोड़ आए हैं, जहाँ लिंकन ने एक लकड़ी से बने कक्ष में फावड़ा चलाना सीखा था। यह टेनेसी के पहाड़ों के पार व वर्जीनिया के पिछड़े इलाकों में बसे मेरे जन्मस्थल पर होनेवाली आम घटना थी (उस समय वो स्थान केवल पहाड़ी लोगों की वंशानुगत शत्रुता, मकई की शराब व रैटल सर्पों के लिए प्रसिद्ध था)।

आप ऐसे व्यक्ति से लड़ाई नहीं करना चाहेंगे जिसके साथ आप रोजाना व्यापार करते हों। आप ऐसे पड़ोसी से कभी नहीं लड़ेंगे, जिसके साथ आप अपने दिन शांतिपूर्वक गुजार रहे हों। इसलिए अपने संपर्क में आने वाले सभी लोगों के साथ सौहार्दपूर्ण ढंग से रहने का प्रयास कीजिए। इन लोगों को जानने के बाद आपको यह जानकर आश्चर्य होगा कि जिन लोगों को आप पहले नापसंद करते थे, उनमें भी कितनी सारी खूबियाँ मौजूद हैं।

क्या आपने कभी रेडियो या टेलीविजन पर विचार किया है, जो हमें दुनिया की हर खबर से जल्दी-से-जल्दी परिचित करवा देते हैं। कैसे वो सुदूर एकांत में बसे घरों से लेकर शहरी मकानों तक सब जगह बिना किसी अतिरिक्त खर्च के बेहतरीन मनोरंजन उपलब्ध करवाते हैं। हम आज उन दिनों को बहुत पीछे छोड़ आए हैं, जहाँ लिंकन ने एक लकड़ी से बने कक्ष में फावड़ा चलाना सीखा था। यह टेनेसी के पहाड़ों के पार व वर्जीनिया के पिछड़े इलाकों में बसे मेरे जन्मस्थल पर होनेवाली आम घटना थी (उस समय वो स्थान केवल पहाड़ी लोगों की वंशानुगत शत्रुता, मकई की शराब व रैटल सर्पों के लिए प्रसिद्ध था)।

अब आप एक छोटी सी नॉब घुमाते ही बेहतरीन गीत-संगीत व कुछ भी बेहतरीन सुन सकते हैं। आपको विश्व में घटनेवाली कोई भी घटना जल्द-से-जल्द पता चल

जाती है। यदि मेरे वयस्क होने के दौर में ये सब सुविधाएँ होतीं तो मुझे पूरा यकीन है कि मेरा निश्चित उद्देश्य जेसी जेम्स जैसा बनना होता। मैं संभवतः एक रेडियो ऑपरेटर या ऐसा ही कुछ बनने की इच्छा रखता। ओह, उन पहाड़ी लोगों के लिए नीचे उतरते ही देश–दुनिया में सबकुछ कितना अनोखा था। जरा उन सभी चीजों पर विचार कीजिए, जिनके होने से लोग एक–दूसरे के और घनिष्ठता से परिचित हो सके हैं।

□

10

उत्तम स्वास्थ्य

नेपोलियन हिल का यह दर्शन कई मायनों में अपने समय से बहुत आगे है। यह बात स्वास्थ्य के पक्ष में विशेष रूप से लागू होती है। इस विषय के चर्चा में आने के बहुत पहले से ही डॉ. हिल शरीर व मन में जुड़ाव होने की बात करते हुए उन्हें अभिन्न मानते थे। उनका कहना है कि इनमें से किसी एक के प्रभावित होने का असर दूसरे पर भी पड़ता है। अब यह बात साबित हो गई है कि हम सभी वास्तव में शरीर-मन पर आधारित जीव हैं। अपने सबसे बेहतरीन प्रदर्शन के लिए हमें 'क्या आप अमीर बनना चाहते हैं?' के इस दसवें सिद्धांत—'उत्तम स्वास्थ्य' का पालन करना ही होगा।

डॉ. हिल द्वारा इस व्याख्यान से पहले दी गई इस चेतावनी पर हम भी जोर देते हैं—किसी भी व्यायाम, आहार या दवा को शुरू करने से पहले अपने डॉक्टर से अवश्य सलाह लें। इस व्याख्यान का उद्देश्य किसी विशिष्ट चिकित्सकीय उपचार की अनुशंसा करना नहीं, बल्कि मूल सत्यापित दृष्टिकोण व व्यवहार द्वारा आपका स्वास्थ्य उत्तम रखने में मदद देना है।

हर चीज में संयम रखना बहुत जरूरी है, न बहुत अधिक पिएँ और न ही अधिक खाएँ, संतुलित आहार लें, काम भी करें, साथ ही मनोरंजन के लिए भी वक्त निकालें। इनके अलावा और भी बहुत सी बातें हैं, जो व्यायाम के एक और प्रमुख सिद्धांत—आत्मानुशासन से जुड़ी हैं। डॉ. हिल का मूल वाक्य था कि हम केवल अपने विचारों व जीवन को सकारात्मक ढंग से नियंत्रित रखकर भी मोटे तौर पर अपने स्वास्थ्य को बनाए रख सकते हैं। आज उनकी इस बात की सत्यता साबित

हो चुकी है। शोध में पाया गया कि हमारी अपनी हानिकारक सोच, विषाक्त आहार व उद्योगों से दूषित पर्यावरण ही हमारे रोगों के प्रमुख कारण हैं। निस्संदेह, हमारे नियंत्रण से बाहर हुई शक्तियाँ ही हमें रोगी बनाती हैं। बावजूद इसके हम रोगों से बचने के लिए बहुत कुछ कर सकते हैं।

सबसे पहले अपने लिए इस मानसिक अभिवृत्ति या स्वास्थ्य चेतना को प्रमुख मानें, क्योंकि यदि आप स्वस्थ रहने पर विचार या कोई काररवाई नहीं करेंगे तो पूरी संभावना है कि आप बीमार हो जाएँगे। सच कहूँ तो मैंने बीमारी पर कभी विचार नहीं किया। मैं बीमार नहीं पड़ सकता। मैं किसी भी हालत में बीमार नहीं पड़ सकता। इसमें मेरा बहुत समय खराब हो जाएगा।

अपने शरीर को स्वस्थ रखनेवाली किसी प्रणाली को अपनाना अच्छा रहता है। फिर चाहे इसके लिए आपको कुछ भी व कैसे भी करना पड़े। यदि मेरे पास स्वयं को स्वस्थ व ऊर्जा से भरपूर रखने की कोई प्रणाली नहीं होती तो मैं उतना कार्य कभी नहीं कर पाता, जितना मैंने गत वर्षों में किया है और न ही मैं अब उतना कार्य कर पाता, जितना मैं कर रहा हूँ।

बल्कि मेरा शारीरिक स्वास्थ्य ऐसा है कि मैं अपने से आधी उम्र के उन लोगों से कहीं बेहतर हूँ, जिनके पास स्वस्थ रहने की मेरी जैसी कोई प्रणाली नहीं है। मेरा स्वास्थ्य अच्छा रहने के कई कारण हैं। सबसे पहले मैं जीवन को पूरे आनंद सहित जीता हूँ और यदि मैं अपने शरीर से उत्साह दिखाने की इच्छा या माँग करता हूँ तो उस उत्साह का कोई भौतिक आधार भी होता है। मैं सुबह उठते समय बीमार नहीं महसूस करना चाहता। मैं शीशे में अपनी जीभ को गंदा नहीं देखना चाहता। मैं नहीं चाहता कि मेरी साँसों से बदबू आए। यह अच्छी बात नहीं हैं। इन सबसे बचने के कई रास्ते हैं और मैं आशा करता हूँ कि आपको इस अध्याय में वे सभी सुझाव मिल सकेंगे, जिनसे आपको अपने शरीर को स्वस्थ रखने में मदद मिलेगी।

स्वास्थ्य चेतना : स्वस्थ रहने की मानसिक अभिवृत्ति

सबसे पहले अपने लिए इस मानसिक अभिवृत्ति या स्वास्थ्य चेतना को प्रमुख मानें, क्योंकि यदि आप स्वस्थ रहने पर विचार या कोई काररवाई नहीं करेंगे तो पूरी संभावना है कि आप बीमार हो जाएँगे। सच कहूँ तो मैंने बीमारी पर कभी विचार नहीं किया। मैं

बीमार नहीं पड़ सकता। मैं किसी भी हालत में बीमार नहीं पड़ सकता। इसमें मेरा बहुत समय खराब हो जाएगा। साथ ही इससे मेरी मानसिक अभिवृत्ति पर भी बुरा असर होगा। आप पूछ सकते हैं, आप बीमारी से किस तरह बच सकते हैं? मुझे कोई बीमारी नहीं है और आप भी इससे बच सकते हैं। इस पाठ में आपको बीमारियों को नियंत्रित करनेवाले वे तरीके मिलेंगे, जिनके बाद आप कभी भी पहले की तरह बीमार नहीं हुआ करेंगे। ध्यान दें कि इसमें शामिल बातें आपकी मानसिक अभिवृत्ति को यह यकीन करा देंगी कि वह एक ऐसी समस्या है, जिस पर आप जब चाहें तब काबू पा सकते हैं।

1. मानसिक स्वास्थ्य क्रिया : पारिवारिक व पेशेवर तनाव को कम कीजिए। अपने पारिवारिक रिश्तों या पेशेवर रिश्तों में निरंतर फँसे रहने या उनकी शिकायत करते रहने से आपकी पाचन क्रिया प्रभावित होती है। आप कह सकते हैं कि परिवार में होनेवाली कुछ घटनाओं पर शिकायत होना स्वाभाविक है। यदि ऐसा है, तो आपको अपनी परिस्थितियों में ऐसे बदलाव लाने होंगे, जिसके चलते आपको शिकायत का मौका ही न मिले।

मेरे यहाँ पारिवारिक व पेशेवर रिश्तों की बात करने का कारण यह है कि यही वह स्थान है, जहाँ आप अपने जीवन का अधिकांश समय बिताते हैं। यदि आप इन रिश्तों की नींव, टकराव, गलतफहमी व बहस पर रखेंगे तो न तो आपका स्वास्थ्य ही ठीक रहेगा, न ही आप खुश रहेंगे और न ही आपको कभी मन की शांति मिल पाएगी।

मेरे यहाँ पारिवारिक व पेशेवर रिश्तों की बात करने का कारण यह है कि यही वह स्थान है, जहाँ आप अपने जीवन का अधिकांश समय बिताते हैं। यदि आप इन रिश्तों की नींव, टकराव, गलतफहमी व बहस पर रखेंगे तो न तो आपका स्वास्थ्य ही ठीक रहेगा, न ही आप खुश रहेंगे और न ही आपको कभी मन की शांति मिल पाएगी। यदि आपके जीवन में घृणा का कोई स्थान है तो उससे फौरन छुटकारा पाएँ। भले ही सामनेवाला व्यक्ति घृणा का पात्र बनने के काबिल हो, लेकिन यह घृणा आपके लिए ठीक नहीं। यह आपके लिए इसलिए ठीक नहीं, क्योंकि इससे आपका स्वास्थ्य प्रभावित होता है। इससे पाचन क्रिया खराब होने के अतिरिक्त पेट में अल्सर होने की भी संभावना होती है। इसमें सबसे बुरा यह है कि इससे ऐसी नकारात्मक मानसिक अभिवृत्ति उत्पन्न हो जाती है, जो लोगों को आपकी ओर आकर्षित करने की जगह उन्हें आपसे दूर ले जाती है। यह आपके लिए ठीक नहीं। इस दूरी के बनने का कारण केवल इतना है कि आप जिनसे घृणा करते हैं, बदले में वे भी आपसे घृणा ही करेंगे। भले ही वे आपसे कहें नहीं, लेकिन यही सच है।

2. मानसिक स्वास्थ्य क्रिया : अफवाहें न फैलाएँ

अपने जीवन में अफवाह या निंदा करने को कोई स्थान न दें। हालाँकि ऐसा करना बहुत कठिन है, क्योंकि दुनिया में हर ओर अफवाह उड़ाने को बहुत सी सामग्री मौजूद है। आपके लिए स्वयं को इस आनंदपूर्ण कृत्य से अलग करना सहज नहीं होगा, हैं न? अफवाहें या निंदा करने से प्रतिरोध आकर्षित होता है, साथ ही इससे पाचन क्रिया भी गड़बड़ा जाती है। इसकी जगह, अपनी इस इच्छा को किसी ऐसी चीज में रूपांतरित करें, जिसमें आपका कोई फायदा हो।

3. मानसिक स्वास्थ्य क्रिया : डर को काबू करें

व्यक्ति को किसी का डर नहीं होना चाहिए, क्योंकि इससे उसके मानवीय रिश्तों में संघर्ष होने के साथ ही पाचन तंत्र भी गड़बड़ा जाता है। आप में किसी भी तरह के डर का होना इस बात का सूचक है कि आपके जीवन में कुछ ऐसा जरूर है, जिसे बदलना आवश्यक है। मैं सत्य कहता हूँ कि इस धरती के ऊपर या ब्रह्मांड में ऐसा कुछ नहीं है, जिससे मुझे डर लगता हो। कुछ भी नहीं। पहले मैं किसी भी आम आदमी की तरह बात-बात पर डरता था, लेकिन फिर मैंने अपने डर पर काबू पाने की एक प्रणाली बनाई। आज यदि मुझे किसी चीज से डर लगे तो जानते हैं, मैं क्या करता हूँ? मैं इसे निकाल बाहर करता हूँ। मैं डर के उस कारण को उखाड़ फेंकता हूँ। फिर चाहे इसके लिए मुझे कुछ भी करना पड़े या कितना भी समय लगे, मैं डर की उस वजह को समाप्त कर ही देता हूँ। मैं अपने भीतर डर को सहन नहीं कर पाता।

अपने जीवन में अफवाह या निंदा करने को कोई स्थान न दें। हालाँकि ऐसा करना बहुत कठिन है, क्योंकि दुनिया में हर ओर अफवाह उड़ाने को बहुत सी सामग्री मौजूद है। आपके लिए स्वयं को इस आनंदपूर्ण कृत्य से अलग करना सहज नहीं होगा, हैं न? अफवाहें या निंदा करने से प्रतिरोध आकर्षित होता है, साथ ही इससे पाचन क्रिया भी गड़बड़ा जाती है। इसकी जगह, अपनी इस इच्छा को किसी ऐसी चीज में रूपांतरित करें, जिसमें आपका कोई फायदा हो।

जब तक आपके मन में डर रहेगा, तब तक आप अच्छा स्वास्थ्य, समृद्धि, प्रसन्नता व मन की शांति कभी नहीं पा सकेंगे। मैं बहुत व्यग्रतापूर्वक मृत्यु की प्रतीक्षा कर रहा हूँ। वस्तुत: यह मेरे जीवन का सबसे असामान्य अंतराल होगा। बल्कि, यह मुझे जीवन से प्राप्त होनेवाला अंतिम अनुभव होगा। निस्संदेह, मैंने इसे अपने से बहुत लंबे अर्से तक दूर रखा। फिलहाल मेरे हाथ में एक काम है, लेकिन जब मेरा समय आएगा, मेरा

विश्वास कीजिए, मैं इसके लिए बिल्कुल तैयार रहूँगा। किसी भी तरह का डर न होने से मेरा यह अंतिम कार्य सबसे शानदार होगा।

सोच स्वस्थ तो शरीर स्वस्थ

प्रकृति ने आपके शरीर को स्वस्थ रखने के लिए इसे प्रतिरोधक शक्ति प्रदान की है; यह कीटाणुओं की संख्या कम रखते हुए इन्हें बढ़ने नहीं देती। जिस क्षण आप चिंतित, परेशान या भयभीत हुए शरीर का यह प्रतिरोध टूट जाता है और यह कीटाणु सैकड़ों, हजारों, लाखों की संख्या से होते हुए अरबों तक पहुँच जाते हैं। अगले ही क्षण आप समझ जाते हैं कि अब आप मुश्किल में हैं।

आप अपने मन का जिस तरह भी उपयोग करेंगे, उसका किसी भी अन्य चीज से अधिक आपके स्वास्थ्य पर प्रभाव पड़ता है। आप कह सकते हैं कि रोगाणु रक्त में ही होते हैं, लेकिन प्रकृति ने आपके भीतर चिकित्सा का भी अद्‌भुत इंतजाम कर रखा है। यदि यह प्रणाली ढंग से काम कर रही है तो आपके शरीर में मौजूद प्रतिरोधक शक्ति उनसे निपट लेगी। प्रकृति ने आपके शरीर को स्वस्थ रखने के लिए इसे प्रतिरोधक शक्ति प्रदान की है; यह कीटाणुओं की संख्या कम रखते हुए इन्हें बढ़ने नहीं देती। जिस क्षण आप चिंतित, परेशान या भयभीत हुए शरीर का यह प्रतिरोध टूट जाता है और यह कीटाणु सैकड़ों, हजारों, लाखों की संख्या से होते हुए अरबों तक पहुँच जाते हैं। अगले ही क्षण आप समझ जाते हैं कि अब आप मुश्किल में हैं।

1. स्वस्थ शरीर क्रिया : शांत मन से भोजन करें

भोजन करते समय किसी भी तरह की चिंता, बहस या अप्रियता को दूर रखें। क्या आप जानते हैं कि एक सामान्य परिवार के लिए भोजन का समय पति, पत्नी, बच्चों व सभी को अनुशासन सिखाने का समय होता है। केवल इसी समय पर वे सब इकट्‌ठे होते हैं, जब वे डाँट खाते समय भाग नहीं सकते। जब आप उन्हें बातें सुना रहे होते हैं, उस समय वे खड़े रहते हैं, बैठे रहते हैं और भोजन करते रहते हैं, लेकिन यदि आप यह देख सकें कि खाते समय किसी को सजा देने पर उसकी पाचन क्रिया या रक्त पर क्या प्रभाव पड़ता है तो आप समझ जाएँगे कि समय ऐसी बातों का नहीं होता। आप खाते समय जो भी विचार करते हैं, वो अन्न के साथ आपके भीतर पहुँचकर ऊर्जा का रूप लेते हुए आपके रक्त में शामिल हो जाते हैं।

2. स्वस्थ शरीर क्रिया : जितनी भूख हो उतना ही खाएँ

अधिक भोजन करने से दिल, फेफड़ों, लीवर व गुर्दों को अधिक काम करना पड़ता है, जिससे उनकी स्थिति सीवर-प्रणाली जैसी हो जाती है। अधिकतर लोग दो बार में जरूरत भर का भोजन करते हैं। जरा सोचिए, इतनी महँगाई में इससे आपके किराने का बिल कितना कम हो जाएगा। मुझे आश्चर्य होता है कि लोग इतना अधिक कैसे खा लेते हैं। यदि आप बाहर शारीरिक श्रम करते हैं तो आपको अधिक खुराक की आवश्यकता है। उदाहरण के लिए एक गड्ढे खोदनेवाले व्यक्ति के लिए निश्चित मात्रा मांस व आलू या इस जैसी किसी चीज की निश्चित मात्रा रोजाना लेना आवश्यक है। वहीं ऑफिस में बैठकर या पूरा दिन घर या स्टोर में बितानेवाले स्त्री-पुरुषों को इतनी खुराक की आवश्यकता नहीं है।

3. स्वस्थ शरीर क्रिया : संतुलित आहार लें

एक संतुलित आहार में फल, सब्जियाँ व खूब सारा पानी (या जूस आदि के रूप में पानी के विकल्प) शामिल रहते हैं। मेरी प्रणाली के तहत दिन में कम-से-कम एक बार ताजा भोजन लेना चाहिए, जिसमें सब्जियाँ, जामुन, अखरोट व खरबूजे जैसी चीजें ली जा सकती हैं। इसमें केवल ताजी वस्तुएँ ही शामिल हैं, न कि डिब्बाबंद, संसाधित और या फिर तत्कालीन फैशन के अनुसार पैक हुई वस्तुएँ। घर पर इस तरह का भोजन लेना शुरू करने पर मैंने अपनी ऊर्जा में आशातीत परिवर्तन अनुभव किया। लेकिन यहाँ शिकागो में मैं ऐसा नहीं कर पाता। यहाँ किसी रेस्टोरेंट में ऐसे भोजन की माँग करने पर शायद वे मुझे पागल समझेंगे। बल्कि शिकागो में इस तरह का भोजन मिल सकेगा, मुझे तो इस पर भी संदेह है।

एक संतुलित आहार में फल, सब्जियाँ व खूब सारा पानी (या जूस आदि के रूप में पानी के विकल्प) शामिल रहते हैं। मेरी प्रणाली के तहत दिन में कम-से-कम एक बार ताजा भोजन लेना चाहिए, जिसमें सब्जियाँ, जामुन, अखरोट व खरबूजे जैसी चीजें ली जा सकती हैं। इसमें केवल ताजी वस्तुएँ ही शामिल हैं, न कि डिब्बाबंद, संसाधित और या फिर तत्कालीन फैशन के अनुसार पैक हुई वस्तुएँ।

4. स्वस्थ शरीर क्रिया : धीरे खाएँ

तेजी से किया गया भोजन ठीक से चबा हुआ नहीं होता। मैं ऐसा कर सकता हूँ, क्योंकि मेरा शरीर, मजबूत व बेहतरीन स्थिति में है, लेकिन मैं आपसे ऐसा करने की सलाह नहीं दूँगा। यकीनन आप ऐसे बहुत से लोगों को जानते होंगे, लेकिन तेज गति से

भोजन करना दरशाता है कि आपके दिमाग में बहुत कुछ चल रहा है, जिसके चलते न तो आप शांत हैं और न ही आप अपने भोजन का आनंद ले पा रहे हैं।

मैंने देखा है, लड़कियाँ अकसर ऑफिस में लंच में दुकानों से खरीदे गए चॉकलेट व नमकीन खाने के साथ कोका कोला की एक या दो बोतल पी जाती हैं। किसी जवान व्यक्ति का पेट इन चीजों से भर सकता है, लेकिन शरीर के साथ हुए इस दुर्व्यवहार में सुधार न होने पर प्रकृति देर-सवेर आपकी अपने पेट के साथ की गई इस ज्यादती का बदला अवश्य लेगी। इससे कहीं अधिक अच्छा है कि आप मसालेदार सलाद का सेवन करें।

भोजन करना अपने आप में एक प्रार्थना के समान है। इस दौरान आपका दिमाग उन्हीं खूबसूरत चीजों पर रहना चाहिए, जिन्हें आप पाना चाहते हों, जो आपका मुख्य उद्देश्य हों या जिन चीजों से आपको अत्यधिक आनंद मिलता हो। भोजन के दौरान होनेवाली बातचीत का विषय दोष-दर्शन या डाँट-डपट नहीं, बल्कि सौहार्दपूर्ण होना चाहिए। यदि कोई व्यक्ति किसी खूबसूरत महिला के साथ भोजन करने बैठा हो तो उसकी बातचीत का विषय उस महिला की खूबसूरत आँखें, उसके बाल, उसकी लिपस्टिक या वो महिला आपसे जो कुछ भी सुनना चाहे, वही बात करनी चाहिए। यदि मेज के दूसरी ओर बैठी महिला आपकी पत्नी हो तो भी ऐसा करना आप दोनों के लिए ही अच्छा रहेगा।

5. स्वस्थ शरीर क्रिया : दो भोजन के बीच में छिटपुट न खाएँ

दो भोजनों के अंतराल में चॉकलेट, मूँगफली या ऐसी ही अन्य छिटपुट चीजें न खाएँ; और न ही सॉफ्ट ड्रिंक अधिक मात्रा में पिएँ। कुछ पीना ही चाहें तो हार्ड ड्रिंक पिएँ, जिससे आपको फायदा हो। यहाँ मेरा मतलब पानी जैसी चीजों से है, (मैंने आपको चौंका दिया, है न?)

मैंने देखा है, लड़कियाँ अकसर ऑफिस में लंच में दुकानों से खरीदे गए चॉकलेट व नमकीन खाने के साथ कोका कोला की एक या दो बोतल पी जाती हैं। किसी जवान व्यक्ति का पेट इन चीजों से भर सकता है, लेकिन शरीर के साथ हुए इस दुर्व्यवहार में सुधार न होने पर प्रकृति देर-सवेर आपकी अपने पेट के साथ की गई इस ज्यादती का बदला अवश्य लेगी। इससे कहीं अधिक अच्छा है कि आप मसालेदार सलाद का सेवन करें। इसके अलावा आप अंगूर जैसे फल भी खा सकते हैं। मोटे तौर पर चॉकलेट खाने से कहीं अधिक बेहतर है कि फलों के स्टैंड से कुछ लेकर खाया जाए।

6. स्वस्थ शरीर क्रिया : शराब व सिगरेट कम पीना

अधिक मात्रा में शराब पीने की हमेशा से मनाही रही है और शाम छह बजे से पहले तो कतई नहीं। मुझे तो यह एक मज़ाक लगता है। मेरा वह मतलब नहीं है, जो आप समझ रहे हैं। शराब अधिक मात्रा में कभी न पिएँ, इसे पर्याप्त मात्रा में पीना ही पर्याप्त है। मैं एक या दो गिलास कॉकटेल पी सकता हूँ, इससे अधिक पीने पर मैं बहककर वह सब कह या कर जाऊँगा, जो मैं करना नहीं चाहता और न ही ऐसा करने में मेरा कोई फायदा है।

मैं चाहता हूँ कि मेरा दिमाग हर समय मेरे नियंत्रण में रहे। यदि आप अपने आपे में नहीं होंगे तो अपने दिमाग व पेट पर किस तरह काबू कर सकेंगे? बेसुध होने पर लोग आपके बारे में वह भी जान जाते हैं जो आप उन्हें बताना नहीं चाहते। इसके अलावा, आप पागलों जैसी हरकत करने लगते हैं। क्या आपको नहीं लगता कि शराब के नशे में लड़खड़ाती जुबान सबके लिए मजाक का विषय बन जाती है? इससे व्यक्ति के सम्मान को ठेस पहुँचती है, फिर चाहे वह कोई भी हो।

मैं चाहता हूँ कि मेरा दिमाग हर समय मेरे नियंत्रण में रहे। यदि आप अपने आपे में नहीं होंगे तो अपने दिमाग व पेट पर किस तरह काबू कर सकेंगे? बेसुध होने पर लोग आपके बारे में वह भी जान जाते हैं जो आप उन्हें बताना नहीं चाहते। इसके अलावा, आप पागलों जैसी हरकत करने लगते हैं।

जब मैं किसी के घर जाता हूँ (जो मैं अकसर करता रहता हूँ) और वहाँ कॉकटेल की बात चलने लगे, तो मैं यह नहीं कहता कि जी नहीं, धन्यवाद, मैं इसे छूता भी नहीं। मैं कॉकटेल का गिलास ले लेता हूँ और यदि मेरा उसे पीने का मन न हो तो मैं सबकी नजरें बचाकर उस गिलास को कहीं रख देता हूँ। कई बार मुझे उसे लिये रहना पड़ता है। एक बार मुझे सारी शाम गिलास को हाथ में पकड़े रहना पड़ा, क्योंकि मुझे उसे कहीं रखने का मौका ही नहीं मिल रहा था। जैसे ही मुझे मौका मिला, मैंने उसे सिंक में उड़ेल दिया। उन्होंने समझा कि मैंने उसे पी लिया है, लेकिन मैंने ऐसा नहीं किया था, उस रात मुझे वहाँ एक व्याख्यान देना था। व्याख्यान देने से पहले शराब पीना मूर्खता है। शराब, सिगरेट हो या ऐसी किसी भी चीज का सेवन संयम के साथ करना चाहिए।

7. स्वस्थ शरीर क्रिया : आराम व मनोरंजन

आप जितना समय काम करते हैं, मनोरंजन के लिए भी उतना ही समय निकालें, क्योंकि उत्तम स्वास्थ्य के लिए मनोरंजन बहुत आवश्यक है। इसका यह अर्थ नहीं है कि आपने जितने घंटे काम किया है, आपको मनोरंजन में भी उतना ही समय देना

होगा। मेरा विश्वास कीजिए, मैं एक घंटे के काम के बाद पाँच मिनट के मनोरंजन में ही संतुष्ट हो जाता हूँ। लिखते समय मैं किसी और ही जगत् में पहुँच जाता हूँ। वह अवस्था शारीरिक तौर पर इतनी कठिन है कि मैं ऐसा लगातार चालीस मिनट से अधिक नहीं कर सकता। इसके बाद के पाँच या दस मिनट मैं प्यानो बजाता हूँ। इस तरह मैं जिस गहन प्रकिया से गुजरा था, वह संतुलित हो जाती है।

8. स्वस्थ शरीर क्रिया : पूरी नींद लें

यदि संभव हो तो चौबीस घंटों में से आठ घंटे अवश्य सोएँ। गहरी नींद लेना अच्छी आदतों में से है। गहरी नींद से मेरा कहने का मतलब है कि आपको लेटते ही नींद आ जाए। न करवट बदलना, न खँखारना और न ही खर्राटे लेना। बस लेटें और शांति से सो जाएँ। अपने व अपने पड़ोसियों के साथ ऐसे संबंध रखें, जिसके चलते आप चिंता से मुक्त रह सकें, जैसे ही आप अपने पुराने तकिए पर सिर रखें, तुरंत आपकी आँख लग जाए।

यदि संभव हो तो चौबीस घंटों में से आठ घंटे अवश्य सोएँ। गहरी नींद लेना अच्छी आदतों में से है। गहरी नींद से मेरा कहने का मतलब है कि आपको लेटते ही नींद आ जाए। न करवट बदलना, न खँखारना और न ही खर्राटे लेना। बस लेटें और शांति से सो जाएँ। अपने व अपने पड़ोसियों के साथ ऐसे संबंध रखें, जिसके चलते आप चिंता से मुक्त रह सकें, जैसे ही आप अपने पुराने तकिए पर सिर रखें, तुरंत आपकी आँख लग जाए।

9. स्वस्थ शरीर क्रिया : चिंतामुक्त रहें

अपने दिमाग को समझाएँ कि जिन बातों को सुलझाना आपके वश में नहीं, वह उनकी चिंता बिल्कुल न करे। वहीं जिन्हें आप सुलझा सकते हैं, उनके लिए चिंतित होने की कोई आवश्यकता ही नहीं। मैं जिन बातों को सुलझा सकता हूँ, उनकी चिंता करना मैंने बिल्कुल छोड़ दिया है। कुछ समय पहले, मेरे एक छात्र ने मुझसे पूछा था कि क्या मैं अपने से मिलने आनेवालों की समस्याएँ सुनकर चिंतित होता हूँ? मैंने कहा—दूसरे लोगों की समस्याएँ? मैं तो अपनी समस्याओं की भी परवाह नहीं करता, तो दूसरों की समस्याओं से चिंतित क्यों रहूँगा? यह इसलिए नहीं कि मैं उनके प्रति असंवेदनशील हूँ। मैं कहीं से भी असंवेदनशील नहीं हूँ। बल्कि अपने छात्रों व मित्रों की समस्याओं के प्रति तो मैं कुछ अधिक ही संवेदनशील हूँ, लेकिन मैं इतना संवेदनशील भी नहीं कि उनकी चिंता को अपना बना लूँ। वह चिंता अभी भी उन्हीं की है। मैं बस इतना ही कर सकता हूँ कि उन्हें सुलझाने

में आपकी मदद करूँ, लेकिन मैं उन्हें अपने सिर पर नहीं लाद सकता। मैं इस तरह काम नहीं करता और न ही आप इसे अपनी आदत बनाना। ऐसे बहुत से लोग हैं, जो अपनी हजार समस्याओं से घिरे होने के बावजूद अपने ससुरालवालों, रिश्तेदारों, मित्रों, पड़ोसियों और कई बार तो पूरे देश की समस्याएँ अपने सिर पर उठाए फिरते रहते हैं। 'चिंता' शब्द किसी और के लिए है, यह मेरे शब्दकोश में नहीं।

आपको चिंताओं को खोजना नहीं होता, बल्कि ये खुद आपका पता पूछती आ जाती हैं। परिस्थितियाँ आपकी इस खोज को आप तक बड़े विचित्र ढंग से ले आती हैं। यदि आप दूसरों में दोष खोजना चाहें, चिंताओं की खोज में हों, या चिंता करने के लिए किसी विषय की तलाश में हों, तो ये आपको हमेशा मिल जाएँगे।

साथ ही चिंता के इन विषयों की खोज में आपको कहीं दूर नहीं जाना होगा, बल्कि आपको इसके लिए अपने घर से निकलने की भी जरूरत नहीं होगी।

आपको चिंताओं को खोजना नहीं होता, बल्कि ये खुद आपका पता पूछती आ जाती हैं। परिस्थितियाँ आपकी इस खोज को आप तक बड़े विचित्र ढंग से ले आती हैं। यदि आप दूसरों में दोष खोजना चाहें, चिंताओं की खोज में हों, या चिंता करने के लिए किसी विषय की तलाश में हों, तो ये आपको हमेशा मिल जाएँगे। साथ ही चिंता के इन विषयों की खोज में आपको कहीं दूर नहीं जाना होगा, बल्कि आपको इसके लिए अपने घर से निकलने की भी जरूरत नहीं होगी।

निराशा को दूर भगाएँ

निराश व्यक्ति अपने आप को खो बैठता है, क्योंकि उत्तम स्वास्थ्य से आशा और आशा से उत्तम स्वास्थ्य प्रेरित होते हैं। यहाँ मेरा आशय कैसी आशा से है? मेरा अभिप्राय उस आशा से है, जिसे आप आगामी जीवन में पूरा करना चाहते हैं, कुछ ऐसा जिसे पाने के लिए आप प्रयास कर रहे हैं, कुछ ऐसा जिसे आप करना चाहते हैं या जानते हैं कि आप वह कर सकेंगे।

अपने इस कार्य में देरी होने पर निराश न हों। ऐसे बहुत से लोग हैं, जो ढेर सारा धन पाने या अमीर होने के लिए इतने उतावले होते हैं कि अंततः वे परेशान हो जाते हैं; उनकी चिंता का यह कारण होता है कि उन्हें धन बहुत धीमी गति से मिल रहा है। जल्दी धन पाने की लालसा कई बार इतनी बढ़ जाती है कि ये लोग गलत तरीके अपनाने लगते हैं, जो किसी भी स्थिति में ठीक नहीं है।

अपनी दैनिक प्रार्थना द्वारा आशा जगाए रखें और अधिक पाने को नहीं, बल्कि

जो है (जैसे अमेरिकी नागरिक हैं तो खुद को मिली स्वतंत्रता के लिए) उसी के लिए धन्यवाद दें। रोजाना किसी-न-किसी रूप में प्रार्थना करना बहुत अच्छी बात है। प्रत्यक्ष बोलकर या बिना बोले हुए मन में की गई अपनी प्रार्थनाओं में अमेरिकी नागरिक होने पर मिली इस आनंददायक बात के लिए धन्यवाद दें। अपने होने के लिए धन्यवाद दें, अपना जीवन स्वतंत्रतापूर्वक बिताने के लिए धन्यवाद दें, अपना उद्देश्य चुनने में मिली स्वतंत्रता के लिए धन्यवाद दें, अपने मित्र चुनने में मिली स्वतंत्रता के लिए धन्यवाद दें, अपनी मरजी से वोट देने के लिए, अपने मतानुसार आराधना करने के लिए व अधिकांश कार्य अपनी मरजी से करने की स्वतंत्रता के लिए भी धन्यवाद दें। हम जीवन को गलत ढंग से बिताकर स्वयं को बरबाद करने के लिए भी स्वतंत्र हैं। हमें ऐसे समय में कार्य करने का यह मौका मिला है, जब वर्तमान में किसी तरह की युद्धकालीन परेशानियाँ नहीं हैं (कम-से-कम हम तो यह मानते हैं कि इस समय युद्ध का कोई खतरा नहीं है। भविष्य में भले ही ऐसा हो जाए, लेकिन अभी ऐसी कोई बात नहीं)। हम इस बात के लिए पूर्णत: स्वतंत्र हैं कि योग्यता के बल पर अपने लिए आर्थिक स्वतंत्रता सुनिश्चित कर सकें। हमें अपने तरीके से उपासना करने की पूरी स्वतंत्रता है। हम अपना मानसिक व शारीरिक स्वास्थ्य ठीक रखने के लिए स्वतंत्र हैं। हमारे पास अपना आगामी समय उपयोग करने की पूरी स्वतंत्रता है, जिससे हमारा भविष्य हर तरह से हमारे ही हाथ में है। जरा विचार कीजिए कि यह कितनी शानदार बात है कि आपका आगामी समय हर दृष्टि से अभी भी आपके हाथ में ही है।

हमें ऐसे समय में कार्य करने का यह मौका मिला है, जब वर्तमान में किसी तरह की युद्धकालीन परेशानियाँ नहीं हैं (कम-से-कम हम तो यह मानते हैं कि इस समय युद्ध का कोई खतरा नहीं है। भविष्य में भले ही ऐसा हो जाए, लेकिन अभी ऐसी कोई बात नहीं)। हम इस बात के लिए पूर्णत: स्वतंत्र हैं कि योग्यता के बल पर अपने लिए आर्थिक स्वतंत्रता सुनिश्चित कर सकें।

मेरे जीवन का सबसे अधिक समृद्धि व उपलब्धियों से भरा समय आगे आना है। मैं अभी भी अपने पेशेवर स्कूल का एक नौसिखिया छात्र हूँ। बल्कि मैं अभी किंडरगार्टन में ही हूँ, लेकिन यदि मैं अपनी मौत से पहले कुछ बेहतर करना चाहता हूँ तो मुझे अपने समय का वर्तमान से कहीं अधिक अच्छी तरह उपयोग करना होगा। समय बहुत कीमती चीज है। बल्कि मैं तो अब अपने हर मिनट का हिसाब रखने लगा हूँ।

कष्ट प्रकृति का संदेशवाहक है

सिरदर्द होने से हमें अपने शरीर में होनेवाली किसी गड़बड़ी की सूचना मिलती है। इस दृष्टि से देखने पर आपको सिरदर्द भी फायदेमंद लगेगा। हम सबके लिए सिरदर्द होना लाजिमी है, ऐसा न हो तो हम बहुत जल्द ही मर जाएँगे, क्योंकि सिरदर्द हमें इस बात की सूचना देता है कि हमारे शरीर में कुछ गड़बड़ है, जिसके लिए हमें जल्द ही कुछ-न-कुछ करना चाहिए।

क्या आप जानते हैं कि शारीरिक कष्ट प्रकृति की बनाई सबसे अद्‌भुत व अनूठी चीज है ? शारीरिक कष्ट की यह भाषा इस दुनिया के सभी जीव-जंतु व हर देश के लोग समझते हैं। कष्ट की यह भाषा सार्वभौमिक भाषा है। जब भी कोई जीवित प्राणी किसी कष्ट से गुजरता है तो उसे इसका इलाज ढूँढ़ना ही होता है। कष्ट एक ऐसी चेतावनी है, जिसे कभी किसी तरह नजरअंदाज नहीं करना चाहिए। यह खराब आदत है। उत्तम स्वास्थ्य बोतलों में नहीं आता, बल्कि यह स्वच्छ हवा, भरपूर भोजन, भरपूर विचार व खूब सारी अच्छी आदतों तथा इन सब पर खुद के नियंत्रण से प्राप्त होता है।

मोटे लोगों का व्यवहार अच्छा होता है, लेकिन आमतौर पर इनकी मृत्यु जल्दी हो जाती हैं और मुझे लोगों का कम उम्र में मरना जरा भी पसंद नहीं। मेरे अच्छे स्वास्थ्य का एक और राज उपवास करना है। मुझे कोई बीमारी नहीं, साथ ही मुझमें ऊर्जा भी भरपूर है, ऐसा इसलिए क्योंकि मैं वर्ष में दो बार दस-दिवसीय उपवास करता हूँ। दस दिन तक मैं कुछ नहीं खाता। पहले दो दिन मैं अपने शरीर को तैयार करने के लिए फल, फलों के रस जैसी चीजों का सेवन करता हूँ, इस तरह मेरे शरीर में सजीव और्जिक तत्त्व ही जाते हैं। इसके बाद के दिनों में मैं जितना अधिक हो सके, उतना केवल पानी पीता हूँ। कई बार मैं इसमें स्वाद के लिए नीबू का रस या ऐसा ही कुछ मिला लेता हूँ। बस इतना कि पानी के सादे स्वाद में मामूली सा परिवर्तन आ जाए। (यकीन मानिए, जब आप उपवास पर होते हैं तो पानी का स्वाद भी सादा लगने लगता है।) उपवास समाप्ति के बाद पहले दिन मैं बहुत हल्का व थोड़ा सा आहार, जैसे केवल एक कटोरी सूप (वसा रहित), व गेहूँ की ब्रेड का पीस ही लेता हूँ, लेकिन आपको उपवास केवल इसलिए ही नहीं करना चाहिए, क्योंकि मैंने ऐसा

मोटे लोगों का व्यवहार अच्छा होता है, लेकिन आमतौर पर इनकी मृत्यु जल्दी हो जाती हैं और मुझे लोगों का कम उम्र में मरना जरा भी पसंद नहीं। मेरे अच्छे स्वास्थ्य का एक और राज उपवास करना है। मुझे कोई बीमारी नहीं, साथ ही मुझमें ऊर्जा भी भरपूर है, ऐसा इसलिए क्योंकि मैं वर्ष में दो बार दस-दिवसीय उपवास करता हूँ। दस दिन तक मैं कुछ नहीं खाता।

कहा है। बल्कि आपको उपवास बिल्कुल नहीं करना चाहिए, लेकिन यदि आप इसे करना चाहते हैं, तो पहले किसी डॉक्टर या उपवास रखने में निपुण व्यक्ति से इसके संबंध में सलाह अवश्य लें। मैंने एक बार अपनी एक ऐसी छात्रा को उपवास रखने की सलाह दी थी जिसका वजन औसत से पचहत्तर पौंड अधिक था। उसने कहा—दस दिन का उपवास? पहले दिन खाना न खाने पर मेरी जान उसी दिन निकल जाएगी। मुझे उसकी बात पर यकीन ही नहीं था, बल्कि मैं जानता था कि उसके साथ ऐसा ही होगा। जंगल में खो जानेवाला व्यक्ति भले ही डर से न मरे, लेकिन यदि उसे एक या दो दिन तक खाना नहीं मिला तो वह अवश्य मर जाएगा। इसलिए उपवास की कला सीखने का चिकित्सकीय, आध्यात्मिक व आर्थिक मूल्य बहुत अधिक है।

अपने काम को एक आराधना, एक उत्सव की तरह करना चाहिए। अपने काम को सदा उपयोगी मानना चाहिए। इसे करने से आपको क्या मिलेगा, इस पर नहीं, बल्कि आपके इस काम से कितने लोगों को मदद मिलेगी, इसी पर विचार करना चाहिए। जब आप श्रम से ऐसे प्रेम करेंगे कि जैसे आप उसे अपने किसी प्रियजन या मित्र के लिए कर रहे हैं, न कि पैसों के लिए, तो आपको उस काम को करने में कोई थकान महसूस नहीं होगी। साथ ही इसका आपको प्रतिफल भी मिलेगा।

अपने काम में आनंद लें

काम अपने आप में एक आशीर्वाद है, क्योंकि ईश्वर ने हमें ऐसा बनाया है कि व्यक्ति को हर क्षण कुछ-न-कुछ करते रहना होगा अन्यथा उसका अंत हो जाएगा। क्या काम के प्रति ऐसी सोच ठीक नहीं कि 'अजगर करे न चाकरी, पंछी करने न काम।' लेकिन उन्हें भी बिना काम किए खाने को नहीं मिलता।

अपने काम को एक आराधना, एक उत्सव की तरह करना चाहिए। अपने काम को सदा उपयोगी मानना चाहिए। इसे करने से आपको क्या मिलेगा, इस पर नहीं, बल्कि आपके इस काम से कितने लोगों को मदद मिलेगी, इसी पर विचार करना चाहिए। जब आप श्रम से ऐसे प्रेम करेंगे कि जैसे आप उसे अपने किसी प्रियजन या मित्र के लिए कर रहे हैं, न कि पैसों के लिए, तो आपको उस काम को करने में कोई थकान महसूस नहीं होगी। साथ ही इसका आपको प्रतिफल भी मिलेगा। अधिक काम करने का सिद्धांत इस दर्शन का सबसे शानदार हिस्सा है। इसे अपनाने पर आप इसे और अच्छी तरह महसूस कर सकेंगे। आप अपने लिए, अपने पड़ोसी के लिए अच्छा महसूस करेंगे, इससे आप अपने स्वास्थ्य जगत् को भी और अच्छी तरह समझ सकेंगे। जीवन में जब कोई भी काम किसी निश्चित उद्देश्य को

ध्यान में रखते हुए, सफलता की आशा से किया जाए, तो वो स्वैच्छिक सेवा का रूप ले लेता है। इसे करना बोझ नहीं, बल्कि आनंद जैसा हो जाता है। उस काम से जुड़े आशीष आभार की भावना से परिपूर्ण होते हैं। उत्तम शारीरिक स्वास्थ्य, आर्थिक सुरक्षा व इससे अपने आश्रितों को होनेवाले लाभ के मद्देनजर अपने काम में पूरे प्रेम सहित जुट जाएँ।

आस्था जगाएँ

अपने भीतर रहनेवाली अनंत बुद्धिमत्ता के साथ बात करना सीखें और अपने आसपास बिखरे प्रकृति के नियमों पर चलें। मेरी नजर में सबसे कामयाब चिकित्सा पद्धति चिरस्थायी व दृढ़ आस्था ही है। किसी भी बीमारी के पनपने का आस्था से अच्छा और कोई इलाज नहीं है।

अच्छी आदतें अपनाएँ

सभी आदतों के स्थायीकरण व स्वत: क्रियाशीलता के पीछे ब्रह्मांडीय नियमितता शक्ति का नियम ही होता है, जिसका काम सभी जीवित चीजों को उनकी उपस्थिति के हिसाब से पर्यावरणीय प्रभावों का हिस्सा बनाना है। आप अपनी शारीरिक व वैचारिक आदतों का पैटर्न तो निर्धारित कर सकते हैं, लेकिन इन्हें क्रियान्वित करने का कार्य ब्रह्मांडीय नियमितता शक्ति का ही है। इस नियम को समझने के बाद आप जान जाएँगे कि रोगभ्रम के शिकार व्यक्तियों का स्वास्थ्य क्यों खराब रहता है।

□

11

ब्रह्मांडीय नियमितता शक्ति का नियम

'क्या आप अमीर बनना चाहते हैं?' का ग्यारहवाँ व अंतिम सिद्धांत है—'ब्रह्मांडीय नियमितता शक्ति का नियम'। इस सिद्धांत में विशेष तौर पर विरोधाभास दिखता है। जहाँ एक ओर डॉ. हिल के कुछ छात्रों की नजर में इस सिद्धांत को समझना सबसे जटिल है। वहीं दूसरी ओर, यह अन्य सभी सिद्धांतों में सबसे सरल है। विरोधाभास इस तथ्य में दिखता है कि यह ब्रह्मांडीय नियमितता शक्ति इतनी व्यापक है कि ब्रह्मांड में सबकुछ, जैसे आकाशगंगाओं का मिटना, ज्वार-भाटे का प्रवाह, ऋतु-परिवर्तन आदि का संचालन इसी के हाथ है, वहीं यह इतनी आम बात लगती है कि हम इसे नजरअंदाज कर बैठते हैं। सरल शब्दों में कहें तो ब्रह्मांडीय नियमितता शक्ति वह नियम है, जिसका कार्य ब्रह्मांड को स्थापित मानकों के तहत संतुलित करते हुए नियंत्रित रखना है।

यदि हम ब्रह्मांड को एक कंपनी मानें तो ब्रह्मांडीय नियमितता शक्ति उसकी लेखा-नियंत्रक है। यह इसकी बड़ी तसवीर है। इसका छोटा रूप वह है, जिससे यह आपको प्रभावित करता है। आपके लिए ब्रह्मांडीय नियमितता शक्ति इसलिए महत्त्वपूर्ण है, क्योंकि इसके द्वारा आप ऐसी व्यक्तिगत आदतें विकसित कर सकते हैं, जो आपके साथ स्थायी तौर पर जुड़ जाएँगी। ये आदतें सकारात्मक भी हो सकती हैं और नकारात्मक भी। आपको इस ब्रह्मांडीय नियमितता शक्ति के रहस्यों को समझकर इसकी शक्ति का अपनी भौतिक व मानसिक गतिविधियों में उपयोग करना होगा। यह शक्ति हर ओर मौजूद है और आप प्रतिदिन जाने-अनजाने इसका उपयोग करते रहते हैं। आप इसे किस तरह उपयोग करते हैं, आपकी सफलता व असफलता इसी पर निर्भर करती है।

यदि आपने छात्र जीवन में इमरसन को पढ़ा हो तो आप उनके 'प्रतिपूर्ति के नियम' निबंध से अवश्य परिचित होंगे। यदि ऐसा है तो आप इस अध्याय के मूल तत्त्व व सार को तेजी से समझने के साथ ही उतनी ही जल्दी इसका फायदा भी उठा सकेंगे (उनके मुकाबले जो इससे अपरिचित हैं)। मैंने इमरसन के लेख लगभग दस वर्ष पहले पढ़े थे, जिनमें प्रतिपूर्ति संबंधी यह लेख भी शामिल था। उनकी मूल बात का अर्थ समझने के बाद एक दिन मैंने फैसला किया कि उस लेख को पुन: लिखूँगा, जिससे सभी लोग उसे पढ़ते ही पहली बार में ही समझ सकें। यह वही पुनर्लिखित अध्याय है।

ब्रह्मांड की निरोधक शक्ति

इसे 'ब्रह्मांडीय नियमितता शक्ति' इसलिए कहा जाता है, क्योंकि यह ब्रह्मांड के सभी प्राकृतिक नियमों की निरोधक शक्ति है। जैसा कि आप जानते ही हैं कि ऐसे बहुत से प्राकृतिक नियम हैं, जो स्पष्टत: सभी कार्य स्वचालित रूप से करते हैं। ये किसी के लिए एक क्षण भी नहीं ठहरते। इन नियमों को समझकर स्वयं को इनके अनुरूप ढालनेवाले जीवन में बहुत आगे बढ़ सकते हैं। वहीं जो लोग न इसे समझते हैं और न ही इसके अनुरूप होने का प्रयास करते हैं, उन्हें निरंतर असफलता का सामना करना पड़ता है।

इसे 'ब्रह्मांडीय नियमितता शक्ति' इसलिए कहा जाता है, क्योंकि यह ब्रह्मांड के सभी प्राकृतिक नियमों की निरोधक शक्ति है। जैसा कि आप जानते ही हैं कि ऐसे बहुत से प्राकृतिक नियम हैं, जो स्पष्टत: सभी कार्य स्वचालित रूप से करते हैं। ये किसी के लिए एक क्षण भी नहीं ठहरते। इन नियमों को समझकर स्वयं को इनके अनुरूप ढालनेवाले जीवन में बहुत आगे बढ़ सकते हैं।

शक्तिशाली नियमितता का निर्माण

लोग अकसर मुझसे नियमितता के विषय में प्रश्न पूछते रहते हैं, जैसे हमें इन्हें क्यों अपनाना चाहिए, हम इन्हें कैसे पा सकते हैं और हम अपने लिए अवांछित चीजों से छुटकारा कैसे पाएँ? मैं आशा करता हूँ कि मेरी बातों में आपके इन प्रश्नों के छोटे-छोटे उत्तर अवश्य मिल सकेंगे। इससे पहले मैं एक बार फिर यह दोहराना चाहूँगा कि यह ध्यान रखें कि मनुष्य को उसकी केवल एक और केवल एक ही चीज पर नियंत्रण हासिल है। मनुष्य को अपने लिए आदतें बनाने, उन्हें छोड़ना, किसी और से बदलना, उनमें सुधार करना, उनमें परिवर्तन करना तथा उनके साथ वह जो कुछ भी करना चाहे,

करने का उसे पूरा अधिकार है। यह पूरी तरह उसके अपने हाथ में है और यह अवसर पूरी धरती पर केवल इसी प्रजाति को दिया गया है।

प्रत्येक जीवित प्राणी की नियति तय है, उसका एक जीवन पैटर्न है और वह उस पैटर्न की सीमा से बाहर नहीं जा सकता। इसे ही हम 'मूल प्रवृत्ति' कहते हैं। मनुष्य अपनी मूल प्रवृत्ति से बँधा नहीं है, बल्कि उसे उसके दिमाग की कल्पना व इच्छाशक्ति ही सीमित कर देती है। वह अपने मन व इच्छाशक्ति को अपनी पसंद के किसी भी विषय पर स्थिर कर सकता है। तत्पश्चात् वह अपने लिए वांछित विषय को हासिल करनेवाली किसी भी आदत को विकसित कर सकता है। इस अध्याय में इसी विषय पर चर्चा की गई है।

प्रत्येक जीवित प्राणी की नियति तय है, उसका एक जीवन पैटर्न है और वह उस पैटर्न की सीमा से बाहर नहीं जा सकता। इसे ही हम 'मूल प्रवृत्ति' कहते हैं। मनुष्य अपनी मूल प्रवृत्ति से बँधा नहीं है, बल्कि उसे उसके दिमाग की कल्पना व इच्छाशक्ति ही सीमित कर देती है। वह अपने मन व इच्छाशक्ति को अपनी पसंद के किसी भी विषय पर स्थिर कर सकता है।

इस सफलता के विज्ञान के कोर्स में पिछले अध्याय इस तरह डिजाइन किए गए हैं कि इससे आर्थिक सुरक्षा, उत्तम स्वास्थ्य व मन की शांति जैसी वो आदतें विकसित हो सकेंगी, जो सफलता पाने के लिए आवश्यक हैं। इस अध्याय में हम प्रकृति के नियम पर बात करेंगे, जो मनुष्य के अतिरिक्त अन्य सभी की आदतों को स्थायी बनाता है। मनुष्य की कोई आदत स्थायी नहीं होती, क्योंकि वह जब चाहे तभी नई आदतें अपनाने के अलावा पुरानी आदतों को परिवर्तित भी कर सकता है। ध्यान रखिए, ईश्वर ने आपको अपने दिमाग पर पूर्ण नियंत्रण देने के साथ ही इस नियंत्रण को उपयोग करने के साधन भी दिए हैं। ब्रह्मांडीय नियमितता शक्ति का नियम वही साधन है, जिसके द्वारा आप अपने दिमाग का पैटर्न निश्चित करते हुए इसे अपनी मनचाही वस्तु की ओर निर्देशित कर सकते हैं।

इस ब्रह्मांडीय नियमितता शक्ति ने ही सितारों व ग्रहों को स्थापित किया है, जिसमें स्थगन (या टालमटोल) का कोई स्थान नहीं है। वे अपनी स्थायी कक्षा में ही स्थापित रहते हैं। जरा आकाश में घूमते इन लाखों, करोड़ों, अरबों, खरबों ग्रहों व सितारों के बारे में सोचिए। ये सभी व्यवस्था के मुताबिक चलते हैं, जिससे इनमें टकराव नहीं होता। यह व्यवस्था इतनी सटीक है कि खगोलविद् सैकड़ों वर्ष पहले ही बिल्कुल ठीक बता सकते हैं कि कौन सा ग्रह कब और कहाँ व किस सितारे के साथ कैसा संबंध बनाएगा। यह सब किसी व्यवस्था के तहत होता है। यदि ईश्वर को दिन-रात स्वयं इन सब

सितारों का खयाल रखना पड़ता तो वह बहुत व्यस्त रहते। वह ऐसा नहीं करना चाहते थे। इसलिए उन्होंने ऐसी बेहतरीन व्यवस्था बनाई, जो अपने आप काम करती है।

नियमों पर चलें, सफलता से मिलें

इन नियमों को समझने के बाद आप इन्हें अंगीकार कर इनका फायदा उठा सकते हैं। वहीं यदि अनभिज्ञता या उपेक्षा के चलते आप इनसे परिचित नहीं होंगे तो ये आपके कष्ट का कारण भी बन सकते हैं। अधिकांश लोगों को जानकारी ही नहीं है कि ब्रह्मांडीय नियमितता शक्ति भी कुछ होती है। क्या ऐसे लोग इस नियम के उपयोग द्वारा समृद्धि, स्वास्थ्य व मन की शांति पा सकेंगे? कदापि नहीं, बल्कि ऐसे लोग गरीबी, बीमारी, विषाद, डर व ऐसी चीजों से घिरे रहते हैं, जिन्हें वे पसंद नहीं करते, क्योंकि उनके दिमाग में हर समय यही सब चलता रहता है। उनके ऐसे विचारों को यह ब्रह्मांडीय नियमितता शक्ति उनकी स्थायी बेड़ियाँ बना देती है। मेरा दर्शन विज्ञान उन बेड़ियों को काट देता है, यही आपके यहाँ होने का उद्देश्य भी है।

अधिकांश लोगों को जानकारी ही नहीं है कि ब्रह्मांडीय नियमितता शक्ति भी कुछ होती है। क्या ऐसे लोग इस नियम के उपयोग द्वारा समृद्धि, स्वास्थ्य व मन की शांति पा सकेंगे? कदापि नहीं, बल्कि ऐसे लोग गरीबी, बीमारी, विषाद, डर व ऐसी चीजों से घिरे रहते हैं, जिन्हें वे पसंद नहीं करते, क्योंकि उनके दिमाग में हर समय यही सब चलता रहता है। उनके ऐसे विचारों को यह ब्रह्मांडीय नियमितता शक्ति उनकी स्थायी बेड़ियाँ बना देती है।

श्री स्टोन व मेरे ऑफिस में पिछले दिनों एक बेहद खूबसूरत महिला आई। वह चाहती थी कि हम एक ऐसी पुस्तक से जुड़ें, जिसमें मशहूर लोगों की जन्म-तारीख संगृहीत की जाती थी। वह मेरी जन्म-तारीख जानना चाहती थी, लेकिन श्री स्टोन ने उसकी कहानी वहीं खत्म कर दी। श्री स्टोन ने उससे कहा कि वह ऐसी किसी भी पुस्तक या प्रणाली से जुड़ना नहीं चाहते, जो इस पूर्वकल्पना पर आधारित हो कि व्यक्ति की जन्म-तारीख का उसके जीवन से जुड़ी घटनाओं से संबंध होता है। उन्होंने कहा, मैं नेपोलियन हिल के बारे में नहीं कह सकता, लेकिन मेरा यही निर्णय है। तब मैंने कहा, आपने मेरे मुँह की बात छीन ली। फिर मैंने उस महिला से कहा, मुझे इस बात की परवाह नहीं कि आप किस नक्षत्र में जनमी हैं और न ही मुझे इसकी परवाह है कि आपके साथ जीवन में क्या बुरा हुआ, मुझे इस बात से भी कुछ लेना-देना नहीं कि आपका भूतकाल कैसा बीता। मुझे केवल यह पता है कि यदि आप मेरे निर्देशों का पालन करेंगी तो आप

आज जिस भी मुकाम पर हैं, वहाँ से उस जगह पहुँच जाएँगी, जहाँ आप पहुँचना चाहती हैं और आप यह काम बहुत आसानी से कर सकती हैं। मैं यह भी जानता हूँ कि आप अपने में कुछ ऐसी आदतें विकसित कर सकती हैं, जो आपको बड़ी आसानी से सफलता तक पहुँचा दें। आगे चलकर आपको आश्चर्य होगा कि पहले आप इतनी कड़ी मेहनत करने पर भी इतना आगे क्यों नहीं बढ़ सकीं।

अधिकांश लोग नीचे गिरने से बचने के लिए जितनी मेहनत करते हैं, मैं आगे बढ़ने के लिए उतनी या शायद उससे भी कहीं अधिक मेहनत करता हूँ। नियमों की जानकारी होने पर आपके लिए जीतना उतना ही आसान हो जाता है। बचे रहने से कहीं अधिक आनंददायक सफल होना होता है, लेकिन आप तब तक सफल नहीं हो सकते, जब तक आप इस ब्रह्मांडीय नियमितता शक्ति को समझ नहीं लेते। उन आदतों को विकसित कीजिए, जो आपको आपके निश्चित लक्ष्य तक पहुँचा सकें। सभी पदार्थों की क्रिया व प्रतिक्रिया इसी ब्रह्मांडीय नियमितता शक्ति के स्थायी नियमों पर निर्भर है। क्या आपने कभी इसपर विचार किया है ? सबसे लघु पदार्थ का अस्तित्व भी केवल इस स्थायी नियम के आधार पर टिका हुआ है।

लोगों की वैचारिक आदतों को ब्रह्मांडीय नियमितता शक्ति स्वचालित रूप से स्थिर व स्थायी बनाती है। जरा सोचिए, विचार स्थिर नहीं होते, लेकिन वैचारिक आदतें स्वचालित ढंग से स्थिर होती हैं। इसे इस तरह भी कह सकते हैं—जो विचार अभिव्यक्ति तक पहुँच जाते हैं, वे स्थिर आदतों में शुमार हो जाते हैं।

आदतों पर नियंत्रण

लोगों की वैचारिक आदतों को ब्रह्मांडीय नियमितता शक्ति स्वचालित रूप से स्थिर व स्थायी बनाती है। जरा सोचिए, विचार स्थिर नहीं होते, लेकिन वैचारिक आदतें स्वचालित ढंग से स्थिर होती हैं। इसे इस तरह भी कह सकते हैं—जो विचार अभिव्यक्ति तक पहुँच जाते हैं, वे स्थिर आदतों में शुमार हो जाते हैं। जब तक आप अपनी मनचाही चीजों को अपनी आदत बना सकते हैं, तब तक आपको उनकी चिंता करने की कोई जरूरत नहीं, ब्रह्मांडीय नियमितता शक्ति इन्हें अपने आप आगे बढ़ा देगी। व्यक्ति अपने वांछित विषय को बारंबार दोहराकर विचारों का पैटर्न तैयार करता है। ब्रह्मांडीय नियमितता शक्ति का नियम इस पैटर्न को स्थायी बना देता है (जब तक व्यक्ति अपनी इच्छानुसार इसे स्वयं बाधित या परिवर्तित न कर दे)। यह देखकर लगता है कि यदि हम अपनी आदतों में परिवर्तन नहीं कर पाते तो यह कितना भयावह होता।

जब मैं इतने अधिक लोगों को धूम्रपान करते देखता हूँ तो मैं सोचता हूँ कि संभवतः ये लोग इस आदत को कभी नहीं छोड़ पाएँगे। वहीं जब मैं पत्रिकाओं व समाचार-पत्रों में धूम्रपान के कारण फेफड़ों के कैंसर से पीड़ित लोगों की उच्च मृत्यु दर का प्रचार देखता हूँ, तो भी सोच में पड़ जाता हूँ कि आखिर लोग धूम्रपान की इस आदत को छोड़ क्यों नहीं पाते। धूम्रपान से फेफड़ों के कैंसर की इस खबर को देखने के बाद भी यदि आप इसे पीना चाहते हैं, तो आपकी मरजी। फिर मेरे पास इस बारे में कहने के लिए कुछ नहीं बचता। फिर भी मैं चाहता हूँ कि आप एक बार इस छोटे से प्रयोग को अवश्य करें, शायद इससे आपको कोई मदद मिल सके। यदि आप कल सुबह से ही अपनी इच्छाशक्ति को थोड़े से तंबाकू और चमकीले कागज से कमजोर पाते हैं तो आपको अपनी इच्छाशक्ति को मजबूत करने का प्रयास व पुनर्निर्धारण फिर से आरंभ कर देना चाहिए। जब मैंने धूम्रपान छोड़ा था, तो मैंने अपने सभी पाइप एकत्रित कर उन्हें फेंकने के लिए एनी लॉउ को दे दिया था, क्योंकि मुझे अब उनकी जरूरत नहीं थी। उन्होंने कहा, मैं इन्हें आपके माँगने तक अपने पास रख लेती हूँ, लेकिन मैंने कहा—नहीं, इन्हें फेंक दो। मुझे अब इनकी जरूरत नहीं है। आदत? यदि आप अपनी धूम्रपान जैसी आदत को नियंत्रित नहीं कर पा रहे हैं तो आपके लिए अपने भय, गरीबी व अपने लिए सभी अवांछित चीजों की आदत को नियंत्रित करना और भी अधिक कठिन रहेगा।

जब मुझे अपने शत्रुओं का सामना करना होता है तो मैं सबसे मजबूत को चुनता हूँ, क्योंकि यदि मैंने उसे धूल चटा दी तो बाकी सब अपने आप दुम दबाकर भाग जाएँगे। इसी तरह जब आपको कुछ आदत छोड़नी हों तो सबसे छोटी व आसान आदत से शुरुआत मत कीजिए, ऐसा तो कोई भी कर लेगा। हमेशा बड़ी आदतों से शुरू करें, कुछ ऐसी, जिन्हें आप बिल्कुल पसंद नहीं करते।

जब मुझे अपने शत्रुओं का सामना करना होता है तो मैं सबसे मजबूत को चुनता हूँ, क्योंकि यदि मैंने उसे धूल चटा दी तो बाकी सब अपने आप दुम दबाकर भाग जाएँगे। इसी तरह जब आपको कुछ आदत छोड़नी हों तो सबसे छोटी व आसान आदत से शुरुआत मत कीजिए, ऐसा तो कोई भी कर लेगा। हमेशा बड़ी आदतों से शुरू करें, कुछ ऐसी, जिन्हें आप बिल्कुल पसंद नहीं करते।

अपनी जेब या हैंडबैग से सिगरेट का पैकेट निकालिए और घर जाते ही इसे दराज में फेंककर बोलें—तुम शायद यह नहीं जानते, लेकिन मैं तुमसे कहीं अधिक शक्तिशाली हूँ और इस बात को साबित करने के लिए मैं इस पैकेट को कभी हाथ नहीं

लगाऊँगा। मैं इसे चालीस दिन तक यहाँ ऐसे ही पड़ा रहने दूँगा, जिसके बाद मैं हमेशा के लिए सिगरेट छोड़ दूँगा। मैं न तो सिगरेट कंपनियों के खिलाफ हूँ और न ही मेरे पास किसी ऐसी कंपनी के शेयर हैं। मैं आपको केवल ऐसा ठोस विचार दे रहा हूँ, जिसे अपनाने से आप अपनी मनचाही आदतें बनाने की क्षमता का परीक्षण कर सकते हैं।

ऐसी ही एक और आदत है। एक हफ्ते का उपवास करना। एक हफ्ते कुछ भी न खाएँ। अपने पेट को बता दें कि आप उसके मालिक हैं (वो सोचता होगा कि वह आपका मालिक है, जबकि वास्तविक मालिक आप हैं), लेकिन ऐसा अपने आप से न करें। इसे डॉक्टर की देखरेख में ही करें, क्योंकि उपवास कोई बच्चों का खेल नहीं है। अपने पेट को नियंत्रित कर लेने पर आप यह देखकर चकित रह जाएँगे कि इससे आपने और भी बहुत सी चीजों को नियंत्रित कर लिया है।

हर व्यक्ति चाहता है कि जीवन की सभी आवश्यकताओं को पूरा करने के लिए उसका स्वास्थ्य अच्छा व शरीर मजबूत रहे। अच्छा स्वास्थ्य न होने पर मैं न तो वह सब कर पाता, जो मैंने किया और न ही ऐसी प्रेरणादायक पुस्तकें लिख पाता। यदि मैं दबाव व ऊर्जा उत्पन्न करने से परिचित नहीं होता तो मैं कभी ऐसे प्रेरणादायक व्याख्यान नहीं दे पाता।

जब तक हम स्वयं पर रोक लगाकर हम पर शासन करनेवाली इन विलासी आदतों पर काबू नहीं पा लेते, तब तक हम सफलता पाने की कल्पना भी नहीं कर सकते। ऐसे में हमें सफलता की उम्मीद भी नहीं रखनी चाहिए। इससे पहले कि ब्रह्मांडीय नियमितता शक्ति हमारी आदतों का स्वचालित ढंग से निर्माण करे, स्वयं ही अपनी आदतें बना लें।

स्वास्थ्य चेतना की आदत

अब हम पुनः अपने प्रश्न की ओर लौटते हैं कि कोई भी व्यक्ति ब्रह्मांडीय नियमितता शक्ति का उपयोग किस तरह कर सकता है। सबसे पहले शारीरिक स्वास्थ्य की बात करते हैं। स्वास्थ्य से जुड़ा स्थायी पैटर्न बनाकर व्यक्ति अपने स्वास्थ्य को ठीक रखने में योगदान दे सकता है। ब्रह्मांडीय नियमितता शक्ति के इस नियम को प्रभावी तरीके से साबित करने की सबसे सही जगह स्वास्थ्य ही है, क्योंकि हर व्यक्ति चाहता है कि जीवन की सभी आवश्यकताओं को पूरा करने के लिए उसका स्वास्थ्य अच्छा व शरीर मजबूत रहे। अच्छा स्वास्थ्य न होने पर मैं न तो वह सब कर पाता, जो मैंने किया और न ही ऐसी प्रेरणादायक पुस्तकें लिख पाता। यदि मैं दबाव व ऊर्जा उत्पन्न करने से परिचित नहीं होता तो मैं कभी ऐसे प्रेरणादायक व्याख्यान नहीं दे

पाता। मैं जानता हूँ कि कोई पहाड़ी मार्ग चाहे जितना भी लंबा या चढ़ाईवाला क्यों न हो, शरीर स्वस्थ रहने पर मैं इसे अवश्य पार कर जाऊँगा।

अच्छा स्वास्थ्य पाने के लिए आपको अपने विचारों पर ब्रह्मांडीय नियमितता शक्ति का उपयोग करना चाहिए। एक सकारात्मक मन से ही स्वास्थ्य के प्रति चेतना विकसित की जा सकती है। क्या आप जानते हैं कि स्वास्थ्य चेतना या सफलता के प्रति चेतना या अन्य किसी भी तरह की चेतना का क्या अर्थ है? यह आपका अपनी मनचाही स्थिति के प्रति निरंतर जाग्रत् रहना है। स्वास्थ्य चेतना का मुख्य कार्य स्वस्थ रहने पर विचार करना है, न कि बीमारी या व्याधि की चिंता करते रहना।

लोग अकसर आपको अपने पर हुई शल्य क्रियाओं के बारे में बताते रहते हैं। अभी कुछ माह पहले मेरा एक मित्र अस्पताल से छुट्टी मिलने के बाद एक दिन मुझसे मिलने आया। उसने मुझे अपने ऑपरेशन के बारे में विस्तारपूर्वक बताया। इतना विस्तार से कि मुझे अपनी पीठ पर सर्जन के औजार काम करते महसूस होने लगे। कुछ ही समय बाद मुझे अपनी पीठ सहलानी पड़ी, क्योंकि वह जहाँ बता रहा था, मुझे भी वहाँ दर्द होना शुरू हो गया था। सौभाग्य से मैंने अपने पर नियंत्रण बनाए रखा, लेकिन उसके बाद मेरे मन में उससे मिलने की ख्वाहिश कभी नहीं उठी।

सकारात्मक दिमाग द्वारा स्वास्थ्य चेतना को विकसित करना अधिक सरल रहता है। ब्रह्मांडीय नियमितता शक्ति इस विचार पैटर्न को अपनाकर इसे तार्किक परिणति पर पहुँचा देती है। रोगभ्रम से पीड़ित व्यक्ति इसी वैचारिक आदत द्वारा निर्मित तसवीर को अस्वास्थ्यकर चेतना द्वारा विकसित करके अपने अंदर बैठे डर के शारीरिक व मानसिक लक्षणों को बीमारी का रूप दे देते हैं।

अधिकांश लोगों को आपकी व्याधियों की कथा सुनने में कोई रुचि नहीं होती। आपकी बीमारियों में न तो उनकी रुचि है, न आपकी, आप केवल उससे मुक्त होना चाहते हैं और बीमारियों से मुक्त होने का केवल एक ही मार्ग है अपनी स्वास्थ्य चेतना को विकसित करना। स्वस्थ रहने पर विचार करें, स्वस्थ रहने पर बात करें, दिनभर में कई बार शीशे में अपना चेहरा देखकर कहें, आप एक स्वस्थ पुरुष हैं! या आप एक स्वस्थ महिला हैं! अपने आप से बात करें और जल्दी ही आपको इसका लाभ नजर आने लगेगा।

सकारात्मक दिमाग द्वारा स्वास्थ्य चेतना को विकसित करना अधिक सरल रहता है। ब्रह्मांडीय नियमितता शक्ति इस विचार पैटर्न को अपनाकर इसे तार्किक परिणति पर पहुँचा देती है। रोगभ्रम से पीड़ित व्यक्ति इसी वैचारिक आदत द्वारा निर्मित तसवीर को अस्वास्थ्यकर चेतना द्वारा विकसित करके अपने अंदर बैठे डर के शारीरिक व मानसि

लक्षणों को बीमारी का रूप दे देते हैं। मेरा कहना है कि जब आप बहुत लंबे समय तक किसी व्याधि या बीमारी पर विचार करते रहते हैं तो प्रकृति आपके शरीर में उस रोग को उभार देती है।

बचपन में मैं वर्जीनिया के वाइस काउंटी के जिन पहाड़ों में रहता था, वहीं एक बूढ़ी महिला रहती थीं। वे हर शनिवार की दोपहर मेरी दादी से मिलने आती थीं और आँगन में बैठकर अपने व अपने पति के ऑपरेशन के किस्से, उनके पति कैसे मरे, उनकी माँ की मृत्यु कैसे हुई तथा अपने दोनों बच्चों के दिवंगत होने के किस्से सुनाकर हमारा दिनभर मनोरंजन करतीं। दो या तीन घंटों बाद इन बातों को समाप्त करते हुए वे कहतीं, मैं जानती हूँ कि मेरी मौत भी कैंसर से ही होगी। और यह कहते हुए अपना हाथ अपनी बाईं छाती पर रख देतीं। मैंने उन्हें दर्जनों बार ऐसा करते देखा था। उस समय मुझे पता नहीं था कि कैंसर क्या होता है। लगभग दस वर्षों बाद जब मेरे पिता ने मुझे काउंटी के अखबारों की एक कॉपी भेजी तो उसमें आंटी सैरी एन. स्टीव के मृत्यु की खबर छपी थी। उनकी मौत बाएँ स्तन में कैंसर के कारण हुई। मुझे लगा कि वे जिस बारे में निरंतर बातें करती थीं, अंततः उन्हें वही मिल गया। मैं इस मामले को बढ़ा-चढ़ाकर नहीं कह रहा। मैंने ऐसे बहुत से मामले देखे हैं। आपका सिरदर्द आपके ही कहे का परिणाम है, आप स्वयं से ऐसी बहुत सी बातें करते हैं, आप स्वयं से हर तरह की बातें करते हैं। शरीर के प्रति नकारात्मक सोच रखने से आप किसी भी तरह के रोग को आमंत्रित कर सकते हैं। इसलिए सोच का बहुत अधिक महत्त्व है।

बचपन में मैं वर्जीनिया के वाइस काउंटी के जिन पहाड़ों में रहता था, वहीं एक बूढ़ी महिला रहती थीं। वे हर शनिवार की दोपहर मेरी दादी से मिलने आती थीं और आँगन में बैठकर अपने व अपने पति के ऑपरेशन के किस्से, उनके पति कैसे मरे, उनकी माँ की मृत्यु कैसे हुई तथा अपने दोनों बच्चों के दिवंगत होने के किस्से सुनाकर हमारा दिनभर मनोरंजन करतीं।

भोजन के दौरान वैचारिक नियमितता

भोजन से आप में कैसी मानसिक अभिवृत्ति व विचार पैटर्न स्थापित होंगे (तथा इसके बाद के दो या तीन घंटे जब खाया गया आहार पचकर द्रव्य के रूप में खून में मिलने की प्रक्रिया में होता है), यह बात इससे सुनिश्चित होती है कि शरीर में जानेवाला भोजन उसे कितना स्वस्थ रख पा रहा है। बल्कि भोजन के दौरान आप जिस मानसिक स्थिति में होते हैं, वही आपके रक्त में शामिल होकर ऊर्जा का रूप ले लेती

है। अगर आप इस बारे में नहीं जानते तो इसे तुरंत सीखें, क्योंकि ऐसा ही होता है। जब आप बहुत अशांत या शारीरिक रूप से बुरी तरह थके हुए हों तो आपके लिए भोजन करना संभव नहीं होता। इसलिए जब भोजन करना हो तो आराम से बैठकर शांतिपूर्वक भोजन करें। बल्कि कई स्थानों पर तो भोजन करना एक धार्मिक व्यवस्था है। निश्चित ही इसे धार्मिक अनुष्ठान होना चाहिए। सुबह उठने पर मेरा सबसे पहला काम रसोई में जाकर अपने लिए नारंगी के रस का एक बड़ा गिलास बनाना है। उस नारंगी के रस का प्रत्येक घूँट मेरे लिए उपासना के समान है। मैं उसे एक बार में ही पूरा नहीं पी जाता। मैं इसे धीरे-धीरे पीते हुए प्रत्येक घूँट को उपासना में बदल देता हूँ। यदि आप मेरी बात को मजाक मान रहे हैं तो इसमें आपका ही नुकसान है, क्योंकि यह आपके आहार से जुड़ी बहुत महत्त्वपूर्ण बात है। यदि आप केवल भोजन करने के लिए बैठते समय ही नहीं, बल्कि इसके अपने शरीर में जाते हुए भी इसे ईश्वरीय कृपा मानने की आदत डाल लें, तो इससे आपको स्वस्थ रहने में बहुत मदद मिलेगी।

जब आप बहुत अशांत या शारीरिक रूप से बुरी तरह थके हुए हों तो आपके लिए भोजन करना संभव नहीं होता। इसलिए जब भोजन करना हो तो आराम से बैठकर शांतिपूर्वक भोजन करें। बल्कि कई स्थानों पर तो भोजन करना एक धार्मिक व्यवस्था है। निश्चित ही इसे धार्मिक अनुष्ठान होना चाहिए। सुबह उठने पर मेरा सबसे पहला काम रसोई में जाकर अपने लिए नारंगी के रस का एक बड़ा गिलास बनाना है। उस नारंगी के रस का प्रत्येक घूँट मेरे लिए उपासना के समान है।

कार्य से जुड़ी वैचारिक आदत

आपकी मानसिक अभिवृत्ति का आपके काम से घनिष्ठ संबंध है। जब व्यक्ति किसी शारीरिक कार्य में जुटा होता है, तब यह मौन मरम्मतकर्मी शरीर की प्रत्येक कोशिका में सुधार करता रहता है। इस तरह, काम ऐसे धार्मिक अनुष्ठान का रूप ले लेता है, जहाँ केवल सकारात्मक विचार ही निवास करते हैं। प्रत्येक सभ्यता की त्रासदियों में से एक यह भी है। दुनिया में ऐसे बहुत कम लोग हैं, जिन्हें श्रम से प्यार हो, यानी वह केवल रोटी, कपड़ा और मकान के लिए ही काम न करें, बल्कि इसलिए करें कि उन्हें वह काम अच्छा लगता है।

मैं आशा व प्रार्थना करता हूँ कि इस देह को त्यागने से पूर्व मैं मानवता के लिए कुछ ऐसा महत्त्वपूर्ण कर जाऊँ, जिससे लोग अपने तरीके से आजीविका कमाते हुए श्रम से प्यार करने लगें। जब बहुत से लोग ऐसा करने लगेंगे तो इससे दुनिया कितनी शानदार हो जाएगी। ऐसा नहीं है कि लोगों में कोई कमी है, बस केवल उनकी आदतें खराब हैं।

उनकी सोच खराब है और यही सबसे बड़ी खराबी है। उन्हें अच्छे स्वास्थ्य, बहुलता, प्रचुरता जैसी चीजों पर विचार करना चाहिए। उन्हें मित्रता व भाईचारे के बारे में सोचना चाहिए, न कि जातीय दंगे करवाने, लोगों को आपस में, भाई को भाई से व राष्ट्र को राष्ट्र से लड़वाने की जगह सहयोग की भावना पर विचार करना चाहिए।

इस दुनिया में सबके लिए सबकुछ प्रचुर मात्रा में मौजूद है, जिनमें गिलहरी, अन्य जानवर व पक्षी भी शामिल हैं। बस इसके लिए कुछ लोगों को अन्य लोगों का जरूरत भर का रोककर अपनी जरूरत से कुछ अधिक जमा करने के गलत विचार को रोकना होगा। मैं पूरी ईमानदारी से कहता हूँ कि मुझे ऐसी कोई भी चीज या लाभ नहीं चाहिए, जिसे मैं अन्य लोगों के साथ न बाँट सकूँ। मुझे ऐसा कुछ नहीं चाहिए, जिसे दूसरों के साथ बाँटने की मनाही हो। मैं लोगों पर अपना प्रभुत्व स्थापित नहीं करना चाहता, मैं बस इतना चाहता हूँ कि अपने ज्ञान व क्षमता द्वारा मैं उन्हें खुद अपनी मदद करने का तरीका सिखा सकूँ।

इस दुनिया में सबके लिए सबकुछ प्रचुर मात्रा में मौजूद है, जिनमें गिलहरी, अन्य जानवर व पक्षी भी शामिल हैं। बस इसके लिए कुछ लोगों को अन्य लोगों का जरूरत भर का रोककर अपनी जरूरत से कुछ अधिक जमा करने के गलत विचार को रोकना होगा। मैं पूरी ईमानदारी से कहता हूँ कि मुझे ऐसी कोई भी चीज या लाभ नहीं चाहिए, जिसे मैं अन्य लोगों के साथ न बाँट सकूँ।

विख्यात बंधुओं ने ऐसे चार महत्त्वपूर्ण जीवनोपयोगी कारक बताए थे, जिनका ध्यान रखकर शारीरिक स्वास्थ्य बेहतर रखा जा सकता है। इसमें कार्य, आनंद, प्रेम व उपासना संबंधी वैचारिक नियमितताओं में संतुलन बनाए रखने की बात कही गई है। क्या यह बहुत दिलचस्प नहीं है? अपने क्लीनिक में रोजाना हजारों लोगों का उपचार करनेवाला महान् मेयो इंस्टीट्यूट तो यही मानता है। शोध में उन्होंने पाया कि इन चार चीजों के अव्यवस्थित रहने से इनके असंतुलन के परिणामस्वरूप किसी भी तरह की बीमारी होना लाजिमी है।

अधिक काम करने की आदत को अपनाने व इस पर चलने का भी यही कारण है। इस आदत से व्यक्ति को आर्थिक लाभ तो होगा ही, साथ ही वह ऐसी मानसिक अभिवृत्ति रखते हुए कार्य करेगा, जिससे उसके स्वास्थ्य में भी सुधार हो। इसके उलट, जरा ऐसे व्यक्ति की कल्पना करें जिसे तनाव लेने की आदत हो और जो सभी कार्यों को बेमन व नकारात्मक सोच के साथ संपन्न करे। ऐसे व्यक्ति के साथ न तो कोई काम करना चाहेगा और न ही कोई उसे नौकरी देगा। काम के दौरान तनाव में आनेवाला व्यक्ति अपने अलावा अपने आसपास के लोगों का भी नुकसान कर बैठता है।

श्री एंड्रयू कारनेगी कहते थे कि दस हजार कर्मचारियोंवाली संस्था में यदि एक का दिमाग भी नकारात्मक हो तो वह दो या तीन दिन के भीतर वहाँ कार्य करने वाले लगभग सभी लोगों के दिमाग में निराशा भर देगा। इसके लिए उसे अपना मुँह खोलने या एक शब्द भी बोलने की जरूरत नहीं पड़ेगी। उसके विचार बिना बोले अपना काम कर देंगे। किसी ऐसे घर में जाइए जहाँ के सदस्यों की आपस में बनती न हो, आप तुरंत समझ जाएँगे कि आप सीमारेखा लाँघ गए हैं। ऐसे घर के सामने पहुँचते ही मुझे भान हो जाता था कि यहाँ जाना सुरक्षित रहेगा या नहीं।

मुझे अपने घर के माहौल पर गर्व होता है। जब भी कोई हमारे घर में पहली बार प्रवेश करता है तो वह वहाँ के माहौल की तारीफ अवश्य करता है और ऐसा लगभग हमेशा होता है। कुछ समय पहले एक बड़े प्रकाशक काफी समय बाद मुझसे मिलने मेरे घर आए, जैसे ही वे हमारी बैठक में पहुँचे उन्होंने कहा—कितना सुंदर घर है। इसके बाद जब वे वहाँ थोड़ी देर घूमे तो संभवत: उन्होंने नोटिस किया कि यह अन्य घरों जैसा ही सामान्य है, इसमें कोई विशिष्टता नहीं है। तब उन्होंने कहा, मेरे खयाल से इसके लिए सुंदर शब्द ठीक नहीं है। अंदर दाखिल होने पर मुझे जो एहसास हुआ, वह कुछ खास था। यहाँ के स्पंदन बहुत अच्छे हैं। मैंने कहा—आपकी बात सही है। अब आप मुझसे जुड़ गए हैं।

यह घर हमेशा सकारात्मक ऊर्जा से चार्ज व रीचार्ज होता रहता है। इस घर में किसी भी प्रतिकूल चीज के लिए कोई स्थान नहीं है। यहाँ तक कि हमारे पालतू पोमेरेनियन कुत्ते को भी इसकी समझ थी। वह घर के स्पंदनों के समान ही व्यवहार करता है। किसी भी प्रतिकूल व्यक्ति के भीतर प्रविष्ट होते ही वह जान जाता है, उसे इस तरह के लोग बिल्कुल पसंद नहीं हैं।

यह घर हमेशा सकारात्मक ऊर्जा से चार्ज व रीचार्ज होता रहता है। इस घर में किसी भी प्रतिकूल चीज के लिए कोई स्थान नहीं है। यहाँ तक कि हमारे पालतू पोमेरेनियन कुत्ते को भी इसकी समझ थी। वह घर के स्पंदनों के समान ही व्यवहार करता है। किसी भी प्रतिकूल व्यक्ति के भीतर प्रविष्ट होते ही वह जान जाता है, उसे इस तरह के लोग बिल्कुल पसंद नहीं हैं। स्पार्की मेहमान को सूँघने लगती है और यदि उसे वह अनुकूल लगता तो वह उसका हाथ चूम लेती है, लेकिन यदि वह खुश नहीं होती और उसे वह प्रतिकूल लगता है, वह उसी पर भौंकते हुए वहाँ से दूर चली जाती। मैंने उसे यह कभी नहीं सिखाया, ये उसके अपने विचार हैं।

घर, व्यापार स्थल, सड़कें व शहर, सभी के अपने स्पंदन होते हैं, जो वहाँ आने-जानेवालों व काम करनेवालों के मुख्य विचारों के अनुसार बनते हैं। यदि आप

न्यूयॉर्क शहर के फिफ्थ एवेन्यू पर जाएँ, तो टिफ्फनी जैसे बड़े व खुशनुमा स्टोर में वहाँ उपस्थित लोगों के स्पंदनों के एहसास से आप स्वयं को भी अमीर महसूस करने लगेंगे। वहीं दूसरी ओर, उलटी दिशा में चार ब्लॉक दूर बने एर्थ या नाइंथ एवेन्यू के हेल्स किचन में चले जाएँ। मैं दावे के साथ कह सकता हूँ कि एक ब्लॉक पार करते-न-करते आप चाहे दुनिया के सबसे धनी व्यक्ति ही क्यों न हों, स्वयं को निपट दरिद्र अनुभव करने लगेंगे।

मैं शायद ऐसा एकमात्र व्यक्ति हूँ, जिसे कामयाब लोगों को इतने नजदीक से देखने का मौका मिला। मैंने पाया कि वे लोग हमेशा उन चीजों पर विचार करते रहते हैं, जिन्हें वे कर सकते हैं, न कि उन पर, जो वे नहीं कर सकते। एक बार मैंने हेनरी फोर्ड से पूछा कि क्या कुछ ऐसा है, जिसे वे करना चाहते थे, लेकिन कर नहीं पाए? उन्होंने कहा, कर क्यों नहीं पाऊँगा।

आर्थिक व वित्तीय लाभ पर विचार की आदत

चलिए, अब ब्रह्मांडीय नियमितता शक्ति के सिद्धांत के आर्थिक व वित्तीय लाभ के पहलुओं पर विचार करते हैं।

सफलता के इन सिद्धांतों के संयोजन से व्यक्ति स्वयं को शारीरिक व मानसिक स्तर पर ऐसा बना सकता है कि वह अपने आर्थिक स्तर का इच्छित चित्र ब्रह्मांडीय नियमितता शक्ति के हवाले कर दे और आजतक कभी असफल न होनेवाला यह प्रकृति का नियम स्वत: ही इन विचारों को चुनकर किसी तार्किक परिणाम तक पहुँचा देगा।

सामर्थ्य योग्य कार्यों पर विचार की आदत

मैं शायद ऐसा एकमात्र व्यक्ति हूँ, जिसे कामयाब लोगों को इतने नजदीक से देखने का मौका मिला। मैंने पाया कि वे लोग हमेशा उन चीजों पर विचार करते रहते हैं, जिन्हें वे कर सकते हैं, न कि उन पर, जो वे नहीं कर सकते। एक बार मैंने हेनरी फोर्ड से पूछा कि क्या कुछ ऐसा है, जिसे वे करना चाहते थे, लेकिन कर नहीं पाए? उन्होंने कहा—कर क्यों नहीं पाऊँगा। मैं ऐसा कुछ नहीं जानता, जिसे मैं न कर सकूँ। अधिकांश लोग ऐसा नहीं सोचते। वे उन्हीं चीजों पर विचार करके चिंतित रहते हैं, जिन्हें वे नहीं कर सकते। इसके परिणामस्वरूप वे इन्हें कभी नहीं कर पाते। दूसरे शब्दों में कहें तो वे धन पर विचार तो करते हैं, लेकिन इन्हें वह मिलता नहीं, इसलिए वे इस संबंध में चिंतित रहते हैं। परिणाम यह कि उनके पास न धन होता है और न ही वह

उन्हें मिल पाता है। पैसा बहुत अजीब चीज है, है न? यह उस व्यक्ति के पास कभी नहीं आता, जो उसे पाने में विश्वास नहीं रखता। मुझे आश्चर्य होता है कि ऐसा क्यों है? पैसा तो निर्जीव वस्तु है, मुझे नहीं लगता कि इसमें पैसों का कोई दोष है। यह उस व्यक्ति के दिमाग का दोष है, जो इसके मिलने पर विश्वास नहीं कर रहा।

मैंने अकसर नोटिस किया है कि जब मेरा कोई छात्र इसे पाने के प्रति विश्वस्त हो जाता है तो इससे उसकी आर्थिक स्थिति में आमूल-चूल परिवर्तन हो जाता है। जब वे ऐसा मानते हैं कि कोई काम उनके लिए संभव नहीं है तो वे उसे कर भी नहीं पाते। इस दर्शन का मूल उद्देश्य मेरे छात्रों को अपनी क्षमता पर विश्वास रखने, अपनी इच्छाओं की पूर्ति हेतु अपने दिमाग को निर्देशित करने और अपने दिमाग से अवांछित चीजों को दूर रखने की आदत लगाना है।

यदि आप महात्मा गांधी के बारे में अधिक नहीं जानते, तो आपको उनकी जीवनी पढ़नी चाहिए। इस व्यक्ति के पास ब्रिटिश साम्राज्य से लड़ने के लिए अपने दिमाग के अलावा और कुछ नहीं था। उनके पास पहनने के लिए दो लँगोट तक नहीं थीं। इसके बावजूद उन्होंने केवल अपने दिमाग के बल पर उनका प्रतिरोध किया, उन्हें अवांछित करार देकर तथा उन्हें अस्वीकार कर महान् ब्रिटिश साम्राज्य को परेशानी में डाल दिया। अंततः अंग्रेजों को वहाँ से अपना सामान लपेटकर वापस लौट जाना पड़ा। आप दूसरों के प्रति यदि ऐसी ही सोच बनाएँ तो उनमें से कितने लोग हार मानेंगे? आपको न तो कुछ कहना है और न ही कुछ करना है। आपको इस कथन को बस अपने दिमाग में दोहराना है, मुझे अपने जीवन में इस व्यक्ति का साथ नहीं चाहिए। अंततः आप देखेंगे कि वह व्यक्ति आपके जीवन से बाहर हो गया है और कई बार यह बहुत जल्दी हो जाता है।

जब आप इस दिमागी शक्ति को अपनाकर इसका उपयोग करना आरंभ करेंगे, तब आपको यह बहुत दमदार, प्रभावपूर्ण, अद्भुत व बेहद गूढ़ महसूस होगी। इसी के द्वारा अपने विचारों को ब्रह्मांडीय नियमितता शक्ति तक पहुँचने से पहले ही नियंत्रित किया जा सकता है।

जब आप इस दिमागी शक्ति को अपनाकर इसका उपयोग करना आरंभ करेंगे, तब आपको यह बहुत दमदार, प्रभावपूर्ण, अद्भुत व बेहद गूढ़ महसूस होगी। इसी के द्वारा अपने विचारों को ब्रह्मांडीय नियमितता शक्ति तक पहुँचने से पहले ही नियंत्रित किया जा सकता है। मैं आपका ध्यान इस ओर आकर्षित करना चाहूँगा कि जब तक व्यक्ति सबसे पहले समृद्धि चेतना स्थापित नहीं कर लेता, तब तक वह आर्थिक रूप से स्वतंत्र नहीं हो सकता। इसी तरह बिना स्वास्थ्य चेतना स्थापित किए व्यक्ति अच्छा स्वास्थ्य नहीं पा सकता।

अपनी इच्छा पर विचार करने की आदत

मुझे अच्छी तरह याद है, जब एंड्रयू कारनेगी के साथ काम करना शुरू करने के बाद मेरे लिए यह भूलना सबसे मुश्किल रहा कि मेरा जन्म गरीबी, अशिक्षा व अज्ञानता के बीच हुआ है। मुझे वर्जीनिया के वाइस काउंटी के पहाड़ों में बने अपने जन्मस्थल, उस पहाड़ी मकान को भूलने में लंबा समय लगा। मुझे इसे भुलाने व अपनी प्रणाली से बाहर करने में मुझे बहुत समय लगा। मैं जब किसी विशिष्ट व्यक्ति का इंटरव्यू करता तो मुझे लगता, ओह, मैं कितना छोटा आदमी हूँ। मैं कहाँ से आया था, यह सोच-सोचकर मैं शायद शर्म व डर महसूस करता था। मुझे अपने गरीबी के दिन याद थे। उस दरिद्रता को भुलाने में मुझे बहुत समय लगा, लेकिन मैं अंततः इसमें सफल हो ही गया।

श्रोताओं को अपने विचार पढ़ने से कोई नहीं रोक सकता। कोई भी पुस्तक पढ़ते समय आप उस लेखक की एक तसवीर-सी बना लेते हैं। संभव है कि आपने आज तक मेरी कोई पुस्तक न पढ़ी हो और आप यह भी न जानते हों कि मेरे व अनंत बुद्धिमत्ता के मूल सिद्धांत एक समान ही हैं। इन्हें आपके सामने साबित करने की कोई आवश्यकता नहीं, क्योंकि आप इसके बारे में पहले से ही जानते हैं।

अब मैं प्रचुरता के बारे में सोचता हूँ। मैं सोचता हूँ कि एडीसन साहब व वानामेकरजी ने मुझसे मिलने से मना क्यों कर दिया? उनका अपने क्षेत्र में जितना नाम है, मैं भी अपने क्षेत्र में उतना ही मशहूर हूँ। मैं ऐसा केवल सोचता ही नहीं था, बल्कि मुझे वह दिन दिखाई भी देता, जब मैं ऐसा कर सकूँगा। लाखों लोगों तक पहुँचकर उनका जीवन बदलने की क्षमता रखना अपने आप में एक बड़ी उपलब्धि है। यदि मैं नेपोलियन हिल के विचारों को परिवर्तित नहीं करता तो ये उपलब्धियाँ कभी हासिल नहीं होतीं। मेरे लिए इस काम से जुड़े लोगों को खोजकर उनका सहयोग लेना बड़ी बात नहीं थी। यह तो बहुत सरल कार्य था। मेरा सबसे बड़ा काम नेपोलियन हिल की सोचने की आदत में बदलाव लाना था।

क्या मैं ये आदतें बदल सका, अगर ऐसा नहीं होता तो मेरी लिखी पुस्तकों से इस तरह का प्रभाव नहीं पड़ता, जैसा पड़ा है, क्योंकि जब भी लेखक कोई पुस्तक लिखता या व्याख्यान देता है तो उस पुस्तक या व्याख्यान को लिखते समय उसके जो विचार होते हैं, श्रोताओं के सामने वही प्रकट होते हैं। श्रोताओं को अपने विचार पढ़ने से कोई नहीं रोक सकता। कोई भी पुस्तक पढ़ते समय आप उस लेखक की एक तसवीर-सी बना लेते हैं। संभव है कि आपने आज तक मेरी कोई पुस्तक न पढ़ी हो और आप यह भी न जानते हों कि मेरे व अनंत बुद्धिमत्ता के मूल सिद्धांत एक समान ही हैं। इन्हें

आपके सामने साबित करने की कोई आवश्यकता नहीं, क्योंकि आप इसके बारे में पहले से ही जानते हैं। इन पुस्तकों को लिखने से पहले मुझे अपनी विचार-प्रक्रिया व सोचने की आदत को पूरी तरह बदलना था। मुझे अपने दिमाग को सकारात्मक चीजों पर बनाए रखना व इसे हमेशा ऐसा ही रखना सीखना पड़ा।

अत्यधिक विचार व स्थिरीकरण

क्या आप जानते हैं कि आप में से हर व्यक्ति इस धरती पर अपनी खुद की शानदार सिद्धांत-प्रणाली लेकर आया है? उसी तरह जैसे एक आहार में से रसायनी केवल उन्हीं चीजों को चुनती है, जो शरीर की नैसर्गिक आवश्यकता हैं। यदि आप अपनी सोच ठीक रखें, ठीक खाएँ, ठीक से व्यायाम करें व ठीक तरह से जीवन बिताएँ तो आपके भीतर का रसायनज्ञ सब कुछ स्वतः ही करता रहेगा। प्रकृति ने हमें यह व्यवस्था इसलिए दी है, जिससे हम अपने शरीर को स्वस्थ रखनेवाले सभी तत्त्वों को संतुलित रख सकें।

उन्माद या अत्यधिक विचार तभी प्रशंसनीय है, यदि वह नकारात्मक स्थिरीकरण उन्माद न हो। यह सब भय का स्थिरीकरण है—अपने दिमाग को उन चीजों पर स्थिर करना जिन्हें करने में आप असमर्थ हैं, आलोचना का भय, किसी भी तरह का भय। यदि आप अपने स्थिरीकरण के उपयोग व ब्रह्मांडीय नियमितता शक्ति से लाभ प्राप्त करना चाहते हैं, तो आस्था के स्थिरीकरण का प्रयास करें।

नकारात्मक स्थिरीकरण

उन्माद या अत्यधिक विचार तभी प्रशंसनीय है, यदि वह नकारात्मक स्थिरीकरण उन्माद न हो। यह सब भय का स्थिरीकरण है—अपने दिमाग को उन चीजों पर स्थिर करना जिन्हें करने में आप असमर्थ हैं, आलोचना का भय, किसी भी तरह का भय। यदि आप अपने स्थिरीकरण के उपयोग व ब्रह्मांडीय नियमितता शक्ति से लाभ प्राप्त करना चाहते हैं, तो आस्था के स्थिरीकरण का प्रयास करें।

आप में अनुप्रयुक्त आस्था सदैव बनी रहनी चाहिए, क्योंकि आस्था का अर्थ यह जानना है कि आप जब भी कुछ पाने का प्रयास करेंगे तो वह हाथ बढ़ाते ही आपको मिल जाएगा। इसलिए जैसे भी संभव हो, ऐसे स्थिरीकरण का संवर्धन जारी रखें। इसे कभी भी नजरअंदाज न करें।

दोहराव से आदत बनती है

दोहराव द्वारा आप किसी भी तरह के स्थिरीकरण या वैचारिक आदत का निर्माण कर सकते हैं। आप जो भी कुछ करते हैं, सोचते हैं व बोलते हैं, उनमें इसका उपयोग करें। दोहराते रहें। आपको कुएँ का सिद्धांत अवश्य याद होगा, दिनोंदिन, हर प्रकार, मुझमें होता और अधिक सुधार। यदि बोलनेवालों को इसपर विश्वास न हो तो देश में भले ही लाखों लोग इसका जाप करते रहें, उसका कोई लाभ नहीं होगा। उनका केवल यह बोलना ही नहीं, बल्कि बोलते समय उनका इसपर विश्वास होना मायने रखता है। ऐसे बहुत से लोग हैं, जिन्होंने इसे प्रतिदिन दोहराते रहने के बाद अंततः हताश होकर इसे त्याग दिया। यह मुझपर भी काम नहीं कर सका। मुझे इसपर पहले से ही विश्वास नहीं था तो आप समझ ही गए होंगे, इसने मुझपर काम क्यों नहीं किया। यदि आपका विचार पैटर्न सकारात्मक है, तब आप चाहे जिस भी सिद्धांत या वाचक सिद्धांत या पालन करें, आपको इसे निरंतर दोहराना ही होगा।

> ***दोहराव द्वारा आप किसी भी तरह के स्थिरीकरण या वैचारिक आदत का निर्माण कर सकते हैं। आप जो भी कुछ करते हैं, सोचते हैं व बोलते हैं, उनमें इसका उपयोग करें। दोहराते रहें। आपको कुएँ का सिद्धांत अवश्य याद होगा, दिनोंदिन, हर प्रकार, मुझमें होता और अधिक सुधार।***

हमेशा सकारात्मक ढंग से विचार करने की आदत डालें और इसे तब तक जारी रखें, जब तक ब्रह्मांडीय नियमितता शक्ति आपकी इस मानसिक अभिवृत्ति का चयन कर आपके दिमाग को नकारात्मक की जगह सकारात्मकता से परिपूर्ण न कर दे। ज्यादातर लोगों के दिमाग में हर समय नकारात्मकता भरी रहती है। अपने दिमाग को हमेशा सकारात्मक बनाए रखने से आप शक्ति को जाग्रत् कर अनंत बुद्धिमत्ता को अपनी किसी भी इच्छा को लेकर संपर्क कर सकते हैं। जब तक आप किसी भी कारण क्रोध की अवस्था में रहेंगे, तब तक अनंत बुद्धिमत्ता आपके लिए कुछ नहीं करेगी। वहीं आपकी नकारात्मक दिमागी स्थिति होने पर भी यह अनंत बुद्धिमत्ता आपके लिए कुछ नहीं करेगी, लेकिन यह आपको अपना काम बिगाड़ने से भी नहीं रोकेगी। इस नकारात्मक मानसिक अभिवृत्ति में किए गए किसी भी कार्य, भाव प्रकटन व संबंधों से जुड़े कार्यों को झेलने की क्षमता आप में नहीं होगी। इस नकारात्मक मानसिक अभिवृत्ति से दूर रहने का केवल एक ही तरीका है कि आप सकारात्मक आदतों को निर्मित करें व इसे ब्रह्मांडीय नियमितता शक्ति को सौंपते हुए इसे अपने दिमाग में सबसे प्रबल बना दें।

नकारात्मकता से दूर रहें

इस स्थिरीकरण में गरीबी, काल्पनिक बीमारी व सामान्य आलस्य जैसी नकारात्मक बातों से दूर रहें। क्या आप जानते हैं कि आलसी व्यक्ति किसे माना जाता है? यह वो व्यक्ति है, जो श्रम से प्यार नहीं करता। जो लोग यह नहीं जानते कि उन्हें क्या करना चाहिए, उनके अलावा और कोई आलसी नहीं होता। यह भी सच है कि उनमें से बहुत से लोग इसे स्वीकार नहीं करेंगे। जीवन में अपनी हर नापसंद चीज या व्यक्ति के लिए उनके पास थोथे तर्क मौजूद होते हैं। सच तो यह है कि उन्हें कुछ भी पसंद नहीं होता। तय मानिए कि ये लोग आलसी ही हैं। अन्य नकारात्मक बातों में द्वेष, लालच, क्रोध, नफरत, जलन, बेईमानी, लक्ष्यहीनता, सामान्य दिमागी चिड़चिड़ापन, दिखावा, अहंकार, दोष-दर्शन, परपीड़न व दूसरों को चोट पहुँचाने की इच्छा शामिल है। अधिकांश लोगों के जीवन में इन्हीं बातों का स्थिरीकरण हुआ है, लेकिन इस दर्शन का छात्र होने के नाते, आप इनका स्थिरीकरण नहीं झेल सकेंगे। आप इसे नहीं झेल पाएँगे, आपके लिए यह महँगा सौदा है।

जीवन में अपनी हर नापसंद चीज या व्यक्ति के लिए उनके पास थोथे तर्क मौजूद होते हैं। सच तो यह है कि उन्हें कुछ भी पसंद नहीं होता। तय मानिए कि ये लोग आलसी ही हैं। अन्य नकारात्मक बातों में द्वेष, लालच, क्रोध, नफरत, जलन, बेईमानी, लक्ष्यहीनता, सामान्य दिमागी चिड़चिड़ापन, दिखावा, अहंकार, दोष-दर्शन, परपीड़न व दूसरों को चोट पहुँचाने की इच्छा शामिल है।

सकारात्मक विचारों की आदत

सकारात्मक विचार आपकी आदत होने चाहिए (इनकी अनुपस्थिति आपको भारी पड़ेगी)। इनमें सबसे प्रमुख निश्चित उद्‌देश्य का होना है। इसे स्थिरीकरण में अवश्य शामिल करें। इसे सोते, खाते, पीते अर्थात् हर समय जारी रखें। रोजाना कुछ ऐसा करें, जिससे आप अपने मूल निश्चित उद्‌देश्य के और अधिक निकट पहुँच जाएँ। सकारात्मकता में इसके अतिरिक्त आस्था, व्यक्तिगत पहल, उत्साह, अधिक कार्य करने की इच्छा, कल्पनाशक्ति, आकर्षक व्यक्तित्व के गुण, सही सोच तथा इस दर्शन में शामिल व्यक्तिगत उपलब्धि हासिल करने के सभी गुण शामिल करें।

सकारात्मक विचार की अपनी इस आदत का स्थिरीकरण करें, जिससे आपके दिमाग में यह पैठ बना ले, आप इसी में जिएँ, इसी में सोचें व इसी में कार्य करें तथा इसी के माध्यम से अन्य लोगों के साथ जुड़ें। आप यह देखकर चकित रह जाएँगे कि आपके जीवन में निम्नलिखित परिवर्तन जल्दी ही दिखाई देने लगेंगे—

- ❖ जिन लोगों ने आपको चोट पहुँचाई है (उनकी अपनी नजर में), वो आपसे दूर होकर निष्प्रभावी हो जाएँगे।
- ❖ आप अति कुशल हो जाएँगे, जिससे नए अवसर आपकी ओर आकर्षित होंगे।
- ❖ आप अपनी समस्याओं को उभरते ही सुलझा लेंगे।
- ❖ आपको आश्चर्य होगा कि आपने ऐसा पहले क्यों नहीं किया।
- ❖ आप अभी तक अपनी समस्याओं को लेकर चिंतित क्यों रहे और आपने अभी तक इन्हें सुलझाया या खत्म क्यों नहीं किया।

दोहराव और काररवाई

आपने नोटिस किया होगा कि विचारों के दोहराव के परिणामस्वरूप सकारात्मक विचारों की ये सभी आदतें आपके नियंत्रण में हैं या आपके नियंत्रण में आ सकती हैं। आपको बस इन्हें निरंतर दोहराते हुए, इस विचार से जुड़ी काररवाई करनी होगी।

बिना काररवाई वाला प्रत्येक कथन व्यर्थ है। इसलिए इसपर काररवाई अवश्य करें। स्थिरीकरण विकसित करें, लेकिन इसके साथ ही इस बात का भी पूरा ध्यान रखें कि यह स्थिरीकरण व्यक्ति की अवांछित नहीं, बल्कि वांछित इच्छाओं पर आधारित हो। यह बहुत अजीब बात है कि अधिकांश लोगों को जीवन में अपनी इच्छित चीजों की जगह वही सब मिलता है, जिसकी उन्होंने कभी इच्छा नहीं की। ज्यादातर लोगों को विवाह में अपना इच्छित जीवनसाथी नहीं मिलता (यह बात उन्हें विवाह के बाद ही समझ आती है)। मैं ऐसे भी बहुत से लोगों को जानता हूँ, जो उस पेशे या नौकरी में हैं, जिसे वो पसंद नहीं करते।

बिना काररवाई वाला प्रत्येक कथन व्यर्थ है। इसलिए इसपर काररवाई अवश्य करें। स्थिरीकरण विकसित करें, लेकिन इसके साथ ही इस बात का भी पूरा ध्यान रखें कि यह स्थिरीकरण व्यक्ति की अवांछित नहीं, बल्कि वांछित इच्छाओं पर आधारित हो। यह बहुत अजीब बात है कि अधिकांश लोगों को जीवन में अपनी इच्छित चीजों की जगह वही सब मिलता है, जिसकी उन्होंने कभी इच्छा नहीं की।

कुछ पेशेवर (जैसे—डेंटिस्ट, वकील, डॉक्टर या इंजीनियर) इतने उम्दा ग्राहकों को कैसे आकर्षित कर लेते हैं, जो हर बात पर राजी होते हों, अपने बिल सही समय पर चुकाएँ और ऐसी ही अन्य चीजें? इसका यही उत्तर है कि वे अपने आप को समझते हैं। दूसरे शब्दों में, यह उस पेशेवर आदमी का अपना प्रभाव होता है। अपने ग्राहकों

या रोगियों के प्रति उनकी मानसिक अभिवृत्ति ही उन्हें उनके प्रति ऐसा करने को प्रेरित करती है। व्यक्ति चाहे सौदागर हो या नौकरीपेशा स्त्री-पुरुष हो या चाहे कोई भी हो, यह सभी पर खरा उतरता है। यदि आप लोगों में बदलाव लाना चाहते हैं तो इसकी शुरुआत औरों से नहीं, बल्कि अपने आप से कीजिए। अपनी मानसिक अभिवृत्ति सही रखें और आप देखेंगे कि सभी लोग आपकी ओर खिंचे चले आ रहे हैं। वे इससे बच नहीं सकते। यदि आपकी सोच सकारात्मक होगी तो नकारात्मक मानसिकता के लोग आपको कभी आकर्षित नहीं कर पाएँगे। सकारात्मक मानसिकता का व्यक्ति यदि अपने सकारात्मक होने के अधिकार के प्रति दृढ़ हो तो वह कभी भी नकारात्मक मानसिकता के व्यक्ति की ओर आकर्षित नहीं होगा।

आज हम जो कुछ भी हैं, उसके पीछे दो तरह के आनुवंशिक कारण हैं, जिनमें से एक पर हमारा पूरा नियंत्रण है, जबकि दूसरे पर हमारा कोई नियंत्रण नहीं।

हमें अपनी शारीरिक आनुवंशिकता में अपने सभी पूर्वजों से अंश रूप में कुछ-न-कुछ अवश्य मिला है। यदि हम श्रेष्ठ बौद्धिक क्षमता या बेहतरीन शरीर सौष्ठव सहित पैदा हुए हैं तो अच्छा है। वहीं दुर्भाग्यवश, यदि हम कुबड़े या किसी अन्य कमी के साथ जनमे हैं तो उसमें हम कुछ नहीं कर सकते। दूसरे शब्दों में, जहाँ तक शारीरिक आनुवंशिकता की बात है, हमें इसे जैसा है वैसा ही स्वीकार करना होगा।

शारीरिक आनुवंशिकता

हमें अपनी शारीरिक आनुवंशिकता में अपने सभी पूर्वजों से अंश रूप में कुछ-न-कुछ अवश्य मिला है। यदि हम श्रेष्ठ बौद्धिक क्षमता या बेहतरीन शरीर सौष्ठव सहित पैदा हुए हैं तो अच्छा है। वहीं दुर्भाग्यवश, यदि हम कुबड़े या किसी अन्य कमी के साथ जनमे हैं तो उसमें हम कुछ नहीं कर सकते। दूसरे शब्दों में, जहाँ तक शारीरिक आनुवंशिकता की बात है, हमें इसे जैसा है वैसा ही स्वीकार करना होगा।

मैं एक ऐसे व्यक्ति को जानता हूँ, जिसने पोलियो के कारण अपने पैर खो दिए, वो व्हाइट हाउस से दो ब्लॉक दूर अपना मूँगफली का ठेला लगाता है। वहीं इसी कमी से पीड़ित एक व्यक्ति व्हाइट हाउस के भीतर बैठकर दुनिया के सबसे बड़े देश को चला रहा है। इन्होंने अपनी कमी को बोझ की जगह अपनी खूबी बना लिया।

सामाजिक आनुवंशिकता

जन्म के बाद से (या जन्म से पहले प्रसव-पूर्व स्थिति से) ही आपके जीवन को प्रभावित करनेवाला सभी कुछ सामाजिक आनुवंशिकता का हिस्सा है। इन सभी

प्रभावों में आपके द्वारा सुनी गईं, देखी गईं, सीखी गईं व पढ़ी गईं तथा बहुत सी अन्य चीजें शामिल रहती हैं। हमारे जीवन में जो कुछ भी घटता है, उसमें इन प्रभावों की बड़ी भूमिका है। साथ ही हमारे अपने इस वातावरण से कुछ भी प्राप्त करने में यह भी महत्त्वपूर्ण है कि हमारा उसपर कितना नियंत्रण है।

हम सबके लिए यही अच्छा है कि हम जिन चीजों पर विश्वास करते हैं, अपने इस विश्वास के कारण का एक बार पुनः परीक्षण अवश्य करें। हमें यह विश्वास कहाँ से मिला? इस विश्वास का कारण क्या है? मुझे नहीं लगता कि हमें ऐसी किसी भी चीज पर विश्वास करना चाहिए, जिसका कोई ठोस आधार या जिसे हम आधार मानते हों, ऐसा कुछ भी न हो। सहिष्णुता की मुक्त सोच की स्थिति में मैं रातोरात नहीं पहुँचा हूँ। पहले मैं भी हर दूसरे व्यक्ति के प्रति असहिष्णु रहता था। मुझे बाद में एहसास हुआ कि किसी भी चीज की ओर से अपना दिमाग बंद कर लेना न तो मेरे लिए अच्छा है और न ही मेरे छात्रों के लिए।

□□□